权威·前沿·原创

皮书系列为
"十二五""十三五""十四五"时期国家重点出版物出版专项规划项目

BLUE BOOK

智 库 成 果 出 版 与 传 播 平 台

上海与"一带一路"蓝皮书
BLUE BOOK OF SHANGHAI AND BRI

上海服务"一带一路"建设发展报告（2024）

ANNUAL REPORT ON SHANGHAI'S ROLE IN
BRI IMPLEMENTATION (2024)

组织编写／上海研究院项目组
主　编／张中元

社会科学文献出版社
SOCIAL SCIENCES ACADEMIC PRESS (CHINA)

图书在版编目(CIP)数据

上海服务"一带一路"建设发展报告.2024/上海研究院项目组组织编写；张中元主编.--北京：社会科学文献出版社，2024.12.--（上海与"一带一路"蓝皮书）.--ISBN 978-7-5228-4616-3

Ⅰ.F125

中国国家版本馆CIP数据核字第20248261DD号

上海与"一带一路"蓝皮书
上海服务"一带一路"建设发展报告（2024）

组织编写 / 上海研究院项目组
主　　编 / 张中元

出 版 人 / 冀祥德
责任编辑 / 杨桂凤
文稿编辑 / 张　爽　刘　燕　王　娇
责任印制 / 王京美

出　　版 / 社会科学文献出版社·群学分社（010）59367002
　　　　　　地址：北京市北三环中路甲29号院华龙大厦　邮编：100029
　　　　　　网址：www.ssap.com.cn
发　　行 / 社会科学文献出版社（010）59367028
印　　装 / 天津千鹤文化传播有限公司

规　　格 / 开 本：787mm×1092mm　1/16
　　　　　　印 张：18　字 数：268千字
版　　次 / 2024年12月第1版　2024年12月第1次印刷
书　　号 / ISBN 978-7-5228-4616-3
定　　价 / 168.00元

读者服务电话：4008918866

▲ 版权所有 翻印必究

上海与"一带一路"蓝皮书编委会

主　　　任　李培林

副 主 任　谢寿光

编委会成员　李友梅　周国平　汪　婉　任晶晶　冯维江
　　　　　　钟飞腾

主　　　编　张中元

课题组成员　（按姓氏拼音排列）
　　　　　　毕海东　陈文彦　东　艳　耿亚莹　侯思捷
　　　　　　惠　炜　李天国　李晓静　倪红福　沈　陈
　　　　　　许康棋　杨　超　张　琳　张　鹏　张倩雨
　　　　　　张中元　钟道诚　周亚敏

主编简介

张中元　经济学博士，研究员，中国社会科学院亚太与全球战略研究院《当代亚太》编辑部主任；主要研究方向为全球价值链、数字经济、"一带一路"、区域合作。近期主要从产业价值链角度研究中国与"一带一路"共建国家产能合作、数字经济与数字贸易，并对区域贸易协定的条款内容进行分析和评估。在《世界经济与政治》《数量经济技术经济研究》《中国工业经济》《国际贸易问题》等学术刊物上发表50余篇文章。

摘　要

2023年9月，习近平总书记在黑龙江主持召开新时代推动东北全面振兴座谈会时强调，要积极培育新能源、新材料、先进制造、电子信息等战略性新兴产业，积极培育未来产业，加快形成新质生产力，增强发展新动能。[①] 新质生产力以原创性、颠覆性科技创新为基石，正成为推动经济发展的引擎。上海围绕高质量发展这个首要任务和构建新发展格局这一战略任务，持续推进"五个中心"建设，需要以新质生产力为驱动，加快培育服务"一带一路"的新优势、新动能，深度参与共建"一带一路"，为高质量共建"一带一路"贡献"上海力量"。

新质生产力对经济发展方式的转变至关重要，上海以新质生产力赋能"一带一路"建设取得了显著成效。发展新质生产力为上海国际科技创新中心建设注入了新动力。上海国际科技创新中心建设与"一带一路"科技创新合作的目标高度契合，在推进"一带一路"科技创新合作中发挥了积极作用。上海围绕强化科技创新策源功能，坚持以科技创新推动产业创新，把更多的科技成果运用到具体的产业和产业链上，推动新质生产力加快发展，助力上海与"一带一路"共建国家（以下简称"共建国家"）产业升级和经济结构优化。通过加快关键核心技术攻关与新技术应用促进新旧动能转换，推动传统产业转型升级，把传统产业打造成发展新质生产力的重要领域。上海通过抢占战略性新兴产业"制高点"发展新质生产力，大力培育世界级高端产业集群，构建现代化产业体系。上海主动把握数字与绿色两类新质生产力，通过数字化手段对传统产业进

[①] 《培育未来产业，形成新质生产力》，https：//www.cntheory.com/llly/202401/t20240108_62872.html，最后访问日期：2024年11月26日。

行赋能、重塑和再造，以数字经济与实体经济融合发展新质生产力，推动传统产业数字化转型升级。新质生产力还通过推动生产方式绿色低碳转型，进一步壮大绿色低碳产业，推动产业升级，服务上海"双碳"目标的实现。

共建国家在政治、经济、科技、文化等方面存在差异，上海以新质生产力赋能"一带一路"建设还面临一些困难。一些共建国家受限于自身经济发展水平和创新能力，广泛而有效的科技合作尚未全面展开，科技合作的精准对接有待加强。共建国家间存在数字鸿沟和数字治理规则差异，数字鸿沟成为共建"一带一路"可持续发展面临的突出问题。共建国家间在数字技术上存在较大差距，难以形成统一的数字标准，这导致上海与共建国家之间的数字治理规则和机制建设协调难度较大。绿色技术是上海与共建国家深化科技合作的重要领域，绿色技术合作需求尚待激发，与共建国家绿色标准的对接存在一些困难。当前，"一带一路"绿色经济发展顶层设计缺位，各国对绿色产业发展的政策支持不足，缺乏完整的政策支持体系。

未来，以新质生产力赋能"一带一路"建设需要加快探索新路径，上海要按照党中央关于新时期进一步加强上海国际科技创新中心建设的决策部署，在科技进步方面要当好"龙头"，加强国际科技交流合作，推动科技成果在共建国家的转化，为发展新质生产力奠定基础。在服务"一带一路"过程中，上海应重点加强与共建国家在科技平台、技术转移、联合研发等方面的合作。上海应着力构建与共建国家的联合研发机制，形成以需求为导向的国际技术转移机制。发挥新质生产力对上海与共建国家产业发展的推动作用，以科技创新引领产业创新，加快推进前沿科技和未来产业发展，推动新质生产力加快发展。以新质生产力助推上海与共建国家发展方式的数字化、绿色化转型，继续加强与共建国家在信息基础设施建设方面的合作，弥合共建国家之间的数字鸿沟，尽快缩小共建国家间的数字技术差距。增强上海"走出去"企业的绿色发展能力，推动关键技术的研发与应用，培育新的产业竞争优势，推动生产方式的绿色转型。

关键词： 新质生产力　科技创新　数字经济　绿色发展

目 录

Ⅰ 总报告

B.1 新质生产力：上海服务"一带一路"的新动能与新路径
　　………………………………………………………… 张中元 / 001

Ⅱ 分报告

B.2 上海服务"一带一路"现代化产业体系建设
　　………………………………………… 倪红福　钟道诚 / 026
B.3 上海数字经济促进"一带一路"高质量发展………… 沈　陈 / 053
B.4 上海绿色产业促进"一带一路"可持续发展………… 周亚敏 / 066
B.5 上海技术创新推动"一带一路"价值链升级………… 杨　超 / 082

Ⅲ 专题报告

B.6 数据赋能上海服务"一带一路"建设………………… 惠　炜 / 094
B.7 2023年上海社会主义国际文化大都市服务共建"一带一路"
　　之进展与展望 …………………………………… 张倩雨 / 114
B.8 上海支持人民币国际化的举措………………………… 耿亚莹 / 130

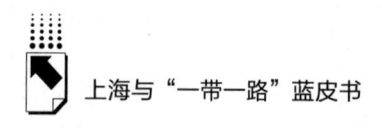

Ⅳ 地区和国别报告

B.9 以高水平开放促进数字化转型
　　——基于上海与东南亚国家合作的视角
　　　　　　　　　　　　　　　　　　　　　张　琳　东　艳 / 146

B.10 上海服务"一带一路"规则标准创新及推动与东南亚国家的
　　　协同发展研究
　　　　　　　　　　　　　　　　　　　　　李天国　许康棋 / 171

Ⅴ 实践报告

B.11 上海服务"一带一路"建设数据报告（2023）
　　　　　　　　　　　　　　　　　　　　　李晓静　陈文彦 / 186

B.12 上海服务"一带一路"建设案例报告（2023）
　　　　　　　　　　　　　　　张　鹏　侯思捷　陈文彦 / 207

附　录

上海服务"一带一路"建设大事记（2023年1月至2024年3月）
　　　　　　　　　　　　　　　　　　　　　　　　　毕海东 / 230

Abstract ……………………………………………………………… / 256
Contents ……………………………………………………………… / 260

皮书数据库阅读**使用指南**

总报告

B.1 新质生产力：上海服务"一带一路"的新动能与新路径

张中元*

摘 要： 在全球经济竞争中，上海以新质生产力为驱动，持续推进"五个中心"建设，加快培育参与共建"一带一路"的新优势、新动能，提升综合服务"一带一路"建设的能级。近年来，上海以新质生产力赋能"一带一路"建设取得了显著成效：发展新质生产力为上海国际科技创新中心建设注入了新动力；新质生产力的发展助力上海与共建国家产业升级和经济结构优化；上海主动把握数字与绿色两类新质生产力，双轮驱动服务"一带一路"建设。未来，上海以新质生产力赋能"一带一路"建设还面临一些困难。共建国家科技发展水平差异较大，广泛而有效的科技合作尚未全面展开；共建国家存在数字鸿沟和数字治理规则差异，降低了数字经济合作的成效；绿色技术合作需求尚待激发，上海与共建国家绿色标准对接存在一些

---

* 张中元，经济学博士，研究员，中国社会科学院亚太与全球战略研究院《当代亚太》编辑部主任；主要研究方向为全球价值链、数字经济、"一带一路"、区域合作。

困难。因此，以新质生产力赋能"一带一路"建设需要加快探索新路径：推动科技成果在共建国家的转化，为发展新质生产力奠定基础；发挥新质生产力对上海与共建国家产业发展的推动作用；以新质生产力助推上海与共建国家发展方式的数字化、绿色化转型。

关键词： 新质生产力　科技创新　数字经济　绿色发展

上海围绕高质量发展这个首要任务与构建新发展格局这一战略任务，不断深化并持续推进其作为"国际经济中心、金融中心、贸易中心、航运中心和科技创新中心"的"五个中心"建设。其中，在国际经济中心方面，2023年，上海地区生产总值达4.72万亿元，继续排在世界城市前列。[①] 在全球经济竞争中，新质生产力以原创性、颠覆性科技创新为基石，正成为推动经济发展的引擎。上海作为中国改革开放的前沿阵地和深度参与共建"一带一路"的国际大都市，需要以新质生产力为驱动，在推动中国式现代化的进程中全面发挥龙头企业的引领与带动作用；加快培育参与共建"一带一路"的新优势、新动能，持续提升综合服务"一带一路"建设的能级。在"一带一路"框架下，上海聚焦于标志性工程和重要的战略平台，积极推动并精心打造一批示范性项目。通过这些努力，上海为高质量共建"一带一路"贡献"上海力量"，展现了其在国际舞台上的重要影响力。

新质生产力对经济发展方式的转变至关重要。上海通过科技创新，不断完善现代化产业体系，推动生产力向新质生产力跃迁，形成服务共建"一带一路"的强大动力。新质生产力在不同产业领域的应用和发展，为提升上海国际经济中心的能级提供了动力，也为"一带一路"共建国家（以下简称"共建国家"）的高新技术产业链赋能。新质生产力以科技创新为根

---

① 《国新办举行"推动高质量发展"系列主题新闻发布会　围绕"聚焦'五个中心'加快建成具有世界影响力的社会主义现代化国际大都市"作介绍图文实录》，http：//www.scio.gov.cn/live/2024/33596/tw/，最后访问日期：2024年9月8日。

本驱动、以绿色发展为基本方向、以数字技术等新兴产业为主要载体。[1] 上海积极改造提升传统产业，培育壮大新兴产业，布局建设未来产业，将创新成果转化为新质生产力，打造具有国际竞争力的数字产业集群和绿色产业集群，完善现代化产业体系。以科技创新为主要驱动力的新质生产力，聚焦科技创新、绿色低碳、数字经济等领域，不仅能够使上海发挥在技术、产业、人才等方面的综合优势，满足上海高质量发展的要求，而且能够提升上海"五个中心"建设的辐射带动能力，促进上海"五个中心"建设与共建"一带一路"的深度融合。

一 以新质生产力赋能"一带一路"建设取得的成效

（一）发展新质生产力为上海国际科技创新中心建设注入新动力

新质生产力以全要素生产率提升为标志，通过技术创新与进步提升生产效率，使得资源使用更加有效。发展新质生产力是上海实现高质量发展的关键所在。上海基础研究投入逐年增加，2022年上海全社会基础研究投入达到180.59亿元，近10年平均增长14.15%；2023年上海在国际科技创新方面取得显著成绩，全社会研发投入占地区生产总值的比重提高至4.4%；每万人口的高价值发明专利达到50.2件，再创新高；在世界知识产权组织最新一轮的科技创新集群评价排名中，跻身全球"最佳科技集群"前5名。建设上海国际科技创新中心是习近平总书记亲自谋划、亲自部署、亲自推动的一项国家重大战略任务。2024年是上海国际科技创新中心建设10周年，10年来上海实现了科技综合实力和创新整体效能的大幅跃升。面向世界科技前沿，涌现出一批首创成果；面向国家重大战略需求，累计牵头承担900多个国家科技重大专项；自主研发出一批具有国际

---

[1] 许恒兵：《新质生产力：科学内涵、战略考量与理论贡献》，《南京社会科学》2024年第3期。

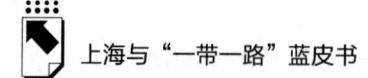

先进水平的重大战略产品。①《2022年上海科技进步报告》显示，截至2022年底，上海高校牵头建设国家重大科技基础设施6个、全国重点实验室21家、集成攻关大平台2个、前沿科学中心5家。上海已围绕光子、生命、能源、海洋以及人工智能等前沿领域，精心布局了重大科技基础设施集群，目前已有20个设施处于已建成、在建或规划建设的阶段，彰显了其在科技创新领域的雄心与实力。②

上海国际科技创新中心建设与"一带一路"科技创新合作的目标具有高度的契合性。通过加强与共建国家的科技交流与合作，上海不仅推动了科技创新中心建设，同时服务了"一带一路"建设。科技交流与合作不仅有助于提升中国的科技创新能力，也为共建国家带来了更多的发展机遇。上海作为我国科技创新程度最高的地区之一，在推进"一带一路"科技创新合作中发挥了积极作用。早在2016年，上海市科技部门就积极与共建国家开展国际交流与合作。《上海服务国家"一带一路"建设发挥桥头堡作用行动方案》提出"一带一路"科技创新行动计划重点，加快推动建立、完善跨国科技创新对话机制，促进企业在技术转移、产业园区建设等方面与共建国家合作。

加强与共建国家的科技交流与合作。上海市科学技术委员会与以色列、白俄罗斯、匈牙利、越南、克罗地亚以及柬埔寨等共建国家签署了科技合作备忘录，以深化双边在科技创新领域的交流与合作。此举不仅展示了上海在国际科技创新合作中的积极参与态度，也体现了上海与这些国家在科技层面的紧密联系和共同发展的愿景。通过签署备忘录，各方将有机会在科研合作、技术转移、人才培养等方面开展更深入的合作，共同推动科技进步和创新发展。如上海与以色列科技部签署科技合作备忘录，提升上海—以色列科

---

① 《国新办举行"推动高质量发展"系列主题新闻发布会 围绕"聚焦'五个中心'加快建成具有世界影响力的社会主义现代化国际大都市"作介绍图文实录》，http://www.scio.gov.cn/live/2024/33596/tw/，最后访问日期：2024年9月8日。
② 参见《上海加快向具有全球影响力的科创中心迈进》，https://news.cctv.com/2023/12/30/ARTIzEyR6CevN6TsP0oOSBrO231230.shtml，最后访问日期：2024年9月8日。

技创新合作水平。① 积极发挥上海科技创新在局部领域领先的优势，全面加强上海与共建国家的创新合作；落实与共建国家的合作框架，上海通过与共建国家政府、科研院所、高校与企业之间的紧密合作，不断完善与共建国家的科技合作网络。在积极响应"一带一路"科技创新行动计划的背景下，上海重视与共建国家的科技人才交流，并采取具体行动来加强这一领域的合作。其中，上海在全国率先设立了"一带一路"青年科学家交流国际合作项目（以下简称"青科项目"），并向共建国家倾斜。② 青科项目重点资助来自共建国家的45岁以下的青年科学家，邀请他们前往上海的高校和科研院所开展科研工作，以促进知识的共享与科研能力的提升；接受本项目资助的科学家需要在受资助期间全职在上海工作，并持续一年以上。③

积极开展技术转移、科技企业孵化以及科技园区建设方面的合作。上海以共建实体化、市场化运作的技术转移服务机构与科技园区为支撑，推进技术转移、成果转化及跨境孵化服务平台建设，推动技术的跨国流动。2023年7月，上海市办公厅印发《上海市高质量孵化器培育实施方案》，提出全力打造一批具有资源集聚能力、"硬科技"孵化服务能力、可持续发展能力、区域创新辐射带动能力的高质量孵化器。经过遴选，7家高质量孵化器已启动建设。④ 上海组织企业积极开展对共建"一带一路"发展中国家的技术输出和高技术产品展会，促成技术成果转化或创业项目落地，实现高水平双向技术转移及跨境孵化。

---

① 王翔：《"一带一路"建设，上海都参与了哪些与沿线国家的科技合作》，https：//www.whb.cn/zhuzhan/shgzlfzdyx/20190411/255073.html，最后访问日期：2024年9月8日。
② 上海市科学技术委员会：《关于发布上海市2017年度"科技创新行动计划""一带一路"青年科学家交流国际合作项目指南的通知》（https：//stcsm.sh.gov.cn/zwgk/kyjhxm/xmsb/20170824/0016-148779.html）；上海市科学技术委员会：《关于发布上海市2017年度"科技创新行动计划"国际联合实验室建设项目指南的通知》（https：//stcsm.sh.gov.cn/zwgk/kyjhxm/xmsb/20170824/0016-148778.html）。
③ 沈湫莎：《上海发布行动指南支持与"一带一路"沿线国家科技人才交流》，https：//www.yidaiyilu.gov.cn/p/25008.html，最后访问日期：2024年9月8日。
④ 《上海加快向具有全球影响力的科创中心迈进》，https：//news.cctv.com/2023/12/30/ARTIzEyR6CevN6TsP0oOSBrO231230.shtml，最后访问日期：2024年9月8日。

在科技部和上海市政府的统一部署下,上海通过建立健全合作机制支持当地科研机构与共建国家开展科技合作,正式启动并支持"一带一路"国际联合实验室项目建设工作,期望通过此项目与共建国家加强在科技创新方面的合作,加强科技人才的培养,推动联合研究和先进适用技术的转移。如2017年9月,上海理工大学与莫斯科大学共建"太赫兹技术创新国际联合实验室",①积极开展交流与合作。上海市科学技术委员会《关于发布上海市2022年度"科技创新行动计划""一带一路"国际合作项目申报指南的通知》(以下简称《申报指南》),旨在鼓励和引导相关单位积极参与国际科技合作。《申报指南》特别强调对"一带一路"国际联合实验室建设给予重点支持。通过开展人员交流、联合研究、学术研讨等方式,推进与共建国家在科技领域的高水平务实合作。②

参与"一带一路"科技创新联盟的建设与发展,体现了上海在将"一带一路"建成创新之路上的积极探索与实践。自2016年成立以来,"一带一路"科技创新联盟通过与共建国家共建联合实验室、联合培养人才、开办先进适用技术培训班等方式,积极为共建国家的科技发展服务。通过加强与共建国家在科技领域的协同合作,该联盟正努力打造"科技共同体",这不仅有助于推动科技创新的交流与合作,也为共建国家的科技发展注入了新的活力。例如,同为"一带一路"科技创新联盟成员的上海交通大学与莫斯科航空学院联合成立上海交通大学—莫斯科航空学院中俄联合研究院,合作开发本科、硕士双学位项目,逐步建立联合科研中心。③ 2016年,上海交通大学成

---

① 《上海科协:"一带一路"上的科研"牵手"——中俄打造太赫兹新高地纪实》,https://www.usst.edu.cn/2019/1118/c58a35473/page.htm,最后访问日期:2024年11月2日。
② 上海市科学技术委员会:《关于发布上海市2022年度"科技创新行动计划""一带一路"国际合作项目申报指南的通知》,https://www.shanghai.gov.cn/gwk/search/content/bda17dc086744ba89a5a19f7874622f8,最后访问日期:2024年9月8日;上海市科学技术委员会:《关于发布上海市2023年度"科技创新行动计划""一带一路"国际合作项目申报指南的通知》,https://www.shanghai.gov.cn/gwk/search/content/2ee1b297f1bc47fcab5109f6952b7c14,最后访问日期:2024年9月8日。
③ 张建松:《打造"科技共同体""一带一路"科技创新联盟成效初显》,https://www.gov.cn/xinwen/2019-09/26/content_5433699.htm,最后访问日期:2024年9月8日。

立保加利亚中心，并与保加利亚的多家学术机构和多所大学签署合作协议。依托上海市"一带一路"青年学者项目①，上海大学纳米科学与技术研究中心则与泰国国家纳米中心开展合作；此外，上海大学还与白俄罗斯国立技术大学紧密合作，联合打造中白高校科技成果孵化转化平台，有效推进了优秀科技成果在对方国家的转移转化。中国科学院上海分院通过搭建协同创新平台，围绕能源环境、生物医药、材料等重点领域开展国际合作。

（二）新质生产力的发展助力上海与共建国家产业升级和经济结构优化

上海正致力于构建现代化产业体系，这一体系强调因地制宜地发展具有前瞻性和创新性的新质生产力。在此过程中，上海紧紧围绕增强科技创新的策源功能，将科技创新视为推动产业创新的核心动力。通过不断优化科技成果的转化机制，上海正努力将更多的科技成果有效地融入各类产业和产业链中，以加速新质生产力的培育与发展。②为实现这一目标，上海特别注重科技创新与产业创新的深度融合，积极探索实现新型工业化的道路。新型工业化旨在通过技术创新引领产业升级，推动产业结构向更加高级化、合理化的方向发展，从而为经济社会的持续健康发展提供强大的动力支撑。上海着力巩固汽车、钢铁、化工等传统产业优势地位，继续大力发展生产性服务业，促进先进制造业与现代服务业深度融合，通过加快关键核心技术攻关与新技术应用促进新旧动能转换，推进传统产业转型升级，并通过赋能传统产业获得新的竞争优势，把传统产业打造成发展新质生产力的重要领域。在维护产业链供应链完整性的基础上，加强产业国际交流，助推共建国家传统产业向集约型、低污染、低能耗、高附加值产业转型，通过发展新质生产力推动共

---

① 张建松：《打造"科技共同体" "一带一路"科技创新联盟成效初显》，https://baijiahao.baidu.com/s?id=1645739861498710556&wfr=spider&for=pc，最后访问日期：2024年11月2日。

② 《发展新质生产力 勇争先走在前 龚正出席国新办"推动高质量发展"系列主题新闻发布会并回答媒体记者提问》，https://www.shanghai.gov.cn/nw4411/20240329/3a7611fbc7be46d481323ea5472cfca7.html，最后访问日期：2024年9月8日。

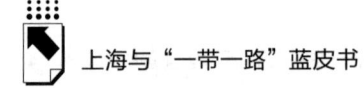

建国家实现传统生产力的跃迁。

战略性新兴产业和未来产业是新质生产力形成与发展的主要载体，战略性新兴产业以重大前沿技术突破为核心。上海通过抢占战略性新兴产业的制高点，构筑竞争新优势，推动先进制造业集群化发展。新质生产力的形成与发展是一个长期的过程，必须立足当前，前瞻谋划未来产业。① 上海以推进科技创新为主导，以发展战略性新兴产业为支撑，通过发展新质生产力，大力培育世界级高端产业集群，致力于构建先进、高效的现代化产业体系，重点聚焦于集成电路、生物医药、人工智能三大先导产业，不断加大核心技术研发力度，力求在这些产业领域取得突破性进展。据统计，截至2022年，上海三大先导产业已取得一定的成果，其总规模超过1.4万亿元，增长10%以上；2023年，三大先导产业的规模达到1.6万亿元；2023年，战略性新兴产业总产值占规模以上工业总产值的比重达到43.9%。在人工智能领域，上海人工智能产业规模以上企业数量从2018年的183家增加到2023年的348家，产业规模从1340亿元增长到超3800亿元，居全国前列；② 在集成电路领域，上海是国内综合技术水平最高、产业链最完整、集成电路企业集聚程度最高的地区，会聚来自全国各地的人才；在生物医药领域，上海研制的Ⅰ类创新药数量占全国总数的17%。③ 这些成就彰显了上海在推动产业转型升级方面的强劲动力，不仅为上海的经济社会发展注入了新的活力，也为我国在全球科技产业竞争中赢得了更大的主动权。目前，上海正全力打造多元化、高价值的产业集群，其中包括4个瞄准万亿级规模的产业集群——电子信息、生命健康、汽车与高端装备产业集群，以及两个定位于5000亿级规模的产业集群——先进材料与时尚消费品产业集群。同时，上海还着眼于细分领域的

---

① 周文、何雨晴：《新质生产力：中国式现代化的新动能与新路径》，《财经问题研究》2024年第4期。
② 《上海人工智能产业规模达3800亿元，已有34款大模型过审》，https://news.qq.com/rain/a/20240620A02KXX00，最后访问日期：2024年11月2日。
③ 《上海将如何持续推动生物医药科技创新和产业的高质量发展？》，https://stcsm.sh.gov.cn/xwzx/gzdt/20240304/7339e57c8eee4b32b2e9ae48ae5ee527.html，最后访问日期：2024年11月26日。

发展，致力于在民用航空、高端船舶、高端医疗器械等领域培育出一批千亿级产业集群，以进一步丰富和完善其产业结构，推动经济高质量发展。[①]

在深化与共建国家的经贸投资合作中，上海积极探索并创新合作模式，通过一系列举措拓展双方合作的深度与广度。上海设立了上海市"一带一路"综合服务中心，并开发了"丝路e启行"小程序，这些平台有效促进了政府、企业及涉企服务资源的紧密联动，为合作提供了更加便捷高效的通道。这一系列努力取得了显著成效，上海企业与共建国家的经贸与投资合作规模持续扩大。据统计，2013年至2023年6月，上海对共建国家累计投资额达336.73亿美元，同时累计承包工程合同额高达811.25亿美元。这些数据不仅反映了上海在"一带一路"合作中做出的积极贡献，也彰显了其在国际经贸与投资领域的重要地位。此外，随着合作的深入，上海还吸引了大量跨国公司和外资研发中心入驻。截至2023年上半年，上海的跨国公司地区总部数量已达到922家，外资研发中心数量累计达到544家。这些机构的集聚，不仅为上海带来了先进的技术和管理经验，也进一步增强了上海在全球产业链、供应链和创新链中的影响力和竞争力。[②] 截至2023年，有260余家沪市上市公司参与共建"一带一路"，其中主板上市公司有200余家，科创板有60家。[③] 受经济发展历史的影响，上海侧重于构建"3+6"新型产业体系。[④] 例如，圣彼得堡是俄罗斯的工业重镇，其产业集群有造船、医疗制药、信息和通信技术、微电子和仪器仪表等，与上海的先导产业和重点产业

[①]《上海市人民政府办公厅文件》，https：//www.shanghai.gov.cn/cmsres/ae/ae5f806ca4064b0889ef2e650b8a73a6/53c57662621f34fd13f6aaaf25e2f9e0.pdf，最后访问日期：2024年11月26日。

[②]《为"一带一路"提供高水平开放平台、高能级服务支撑——专访上海市副市长华源》，https：//mp.weixin.qq.com/s?__biz=MzI4ODQ3MTE2NQ==&mid=2247590080&idx=1&sn=0889b5fdf97f76e8f755514b5d24fdb1&chksm=ec3ec1d2db4948c4d64fe8628499a008af936645c4646a5d4c5ac72353db28bf52fc59ed6d12&scene=27，最后访问日期：2024年9月8日。

[③]《260余家参与 沪市上市公司助力共建"一带一路"》，https：//baijiahao.baidu.com/s?id=1779827249269087690&wfr=spider&for=pc，最后访问日期：2024年9月8日。

[④] 上海"3+6"新型产业体系，其中，"3"指集成电路、生物医药、人工智能三大先导产业，"6"指电子信息、生命健康、汽车、高端装备、先进材料、时尚消费品六大重点产业。

重合度极高，有着广泛的合作基础。① 但这类技术密集型产业对合作对象本身的发展水平有一定的要求，因此与发展中国家合作的深度和广度还有待拓展。

上海加快培育和发展新质生产力，在提升国内产业链韧性的同时，加快重塑全球价值链，服务中国与共建国家产业在全球价值链地位的攀升。上海在"一带一路"价值链中处于高位，在新能源和自动驾驶汽车、工业机器人、智能家居、产业互联网和人工智能等领域有较强的国际竞争力。企业以自己标志性的新技术和新产品巩固了中国企业在"一带一路"国际产业链中的地位。例如，上海电气作为我国综合装备制造业的龙头企业，深度参与共建"一带一路"，已成为"上海制造"在海外的品牌代言人。上海电气在全球化进程中，不仅成功地将自身优质的产品和技术推向国际市场，实现了"走出去"的战略目标，还积极带动国内产业链上的合作伙伴挺进国际市场。通过整合全球资源，包括携手多个知名的海外供应商，上海电气加快资本与产能国际化的步伐，实现更深层次的国际合作。历经10年的稳健发展，上海电气的海外资产规模已突破220亿元，海外员工数量6000多人，彰显了其在国际市场上的实力和广泛影响力。更为重要的是，上海电气在海外市场的经营策略不断优化，正逐步向产业链和技术链的高端迈进。这不仅体现了其技术实力和创新能力的提升，也预示着上海电气将在未来的国际竞争中占据更加有利的地位，持续为全球客户提供更加优质的产品和服务。②

（三）上海主动把握数字与绿色两类新质生产力，双轮驱动服务"一带一路"建设

新质生产力通过数字化手段对传统产业进行赋能、重塑和再造，以数字

---

① 邓珺之、许鑫：《产业与治理|"一带一路"产业合作中，上海如何强化链主地位》，https://www.thepaper.cn/newsDetail_forward_27547164，最后访问日期：2024年9月8日。

② 张懿：《走进"一带一路"的上海企业②｜上海电气：赋能百业福泽百姓，"上海制造"树起共建标杆》，https://baijiahao.baidu.com/s?id=1779592263793009660&wfr=spider&for=pc，最后访问日期：2024年9月8日。

经济与实体经济融合发展新质生产力,[①] 推动传统产业数字化转型升级。新质生产力还通过推动生产方式绿色低碳转型,促进传统制造工艺优化,加快设备更新和技术改造,推动节能环保型产品和服务质量提升、社会消费习惯改变和生活方式绿色化转型。据国家知识产权局统计,2013~2023年,我国企业在共建国家及相关组织的累计专利申请量和授权量分别达到7.0万件和3.5万件。2013~2023年,中国在共建国家及相关组织的数字经济核心产业发明专利授权量达2.7万件,数字技术创新有力支撑了共建"一带一路"数字化转型。绿色"一带一路"建设专利创新也日益提速,2016~2023年,中国在共建国家及相关组织的绿色低碳发明专利累计授权量和申请量分别为1664件和3637件。[②] 数字技术日益融入经济社会发展各领域和全过程,在赋能绿色化转型方面发挥了重要作用,数字化、绿色化融合创新日益成为经济社会转型发展的重要趋势。

上海数字经济发展水平已居全国前列,数字经济蓬勃发展,数字产业新生态逐渐形成,数字经济在上海已经占据主导地位;当前,上海正积极培育并推动数字经济、绿色低碳、元宇宙、智能终端四大新兴产业发展,将新兴产业作为引领未来经济增长的新赛道。这些新兴产业不仅代表了科技创新的前沿,也是推动经济转型升级、实现可持续发展的重要引擎。通过聚焦这些新兴产业,上海旨在构建更加多元化、高附加值的现代产业体系,为城市经济社会发展注入新的活力和动力。通过绿色低碳供应链先行先试,进一步壮大绿色低碳产业,推动产业升级,服务上海"双碳"目标的实现。2022年,《上海市瞄准新赛道促进绿色低碳产业发展行动方案(2022—2025年)》《上海市培育"元宇宙"新赛道行动方案(2022—2025年)》《上海市促进智能终端产业高质量发展行动方案(2022—2025年)》正式发布,提出到

---

① 刘海军、翟云:《数字时代的新质生产力:现实挑战、变革逻辑与实践方略》,https://doi.org/10.13903/j.cnki.cn51-1575/d.20240409.001,最后访问日期:2024年9月8日。
② 王婧:《数字、绿色创新合作加强!我国与共建"一带一路"国家间专利活动日趋活跃》,https://baijiahao.baidu.com/s?id=1809245342843166380&wfr=spider&for=pc,最后访问日期:2024年9月8日。

2025年，三个产业总规模争取突破1.5万亿元。① 上海大力发展智能机器人、智能网联汽车、智能穿戴、智能家居等智能终端，推进高性能CPU、车规级MCU芯片、智能网联汽车核心部件以及基础软件等发展。目标是：到2025年，智能终端产业规模突破7000亿元。

在元宇宙领域，上海正积极规划并努力培育一小批10家具备国际竞争力的领军企业引领，以及100家专注于细分市场、具备创新能力和高成长性的专精特新中小企业构成的强大产业集群，到2025年产业规模达3500亿元。《上海市培育"元宇宙"新赛道行动方案（2022—2025年）》旨在通过构建多元化的企业梯队，推动元宇宙技术在上海乃至全球的快速发展与应用，进而巩固上海在全球科技创新领域的领先地位。目前，已布局漕河泾元创未来特色产业园区、张江数链（元宇宙）特色产业园区。其中，漕河泾元创未来特色产业园区集聚了人工智能全产业链企业，其中包括6个国家级众创空间和6个国家级孵化器。位于张江科学城内的张江数链（元宇宙）特色产业园区致力于打造元宇宙产业集聚区、总部创新区、场景示范区和生态引领区，围绕元宇宙的五大核心要素——链接、交互、计算、工具与生态，园区致力于构建一个全面且完整的产业生态系统。这一系统旨在促进各环节的紧密协作与深度融合，推动技术创新与应用，进而为元宇宙产业的繁荣发展奠定坚实基础。通过优化资源配置、强化创新驱动、完善服务体系，上海努力打造充满活力、开放包容的元宇宙产业生态，引领未来数字经济的新一轮变革。在绿色低碳方面的目标是到2025年，产业规模突破5000亿元；围绕聚焦产业高端、推动集群发展、拓展应用场景、加强集成创新四个方向发展绿色低碳产业。②

---

① 《上海市人民政府办公厅文件》，https：//www.shanghai.gov.cn/cmsres/61/617eac01a3af44c08c393620771c9a61/318b21d3248a30581cc20007806d783f.pdf，最后访问日期：2024年11月26日。

② 《上海市人民政府办公厅关于印发促进绿色低碳产业发展、培育"元宇宙"新赛道、促进智能终端产业高质量发展等行动方案的通知》，https：//www.shanghai.gov.cn/202214bgtwj/20220720/0858ab37be7b4d18bb5f7d1fb5716c54.html，最后访问日期：2024年9月8日。

近年来，上海致力于构建数字经济国际合作新高地，充分利用其作为国家重要战略节点的多重优势，推进共建"一带一路"高质量发展。通过深化国际合作、拓宽合作领域、创新合作模式，上海正努力成为全球数字经济合作的引领者和推动者，为构建开放型世界经济贡献"上海智慧"和"上海力量"。上海打造制度开放的先行区，扩大电子商务、数字贸易等领域制度型开放；打造经贸合作的先行区，大力发展数字服务贸易，加快构建数字贸易制度框架和基础设施体系。[1] 2023年10月18日，习近平主席在第三届"一带一路"国际合作高峰论坛开幕式上提出支持建设开放型世界经济，中方将创建"丝路电商"合作先行区。[2] 2023年10月23日，《国务院关于在上海市创建"丝路电商"合作先行区方案的批复》正式发布，创建"丝路电商"合作先行区成为中央交给上海的一项重大任务，是深化我国制度型开放的新抓手。创建"丝路电商"合作先行区作为高质量共建"一带一路"的新平台，旨在通过发挥电商的桥梁作用，深化国际经贸合作，促进中国与共建国家之间的产业优势互补，提升共建国家的数字基础设施水平。这一举措不仅体现了中国坚定不移推动共建"一带一路"高质量发展，也展示了在数字经济时代，中国以电商产业发展为纽带，携手各国共创美好未来的决心与愿景。《国务院关于在上海市创建"丝路电商"合作先行区方案的批复》鼓励先行先试，聚焦扩大电子商务领域开放，通过对接高标准国际电子商务规则，在"丝路电商"合作先行区开展规则先行先试，为中国参与高标准国际经贸规则的制定提供经验。

上海全面贯彻落实习近平生态文明思想，以经济社会发展全面绿色低碳转型为引领，以能源绿色低碳发展为关键，优化产业结构，为推动我国

---

[1] 《上海：全力打造数字经济国际合作新高地》，https://www.stcn.com/article/detail/1025648.html，最后访问日期：2024年9月8日。

[2] 《习近平在第三届"一带一路"国际合作高峰论坛开幕式上的主旨演讲（全文）》，https://www.gov.cn/yaowen/liebiao/202310/content_6909882.htm，最后访问日期：2024年12月5日。

"双碳"目标的落实和强化全球气候治理贡献力量。[1] 例如，成立于2018年的捷氢科技，形成了从膜电极到电堆、燃料电池系统、动力系统适配等的一体化研发体系，取得了多项核心技术突破，技术指标达到国际先进水平。上海围绕新能源、储能、碳捕集、利用与封存（CCUS）等重点领域布局示范项目，开展"一带一路"绿色产能合作，探索绿色技术创新与对接，推动绿色技术示范推广。虽然共建国家的化石能源发电量占比较大，但大部分国家正在积极推进能源绿色低碳转型，这为绿色能源合作带来了机遇。与此同时，人工智能、新能源汽车等领域的上海科技创新型企业也在积极参与"一带一路"建设，拓展海外市场。[2]

上海加快构建以碳中和产业园为主要承载区的绿色低碳供应链核心功能区，不断提升绿色低碳供应链核心功能区的集聚效应，绿色低碳供应链核心功能区已初见雏形。[3] 在绿色转型方面，上海通过技术创新和成果转化，推动更多的绿色低碳技术外溢和转移，助力共建国家绿色发展能力的提升。随着一大批绿色发展合作项目在共建国家顺利落地实施，绿色发展已成为共建"一带一路"进入高质量发展阶段后上海与共建国家拓展共赢发展新空间的重要方向和目标。例如，上海电气凭借其在传统能源装备领域的深厚积累与技术优势，勇于突破传统路径依赖，积极探索"数智融合"与绿色发展的新路径。在其海外业务中，光电、风电等新能源项目已占一半，彰显了公司在绿色能源领域的强劲发展势头。上海电气积极拓展海外市场，不仅加速了自身的转型升级，更为所在国家和地区提供了绿色转型发展的宝贵机遇，共同推动全球能源结构的优化与可

---

[1] 《为实现碳中和目标贡献更多智慧 上海国际碳中和博览会主旨论坛举办》，https://www.shanghai.gov.cn/nw4411/20240608/179a2e9883324e598a7f75a86f653ffd.html，最后访问日期：2024年9月8日。

[2] 《氢能、无人驾驶重卡加速出海，上海如何共建绿色"一带一路"》，https://baijiahao.baidu.com/s?id=1778203740013696901&wfr=spider&for=pc，最后访问日期：2024年9月8日。

[3] 《上海绿色低碳供应链核心功能区初见雏形 宝山持续壮大绿色低碳产业》，https://www.shanghai.gov.cn/nw15343/20240910/03abe7530610464ea93de7efa71095a5.html，最后访问日期：2024年9月8日。

持续发展。① 在参与共建"一带一路"的过程中,上海坚持示范引领,通过开放性、国际化的绿色转型,对接高标准国际绿色发展规则,形成与国际社会通行标准相衔接的治理模式和制度体系。

二 以新质生产力赋能"一带一路"建设面临的困难

(一)共建国家科技发展水平差异较大,广泛而有效的科技合作尚未全面展开

共建国家之间的差异不仅体现在政治、经济、文化等方面,也直接反映在各国的发展基础和科技需求上。一些共建国家因经济发展相对滞后和创新能力有限、内部创新生态系统尚不成熟,难以形成政府与社会协同推进的合力,从而削弱了其参与科技合作的能力和意愿。科技合作带来的短期经济效益相对不明显,加之一些共建国家复杂的政治经济环境所蕴含的风险,如政局不稳定,均增加了合作的不确定性,这进一步加大了上海与共建国家在科技成果和技术需求上进行精准对接的难度,因此需要有更加精细化和有针对性的合作策略。

目前,上海与共建国家之间的科技创新合作网络尚处于初级阶段,且整体合作层次尚待提升。尽管已有上海企业前瞻性地在共建国家设立研发中心,但这些机构的数量与影响力尚显不足,难以形成广泛的辐射效应。此外,高水平的联合研发活动仍然较少,限制了双方在技术创新领域的深度合作。当前,上海与共建国家的科技合作模式以引进先进技术并进行本地化二次开发为主,产学研用协同研发攻关类的合作较少,由上海企业、科研机构发起或参与的全球重大国际科技创新合作较少,从长远来看,可

---

① 张懿:《走进"一带一路"的上海企业②|上海电气:赋能百业福泽百姓,"上海制造"树起共建标杆》,https://baijiahao.baidu.com/s?id=1779592263793009660&wfr=spider&for=pc,最后访问日期:2024年9月8日。

能不足以支撑双方合作的持续深化与升级。上海以促进技术转移为目标的机构数量众多，致力于实现科技成果的产业化，但共建"一带一路"技术转移机制尚未形成，高质量的共建"一带一路"技术转移活动仍较为匮乏。因此，未来上海须进一步探索与共建国家在科技创新领域的多元化合作模式，加强前沿技术的联合攻关，共同推动科技成果的转化与应用，以提升合作层次与质量，促进双方科技创新能力的共同提升。

上海与共建国家的科技人才合作目前主要聚焦于职业技能培训、留学生培养等方面，主要采取与共建国家定向联合培养的方式，人才培养路径较为单一。此外，科技人才合作有待加强，基于产业应用研究诉求的科技人才合作尚处于探索阶段。

（二）共建国家间存在数字鸿沟和数字治理规则差异，降低了数字经济合作的成效

数字基础设施是数字经济的物质基础，是数字产业化和产业数字化的重要条件，是数字技术创新和应用的重要平台。[①] 新质生产力需要数字化、网络化、智能化的新型基础设施。共建"一带一路"发展中国家对智能支付、数字基础设施建设等方面的数字技术合作需求激增，但其信息化基础设施建设和应用相对落后，导致不同国家之间存在信息不对称或数字鸿沟；再加上数字产业基础薄弱，缺乏相关的技术人才，数字鸿沟成为共建"一带一路"可持续发展面临的突出问题。

虽然如今发展数字经济已成为共建国家的广泛共识，各国都加大了对数字经济领域的投资力度，并采取行动以促进其快速发展，但各国的数字经济发展状况却存在较大差异，整体发展水平参差不齐。共建国家在数字技术上存在差异，难以形成统一的数字化技术标准，导致在数字贸易规则方面存在较大分歧。

[①] 翟绪权、夏鑫雨：《数字经济加快形成新质生产力的机制构成与实践路径》，《福建师范大学学报》（哲学社会科学版）2024 年第 1 期。

目前，共建"一带一路"发展中国家面临数据安全保护不力的困扰，如网络诈骗、数据滥用等，这对国家信息安全提出了更严格的要求。数字"一带一路"建设亟须解决数据安全与跨境网络开放共享之间的矛盾。当前，数据安全已成为共建"一带一路"可持续发展目标实现过程中面临的重大挑战之一。① 虽然上海加强了跨境数据流动领域的顶层设计，采取数据跨境流动试点、数据监管分类等举措，但数据跨境在确权、交易、共享、监管等方面面临较多困难：跨境数据流动规则碎片化现象严重，由于数据保护、监管政策以及流动机制的割裂，跨境数据的自由流动受到阻碍，进展相对缓慢。②

在对接高标准数字贸易规则的过程中，虽然上海已积累了诸多行之有效的做法和宝贵的经验，但在一些重要领域还没有取得实质性进展。例如，数字知识产权保护、数字产品非歧视待遇，既是数字治理中国方案的重要一环，也是中国对接高标准数字贸易规则面临的挑战。上海尽管已构建了公共数据开放平台，但仍面临部门间信息整合不畅的挑战。目前，尽管共建国家在数字经济领域签署了多项协议，达成了一定共识，但数字治理规则建设和合作机制建设仍显滞后。如何创建一个能够获得国际社会广泛认可的数字贸易监管框架，已成为上海在未来发展中须重点关注的领域之一。

（三）绿色技术合作需求尚待激发，上海与共建国家绿色标准对接存在一些困难

共建国家大多为发展中国家，面临发展经济与实现工业化、城市化的艰巨任务，迫切需要通过经济增长摆脱产业结构落后的现状。在产业绿色化转型的进程中，共建国家布局相对较晚，导致在节能环保产业、新能源以及与

---

① 《郭华东：科技创新程度决定"一带一路"发展高度》，https://www.yidaiyilu.gov.cn/p/127335.html，最后访问日期：2024年9月8日。
② 殷凤、党修宇：《上海数字贸易规则体系的构建：特征、不足与对策》，《上海大学学报》（社会科学版）2023年第4期。

之紧密相关的服务业等绿色核心产业上的投入与发展有所滞后。一些共建国家的经济发展方式相对粗放，对绿色转型等可持续发展问题不够重视，加上绿色转型发展短期内对资金、技术等投入要求较高，部分国家短期内难以接受绿色发展理念。一些共建国家的资金实力、人力资本和技术水平有限，无形中增加了上海推进绿色"一带一路"建设的成本。

绿色技术是上海与共建国家深化科技合作的重要领域，目前，虽然上海与共建国家在一些关键绿色低碳技术合作方面取得了重大突破，但上海环保企业在全球市场上所占的份额相对较小，影响力仍有待提升。此外，企业的研发投入虽然整体呈现增加的趋势，但仍显不足。上海与共建国家的合作虽已取得了一些成绩，但仍然缺乏推进绿色转型的合作经验和成熟模式。

共建国家在资源禀赋与环境治理等方面存在较大差异，各个国家绿色发展的路径与重点工作不同，各方在政策支持等方面的不足给上海与共建国家的绿色合作带来较大的风险。[①] 在绿色"一带一路"项目实施的过程中，从规划、设计、建设、运营到评估的各个阶段，均须面对多样化的标准、复杂的流程以及各异的法律法规，无形中拉高了推进绿色"一带一路"的成本。特别是在作为合作重点的基础设施建设领域，投资项目的开发及运营涉及共建国家政策、市场准入、环境评估、社会责任、土地利用、项目融资等诸多方面，加上部分共建国家在项目融资、实践引导、管理能力和经验方面存在明显短板，进一步加剧了项目成本攀升的趋势，并使项目开发建设过程中面临较高的风险，使绿色"一带一路"项目的成功落地与可持续发展面临严峻的挑战。

绿色"一带一路"离不开共建国家的有效参与，这需要共建国家开展高水平的合作。但一些共建国家绿色经济发展的顶层设计缺位，对绿色产业发展的政策支持不足，缺乏完整的政策与法规支持体系，也缺少主动参与绿

[①] 余晓钟、白龙、罗霞：《"一带一路"绿色低碳化能源合作内涵、困境与路径》，《亚太经济》2021年第3期。

色经济发展的激励机制，在统筹发展的经济性、环境性和效率性等方面还存在诸多不足。[1] 例如，绿色"一带一路"项目多数是基础设施建设项目，需要长期稳定的投融资体系支撑，但"一带一路"绿色投融资体系还不完善，缺少引导绿色经济发展的金融政策。[2]

共建国家要想真正走好绿色经济高质量发展之路，还有赖于制度体系的建立和完善，但目前还缺少统一的绿色治理制度体系。在推进共建"一带一路"的进程中，尽管通过双边或多边合作机制，相关国家已将绿色治理理念纳入制度框架，但多数举措仍停留在原则性指导层面，缺乏具体、细化的绿色治理制度与操作机制。[3] 部分共建国家环境标准不严，加之在财政与人力资源方面具有局限性，难以充分开展项目可行性评估及环境与社会影响分析，导致项目筹备阶段的环境与社会影响评估工作存在明显不足。这一情况往往使生态环境问题在项目执行后期凸显出来，成为这些国家基础设施建设面临的挑战之一，对项目的可持续性和社会接受度造成较大的影响。

绿色发展以规则标准为导向，其规则标准具有前瞻性、基础性、根本性。绿色"一带一路"项目因跨国实施，在项目的全生命周期，须跨越不同国家的标准、流程与法律法规壁垒，在这一过程中标准对接的复杂性凸显。一些西方发达国家持续向共建国家输出先进的绿色科技、环保产业及生态标准，不仅巩固了其在绿色技术领域的主导地位，也进一步加大了共建国家标准对接的难度，给绿色"一带一路"项目的顺利实施带来了一定的外部压力。上海企业在参与国际市场活动时，主要侧重遵循既有的环境标准，而在推广自身创建的相关标准方面显得较为保守，缺乏足够的主动性。更为关键的是，在国际标准制定的舞台上，上海的参与度尚显不足，较少有机会直接参与国际标准的制定，标准滞后已对绿色"一带一路"项目的实施造

---

[1] 陈健：《"一带一路"沿线绿色经济共同体构建研究》，《经济体制改革》2021年第2期。
[2] 孔祥荣、石庆芳：《"一带一路"绿色转型：合作机制、挑战与路径》，《城市与环境研究》2022年第1期。
[3] 于宏源、汪万发：《绿色"一带一路"建设：进展、挑战与深化路径》，《国际问题研究》2021年第2期。

成一定的影响,削弱了上海在国际环保领域的话语权和影响力,也影响了其在全球绿色发展中发挥更大的作用。

三 以新质生产力赋能"一带一路"建设的新路径

(一)推动科技成果在共建国家的转化,为发展新质生产力奠定基础

2023年12月,习近平总书记在上海浦东新区张江科学城参观上海科技创新成果展时指出,推进中国式现代化离不开教育、科技、人才的战略支撑,上海在这方面要当好龙头,加快向具有全球影响力的科技创新中心迈进。[1] 未来,上海要按照党中央关于新时期进一步加强上海国际科技创新中心建设的决策部署,发挥自身国际化程度高的优势,坚持高标准、高定位,加强国际科技交流合作,完善技术成果在共建国家转化的供需协调对接机制,促进共建国家技术成果转化承接力的提高,助力共建国家形成技术成果转化和产业化的良性机制。上海可以选择科技创新能力强、合作意愿强烈且产业基础坚实的共建国家(或其关键节点城市)作为科技创新的合作伙伴,围绕重大前沿科学研究和新技术发展拓展合作领域。这样不仅有助于提升上海自身的科技创新能力,还能通过国际合作进一步推动共建国家科技进步与发展。同时,通过与这些共建国家或其城市紧密合作,上海企业可以更好地融入共建国家经济体系,实现更高质量的发展。这种合作模式也有助于促进技术转移和成果转化,为上海与共建国家的产业升级和创新发展注入新的动力。

在共建"一带一路"的过程中,要重点加强上海与共建国家在科技平台、技术转移、联合研发等方面的合作。具体而言,以科技平台为重要依托,通过技术转移和联合研发,深化各方之间的科技创新交流与合作。进一

---

[1] 《上海加快向具有全球影响力的科创中心迈进》,https://news.cctv.com/2023/12/30/ARTIzEyR6CevN6TsP0oOSBrO231230.shtml,最后访问日期:2024年9月8日。

步加强科技合作平台建设是促进上海与共建国家科技交流合作、保障科技成果及时转化为新质生产力的重要物质基础和条件。加强国际科技创新合作平台建设，整合联合研发、科技人才交流与培养、科技成果宣传展示、先进适用技术转化落地等功能，通过以点带面的方式拓展双/多边创新合作网络，加快构建国际科技研发共同体，拓展上海企业与共建国家企业创新研发的合作深度，助力共建国家技术创新水平的提升。

构建以协同创新为目标的联合研发机制，形成以需求为导向的国际技术转移机制。在对接共建国家实际需求的基础上，鼓励并支持上海企业在共建国家设立研发分支机构，聚焦于双方经济社会发展中亟待解决的关键共性技术难题，主动发起或积极参与国际科技合作项目，构建重大创新项目的协同研发机制，构建支撑上海国际科技创新中心建设的全球研发协作体系。针对上海与共建国家共同关注的战略性技术领域，培育一批具备专业能力和国际视野的技术转移服务机构。推动上海企业通过对接洽谈、交流研讨、成果分享等形式，深度融入全球技术转移交易网络。与共建国家在科技成果转化和创新领域开展深度合作，共同建立先进适用技术示范与推广基地，以及国际技术转移中心。这些平台有助于加速推动上海乃至中国的先进科技成果向参与共建"一带一路"发展中国家转移，助力这些国家科技实力与经济社会发展水平的提升。

（二）发挥新质生产力对上海与共建国家产业发展的推动作用

新质生产力促进制造业转型升级，有助于制造业与服务业深度融合，推进传统制造业结构优化，助力传统制造业生产模式迭代升级，提高制造业资源利用效率和竞争力。[①] 以上海庞大的市场需求为共建国家的产品和服务提供重要的消费市场，有助于共建国家企业开拓上海本地市场，提升共建国家企业在上海市场的影响力，进一步巩固上海企业在产业链中的地位。

---

① 徐政、张姣玉：《新质生产力促进制造业转型升级：价值旨向、逻辑机理与重要举措》，《湖南师范大学社会科学学报》2024年第2期。

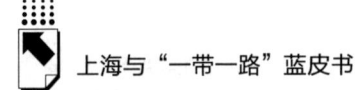

以科技创新引领高质量发展、积极构建现代化产业体系、全面推进新型工业化是加快形成新质生产力的关键路径。[①] 以科技创新为核心驱动力，引领并加速产业创新进程，积极促进前沿科技和未来产业发展。在这一进程中，关键是将科技成果高效地转化为现实生产力，并促进各类产业链的整合，推动新质生产力发展。为此，上海应实施综合性策略，既要重视推动现有新兴产业的规模化扩张与高质量发展，又要有前瞻性眼光，积极培育那些有巨大潜力的未来产业。在上海构建集成电路、生物医药、人工智能三大先导产业的创新高地，积极开拓国际市场，打造一批世界级高端产业集群。核心技术是上海巩固产业链"链主"地位的关键。上海通过技术输出和转移，将自身积累的先进技术和经验分享给共建国家，促进其产业转型和升级。在未来智能、未来能源、未来健康、未来空间、未来材料等未来产业方向，上海要加大对颠覆性技术、前沿技术的布局力度，率先确立产业发展优势，系统推进产业规模化、产品产业化、技术产品化，助力共建国家经济发展。

坚持以企业为主体培育壮大新质生产力。突出企业主体作用，助力企业转型升级，提升核心竞争力。根据不同领域企业在不同创新阶段的需求，提供更加有效的政策支持，与共建国家携手打造开放、公平、公正的产业生态环境，构建更加紧密的区域创新共同体和产业发展共同体。推动上海先进科技在共建国家的投资布局，以产业投资带动先进技术的输出，同时参与国际标准的制定，提高中国制造、中国技术、中国标准在共建国家市场的核心竞争力和话语权。大力培育高质量孵化器和特色产业园区，探索上海科技产业园区"走出去"的新模式。启动"一带一路"科技创新合作区建设，以科技产业园区为平台推进资源共享、人才交流，促进资本与技术的深度融合，在新一代信息技术产业、新能源产业以及生物等战略性新兴产业领域，积极推动双向产业投资活动，加速产业转型和升级，实现关键领域的协同发展与繁荣。

---

① 梁圣蓉、罗良文：《新时代加快形成新质生产力的焦点难点与关键路径》，https://link.cnki.net/urlid/13.1356.F.20240319.1706.002，最后访问日期：2024年9月8日。

上海需要坚持开放的发展理念,积极打造以上海为主导的区域合作平台,为共建国家提供对接的渠道。建立上海与共建国家之间的科技金融政策沟通与协调机制,建立面向共建国家的科技金融服务平台,构建服务于科技创新的金融体系。加强与丝路基金等金融机构的合作,大力推动"科技—产业—金融"高水平循环,引导金融资本投早、投小、投长期、投硬科技。[1] 启动上海未来产业基金,优先支持面向共建国家的高新技术产业投资项目,促进重大科技成果的有效转化,并加强重大联合研发项目的合作。深化与共建国家的科技合作,推动高新技术产业快速发展,加速科技成果的商业化进程,并通过联合研发项目实现技术突破与资源共享。[2]

(二)以新质生产力助推上海与共建国家发展方式的数字化、绿色化转型

数字信息基础设施是新质生产力发展的主要驱动因素。[3] 上海要持续加强与共建国家在传统信息基础设施领域的合作,助力共建国家的信息化进程和新型信息基础设施建设,促进数字经济繁荣,并弥合共建国家间的数字鸿沟,提升先进技术应用能力。联合打造行业性的数字基础设施,促进共建国家行业的数字化转型,通过深化人工智能、集成电路、高端装备、航空航天、生物医药、新能源汽车、信息通信以及新材料等产业领域的合作,提升上海产业的核心竞争力,助力构建全球数字经济新格局。

增强上海"走出去"企业的绿色发展能力,推动绿色关键技术的研发与应用,培育新的产业竞争优势,实现传统生产方式的绿色转型。以《国

---

[1] 《加快建设具有全球影响力的科技创新中心!陈吉宁主持市委科技委员会第一次会议并作部署》,https://stcsm.sh.gov.cn/xwzx/gzdt/20240905/b6d11cd2648b4aa692bd574f8ce17047.html,最后访问日期:2024年9月8日。

[2] 张骏:《激发开放合作动能融入全球创新网络 2024年浦江创新论坛开幕 上海未来产业基金启动》,https://www.shanghai.gov.cn/nw4411/20240908/33e331461ccb44ddb2fd024dcd029c8e.html,最后访问日期:2024年9月8日。

[3] 李松霞、吴福象:《我国新质生产力发展潜力及驱动因素》,《技术经济与管理研究》2024年第3期。

家发展改革委等部门关于推进共建"一带一路"绿色发展的意见》为指导，上海加大对共建"一带一路"绿色发展的支持力度，重点发展绿色基础设施、绿色能源、绿色交通、绿色产业、绿色贸易、绿色金融、绿色科技、绿色标准以及应对气候变化等领域的绿色项目。支持企业更多地投向绿色发展、数字化转型、科技创新等重点领域，运用数字技术和绿色技术助力共建国家提升传统产业的生产效率，加大绿色技术赋能传统产业链的力度，助力共建国家传统产业的技术改造、产品更新和商业模式创新。

上海要积极参与数字经济的全球治理，参与数字技术产品和服务的国际标准制定，推动建立数据跨境流动相关法律制度，强化数字贸易规则供给，包括明确技术贸易方面数据类型的界定、数据跨境流动的技术标准、数据跨境安全评估标准、个人信息处理标准适用范围等，与共建国家携手合作，制定符合共建国家实际需求的数字经济标准体系，加强标准互认与对接，打破发达国家在标准制定领域的垄断，促进全球数字经济的公平、开放与协同发展，为数字经济领域的国际合作奠定坚实基础。在数字经济规则制定过程中，上海要积极争取话语权，以维护自身及共建国家的利益，并为今后中国开展国际相关谈判提供经验，促进全球数字经济的健康、有序发展。上海要与共建国家共同研究并制定符合各自利益的经济规则。这些规则应充分考虑参与国家的实际情况和需求，以促进可持续发展。同时，搭建高效的"一带一路"联合区域治理框架也至关重要。这一框架将有助于协调各国政策，减少共建国家间的数字经济规则分歧，优化资源配置，提升区域整体竞争力，进而实现共同繁荣和发展。

上海企业可通过项目建设，引导共建国家企业参与绿色项目，分享绿色发展经验。如上海成熟的新能源行业商业化拓展模式和成功经验，有助于促进共建国家新能源产业发展。上海企业要关注共建国家绿色技术规则标准和实际情况，关注其绿色发展诉求，深入了解实际需求，在规则与标准的对接工作中发挥积极作用。适时推动中国在绿色技术、可持续发展等领域的先进规则与标准走上国际舞台。在此过程中，上海与共建国家加强合作，将绿色金融合作提升至战略层面，共同完善相关政策、法律框架及标准体系，通过规则与标准的建设深化合作。基于共建"一带一路"发展中国家的技术吸收能力与市场需求，上海可积极推广实用型绿色技术，促进这些技术的有效转化与应用，助力这些国家加快绿色转型步伐，实现可持续发展。

在与共建国家开展绿色产能合作、绿色技术创新合作的同时，上海要发挥其作为国际金融中心的优势，建立面向服务"一带一路"数字经济和绿色经济发展的金融支持体系：筹划建立上海服务"一带一路"数字经济和绿色经济的合作专项基金，通过建设政策性贷款、资本市场、绿色产业基金等多层次科技金融体系与金融平台，吸引更多社会资本参与数字经济和绿色经济发展，以推动"一带一路"倡议下的数字经济与绿色经济项目合作。积极回应共建国家在数字经济发展方面的投资需求，制定绿色项目认证标准，分类把握绿色项目融资需求，创新绿色金融产品服务和融资模式，畅通金融支持获取渠道，扩大金融支持来源。激励数字科技企业参与共建国家的数字化建设，促进绿色技术与金融融合发展，面向企业提供"绿色技术+金融"服务，鼓励并扶持符合条件的企业积极拓展国际金融业务，以拓宽融资渠道，获得来自境外的资金支持，从而加速企业全球化布局与可持续发展进程。

分报告

B.2 上海服务"一带一路"现代化产业体系建设

倪红福 钟道诚[*]

摘　要： 党的二十届三中全会明确提出完善推进高质量共建"一带一路"机制。"一带一路"倡议不仅是经济合作与发展的重要框架，更是推动构建人类命运共同体的重要平台。随着"一带一路"倡议的深入实施，中国与共建"一带一路"发展中国家在促进贸易投资自由化、加强基础设施建设、深化科技与人文交流等方面的合作不断加强，不仅推动了共建"一带一路"发展中国家的现代化产业体系建设，而且有助于优化中国的产能结构，分散产业链风险，进而推动中国现代化产业体系建设。上海作为"一带一路"建设的重要枢纽，制定了一系列服务"一带一路"建设的行动方案，积极主动融入"一带一路"建设，加强与共建"一带一路"发展中国家的合作，

---

[*] 倪红福，经济学博士，中国社会科学院大学应用经济学院教授，中国社会科学院经济研究所研究员，主要研究方向为宏观经济、产业经济、国际经济；钟道诚，中国人民大学应用经济学院博士研究生，主要研究方向为国际经济、投入产出分析。

在政策沟通、设施联通、贸易畅通、资金融通、民心相通方面取得了显著成效。不仅有助于进一步提升上海城市综合服务能力,发展更高水平的开放型经济,而且有助于推动形成中国式现代化产业体系,更好地参与全球竞争与合作。

关键词: "一带一路"　现代化产业体系　互联互通　经贸合作

当前,全球供应链之间紧密相连的分工协作秩序遭到破坏,供应链的脆弱性一览无余。中国经济正处于从"高速发展"向"高质量发展"转变的关键节点,作为新时代中国对外开放至关重要的一环,"一带一路"是构建双循环新发展格局的重要抓手,要加大与共建"一带一路"发展中国家的产能合作力度,利用中国完备的产业链和供应链带动更多发展中经济体参与全球价值链重构,建立更为公平合理且互利互惠的国际贸易关系。推进共建"一带一路"高质量发展符合中国经济高质量发展的要求,同时是中国现代化产业体系建设的重要抓手。

在国际供应链受到冲击的背景下,中国与共建"一带一路"发展中国家坚持互联互通,共同抵御外部冲击,有效地降低了产业链供应链风险,促进了现代化产业体系建设。通过加强顶层设计,中国成功推动了与更多国家的互利共赢,为"一带一路"建设提供了坚实的政治基础和政策支持。"一带一路"倡议通过国际政策对接,促进了中国与共建"一带一路"发展中国家的合作,增强了中国在国际舞台上的影响力和话语权。在国际供应链挑战面前,"一带一路"展现出强大的生命力和韧性,不仅推动了中国现代化产业体系建设,而且为推动构建开放型世界经济和人类命运共同体做出了重要贡献。

自"一带一路"倡议提出以来,全国各省份高度重视,积极主动参与"一带一路"建设。作为"一带一路"建设的重要枢纽,上海始终秉持"和平合作、开放包容、互学互鉴、互利共赢"的丝路精神,制定了一系列服务"一带一路"建设的行动方案。例如,《上海服务国家"一带一路"建设发挥桥头堡作用行动方案》提出,上海积极主动融入"一带一路"建设,加强与共建"一带一路"发展中国家合作,并取得了明显的成效。一方面,上海在"一带一路"建设中发挥重要的枢纽作用,这不仅有助于进一步提升上海的城市综合服务能力,发展更高层次的开放型经济,而且有助于推动形成中国式现代化产业体系,更好地参与全球竞争与合作。另一方面,上海通过政策创新、贸易便利化、金融服务、基础设施建设、国际交流与合作、人才培养、科技合作、国际会展服务等方面的实践,为国内其他省份提供了可借鉴的经验,不仅促进了自身发展,还带动了区域协同发展,加强了与"一带一路"共建国家(以下简称"共建国家")的经济合作,为各省份参与"一带一路"建设提供了清晰的路径和方法,加快推动中国更高层次的对外开放进程。

然而,近年来经贸摩擦和地缘政治冲突的出现,给全球化进程带来严峻挑战,并导致全球价值链呈现收缩趋势。一些共建"一带一路"发展中国家政局不稳定、全球单边主义和排外主义兴起,以及霸权主义的扩张等因素阻碍了"一带一路"建设的高质量发展。在这样的背景下,推动"一带一路"建设高质量发展,不仅有助于满足建设中国式现代化产业体系的需求,也是下一阶段高质量共建"一带一路"的关键。由此,厘清"一带一路"建设如何推动共建"一带一路"发展中国家的产业发展与经济稳定,加快中国现代化产业体系建设,以及上海在其中扮演的重要角色,对推进共建"一带一路"高质量发展,让"一带一路"倡议惠及更多国家和人民,均具有重要作用。

基于此,本文主要从"一带一路"建设促进共建"一带一路"发展中国家的现代化产业体系建设与经济稳定、"一带一路"建设促进中国现代化产业体系建设,以及上海在服务共建"一带一路"发展中国家现代化产业体系建设方面起到的重要作用三个方面入手,探讨推进"一带一路"高质量发展对共建"一带一路"发展中国家现代化产业体系建设的重要作用。

一 "一带一路"倡议促进共建"一带一路"发展中国家的现代化产业体系建设与经济稳定

在全球经贸格局经历重构与调整的背景下,"一带一路"倡议通过开办进口博览会和建立境外合作园区等途径,为中国与共建"一带一路"发展中国家之间的贸易联通、技术交流、资金融通和产业合作提供了重要平台,有效地实现了"引进来"与"走出去"战略的协同发展。"一带一路"倡议主要通过以下三种途径促进共建"一带一路"发展中国家的现代化产业体系建设与经济稳定。第一,"一带一路"倡议有助于中国和各个共建"一带一路"发展中国家开展产业合作与技术交流。学习中国的产业发展经验,有助于提升相关国家的产业体系先进性,加快现代化产业体系建设。第二,中国与共建"一带一路"发展中国家之间更深层次的经贸合作与互联互通有助于各国发挥自身的比较优势,提高产业链生产效率,建立更为密切的经贸关系,提高共建"一带一路"发展中国家的产业链稳定性,提升产业体系安全性与现代化水平。第三,"一带一路"建设促进中国与共建"一带一路"发展中国家之间的资金融通,为各个共建"一带一路"发展中国家提供了产业发展资金,助力产业体系现代化水平提升。

(一)通过基础设施建设等途径推动共建"一带一路"发展中国家的现代化产业体系建设

基础设施建设是"一带一路"倡议中的重要任务。由于多数共建"一带一路"发展中国家属于发展中经济体,普遍面临基础设施建设不足的问题,极大地限制了经济发展。"道路通,百业兴",基础设施的完善对共建"一带一路"发展中国家的产业发展和经济增长至关重要。将设施联通置于"一带一路"建设的首要位置,为共建"一带一路"发展中国家注入了经济增长的活力,同时为政策沟通、贸易畅通、资金融通和民心相通提供了必要的支持。十年来,针对共建"一带一路"发展中国家基础设施建设滞后的现状，中国与各国合作推进了一系列大型基础设施、产业和产能项目。通过经济走廊的开发建设，中国已初步构建起"六廊六路、多国多港"的互联互通架构，为区域经济合作奠定了基础。中国在"一带一路"倡议下加强与共建"一带一路"发展中国家的基础设施互联互通，为产业合作和技术合作奠定基础。基础设施是产业发展的重要支撑。中国在基础设施建设方面具有丰富的经验，通过参与共建"一带一路"发展中国家的铁路、公路、港口等基础设施建设，有助于提升这些国家的物流效率、降低交易成本、促进产业发展。

在"一带一路"倡议的推动下，中巴经济走廊等重点项目的建设在地区经济发展和合作中发挥了重要作用，通过改善基础设施、促进贸易和投资合作，中国和巴基斯坦之间的经济联系得到加强。中国—中南半岛经济走廊则加强了中国与东南亚国家之间的经济合作，为地区的发展提供了新机遇。其他项目如非洲蒙内铁路增强了非洲国家的运输能力，促进了贸易和人员往来，为共建"一带一路"发展中国家之间的贸易和合作提供了便利。此外，"一带一路"倡议下的多个跨境基础设施项目在公路、能源、通信和港口等领域取得了显著进展。这些基础设施的建设为共建"一带一路"发展中国家带来了一系列发展机遇，加强了区域间的互联互通，促进了经济的繁荣与合作伙伴关系的深化。

中欧班列的持续开行极大地促进了区域间的经济交流与合作。图1展示了2013~2023年中欧班列的开行情况。2021年中欧班列开行次数首次突破1.5万次，达到15183次，同比增长22.4%。2022年，班列开行次数高达1.6万次，同比增长9.1%。2023年，班列开行次数达到17523次，同比增长5.8%，有效促进了跨境电商等外贸新业态的发展。截至2023年，中欧班列累计开行次数已突破80000次。从2013年的80次到2023年的17523次，中欧班列在"一带一路"互联互通中发挥了巨大的作用，有效地降低了贸易成本和交易成本，促进了各个"一带一路"共建国家（以下简称"共建国家"）的产业发展和经济增长。

作为"一带一路"建设的重要枢纽，上海充分发挥其航空和海运等枢

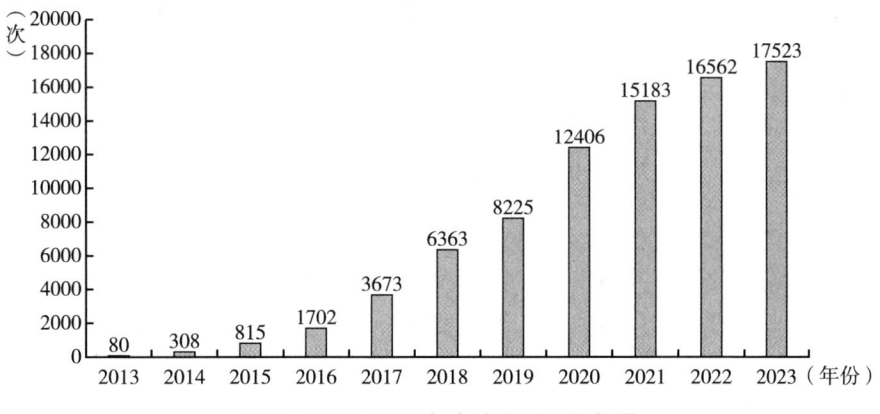

年份	次数
2013	80
2014	308
2015	815
2016	1702
2017	3673
2018	6363
2019	8225
2020	12406
2021	15183
2022	16562
2023	17523

图1 2013~2023年中欧班列开行数量

资料来源："班列大数据"，https://www.crexpress.cn/#/home，最后访问日期：2024年9月19日。

纽服务功能，推动海上、空中和数字丝绸之路建设，在基础设施联通方面发挥重要作用。2013~2023年，上海与24个共建国家（地区）实现直航，航班覆盖282个城市，共建国家航空旅客量占全国的1/3，货邮量占比超过50%，上海成为重要的"一带一路"航空枢纽。[1] 同时，上海港作为"一带一路"重要的港口节点，连续14年全球集装箱吞吐量第一，与沿线100多个主要港口联系紧密。[2]

除基础设施建设外，"一带一路"倡议还积极推动各个共建"一带一路"发展中国家之间的科技合作与人才交流。科技创新是产业升级的重要动力。在数字经济方面，可以通过"数字丝绸之路"建设，帮助共建"一带一路"发展中国家提升数字化水平，推动传统产业的数字化转型，培育新的经济增长点。在人才交流方面，中国通过科技创新合作计划，资助共建国家的人才，与共建"一带一路"发展中国家在科研领域进行合作，可以促进知识共享、技术交流，共同解决产业发展中的技术难题，推动产业向更高端迈进。

---

[1]《积极发挥地方特色亮点 深度融入共建"一带一路"大格局》，https://www.ndrc.gov.cn/wsdwhfz/202310/t20231017_1361245.html，最后访问日期：2024年9月19日。

[2] 王辰阳、周心怡：《全球集装箱吞吐量第一大港上海港再扩容》，https://www.yidaiyilu.gov.cn/p/0MN5I0DN.html，最后访问日期：2024年9月19日。

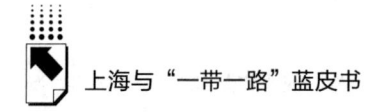

在"一带一路"倡议下,中国与共建"一带一路"发展中国家在文化、教育、旅游和科技等领域的交流与合作不断深化。共建"一带一路"发展中国家通过与中国的科技合作和人才交流,能够学习中国的先进技术,提升自身的产业竞争力,加快构建现代化产业体系。一方面,在科技合作领域,中国与共建"一带一路"发展中国家签署《政府间科技合作协定》,共建国际技术转移中心和联合研究中心,支持青年科学家来华参与科研项目。具体领域涵盖土地投资、科技人文、海洋贸易、数字经济、互联网金融、绿色创新等。另一方面,在教育合作方面,中国与共建"一带一路"发展中国家签署学历学位互认协议,设立"丝绸之路"奖学金项目,吸引留学生来华学习。2003~2018年,来华留学生规模显著增长,共有来自196个国家和地区的49.22万名留学生,其中,参与共建"一带一路"的64个国家的来华留学生共计26.06万人,占比达52.95%。[1]中国通过加强与共建"一带一路"发展中国家的教育合作,提供专业培训和学术交流的机会,为这些国家的产业发展提供人才支持。中国通过高校科技创新服务"一带一路"倡议,帮助共建"一带一路"发展中国家培养急需的专业技术人才和管理人才,为产业发展提供了有力的支持。

(二)经贸合作、互联互通有助于提升共建"一带一路"发展中国家产业链的稳定性,促进产业体系现代化水平提升

自"一带一路"倡议提出以来,建立稳定的经济贸易合作关系已成为确保共建"一带一路"发展中国家经济持久发展的关键。中国与共建"一带一路"发展中国家在资源禀赋、发展潜力与工业生产能力、资金实力方面展现出巨大的互补性,使双方的经贸合作变得更加密切与频繁。双方的经贸合作和互联互通对增强共建"一带一路"发展中国家的产业链稳定性、提升产业体系安全性与现代化水平具有重要作用。

---

[1] 《196个国家和地区的49.22万名留学生去年来华留学》,https://www.gov.cn/xinwen/2019-06/03/content_5397181.htm,最后访问日期:2024年9月19日。

图 2 展示了 2013~2023 年中国与共建国家的贸易情况。第一，中国与共建国家的进出口规模整体呈现扩大的趋势。2013~2023 年，中国对共建国家的进口额从 4713.6 亿美元增长至 8475.9 亿美元，年均增长率达 6.0%。同一时期，中国对共建国家的出口额从 5691.9 亿美元增长至 11896.6 亿美元，年均增长率高达 7.7%。双方在保持进出口额增长的同时，贸易结构也在持续优化。机电产品出口增速较快，进口的非资源类产品占比也在逐年提升。"一带一路"倡议有效提升了中国对共建国家的出口潜力，促进了贸易网络的完善。第二，中国与共建国家积极构建自由贸易区网络体系。通过与共建国家广泛签署和升级自由贸易协定，探索包括数字贸易在内的经贸合作新模式，中国积极推动"丝路电商"成为贸易的新引擎。同时，中国进一步缩短了农产品贸易的通关时间，加快海关检验检疫合作和"绿色通道"建设，促进了贸易便利化。这些措施共同提升了中国与共建国家的贸易投资便利化水平，为加强经济合作和共享发展机遇奠定了坚实的基础。

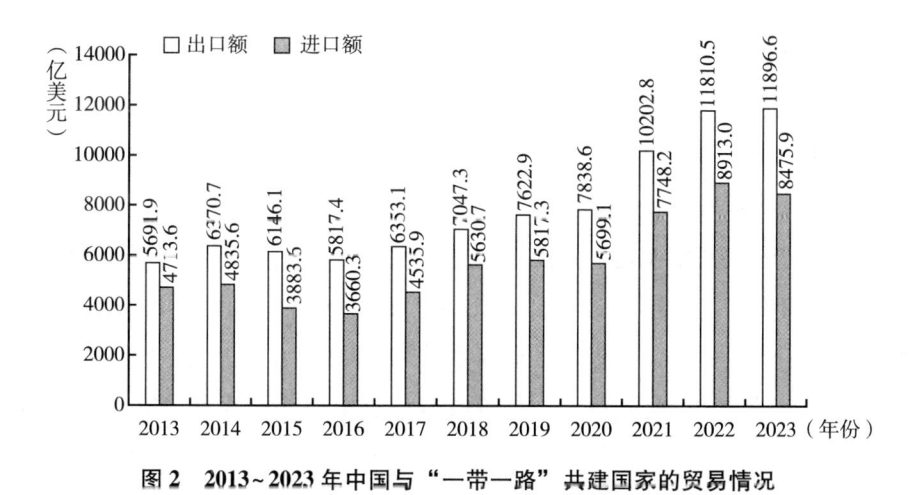

图 2　2013~2023 年中国与"一带一路"共建国家的贸易情况

资料来源：《【一带一路·观察】2023 年中国"一带一路"贸易分析》，https://mp.weixin.qq.com/s/maVV5qbEGl1Jp1XRH4tgLg，最后访问日期：2024 年 9 月 19 日。

中国与共建"一带一路"发展中国家在产业发展上优势互补，推动产业链上下游的协同合作，有助于构建更加稳定和有竞争力的产业链，提升产业体系的安全性与现代化水平。中国与共建"一带一路"发展中国家可以通过战略规划对接,整合双方产业链,共建基础设施,形成互联互通的物流网络,降低跨境交易成本。推动产业园区合作,形成产业集群,促进技术和资本的集中投入。同时,加强风险管理,建立风险评估和应对机制,确保产业链稳定运行。推动形成深度融合、互利共赢的合作关系,共同构建稳定、高效、有竞争力的全球供应链体系。

产业园区建设是"一带一路"倡议中增强共建"一带一路"发展中国家产业链稳定性、提升产业体系安全性与产业体系现代化水平的重要手段,通过吸引同类或相关企业入驻,形成产业集群,增强了产业链上下游的协同效应,提高了整体的生产效率和竞争力。共建"一带一路"发展中国家的产业发展需要有完善的基础设施作为支撑,产业园区"走出去"可以弥补共建"一带一路"发展中国家基础设施建设薄弱的短板,借助中国企业的资金、技术和经验,通过企业间的合作,以及政府和行业协会的帮助,构建良好的跨境园区硬环境,并在软环境上加强对东道国的影响力。一方面,产业园区通常配备完善的基础设施,如道路、电力、通信等,为企业提供良好的生产经营条件,降低运营成本,同时,产业园区内的企业可以通过近距离合作,优化供应链管理,减少物流成本和时间,提高供应链的响应速度和灵活性,增强产业链的稳定性。另一方面,产业园区推动了产业结构的优化和升级,通过引入高端制造、智能制造等新兴产业,促进了传统产业的技术改造和产品升级。产业园区通过多元化的产业布局,降低了对单一产业的依赖,分散了经济风险,增强了产业体系的抗风险能力。此外,产业园区通常享有政府提供的各种优惠政策,如税收减免、土地使用优惠、资金扶持等,这些政策降低了企业的投资风险,吸引了更多的投资,增强了产业链的稳定性。通过上述作用,产业园区建设有助于共建"一带一路"发展中国家提升产业链的稳定性及产业体系的安全性,并有利于产业体系现代化水平的提升。

中国与共建"一带一路"发展中国家建立了一系列多边合作机制,提高了宏观经济政策的协调性,形成共同应对全球经济风险的坚实基础。在多边合作平台上,如"一带一路"国际合作高峰论坛,各国能够增进互信、协商一致,制定应对策略,从而在经济政策上形成合力。在绿色发展与可持续发展方面,中国与共建"一带一路"发展中国家加强合作,共同推动清洁能源、环境保护项目,应对气候变化等全球性挑战,确保经济增长与生态环境的和谐共生。同时,建立应急响应机制,针对突发性经济风险,确保各方能够快速反应和协调,共同应对风险挑战。加强数字经济领域的合作,尤其是数字技术、电子商务等方面的合作,促进数字经济发展,提高双方的抗风险能力,以应对全球经济风险。中国与共建"一带一路"发展中国家共同建立风险管理机制,携手应对全球经济波动和危机,这有助于增强产业链稳定性,有效提升产业体系安全性。

综上所述,"一带一路"倡议在推动贸易畅通、产业链协调发展以及建立多边协调机制等方面取得了显著成效,为共建"一带一路"发展中国家增强产业链稳定性、提升产业体系安全性与现代化水平提供了重要的动力,增强了经济的竞争力和可持续性,提高了产业链的灵活性和抗风险能力,提高了产业链供应链的韧性,有助于共建"一带一路"发展中国家构建更加安全、稳定的现代化产业体系。

(三)"一带一路"建设促进资金融通,为共建"一带一路"发展中国家提供了发展资金,助力产业体系现代化水平提升

资金融通是"一带一路"倡议的重中之重,对推动其高质量发展具有重要作用。共建"一带一路"发展中国家经济基础相对薄弱,财政状况紧张,债务水平不断攀升,面临发展方面的挑战。为促进产业体系的发展和完善,以及加强基础设施建设,这些国家需要巨额且长期的资本投入,这无疑加大了它们的发展压力。在这样的背景下,这些国家展现出庞大的资金需求。中国通过多渠道资金支持和金融合作,为共建"一带一路"发展中国家的产业发展提供了坚实的金融保障,推动区域经济的共同繁荣和可持续发展。

为促进共建"一带一路"发展中国家的产业发展和基础设施建设,中

国采取了一系列政策与措施来满足这些国家的资金需求。一方面，中国积极构建"一带一路"投融资平台，如筹建亚洲基础设施投资银行以及丝路基金，通过股权投资和其他投融资方式，支持基础设施、资源开发、产能和金融合作项目，为共建"一带一路"发展中国家的基础设施建设提供强有力的资金支持。图3展示了2016~2023年亚洲基础设施投资银行累计投资金额与项目总数。可以发现，截至2023年，亚洲基础设施投资银行累计投资金额已超过420亿美元，支持的项目数量达到227个。截至2023年，亚洲基础设施投资银行的成员数量已从57个增至106个，成为全球第二大国际多边开发机构。除亚洲基础设施投资银行外，丝路基金也为共建"一带一路"发展中国家提供了大量的资金支持。图4展示了2015~2023年丝路基金累计投资金额与项目总数。可以发现，2015~2023年，丝路基金累计签约75个项目，累计投资金额达到240亿美元。

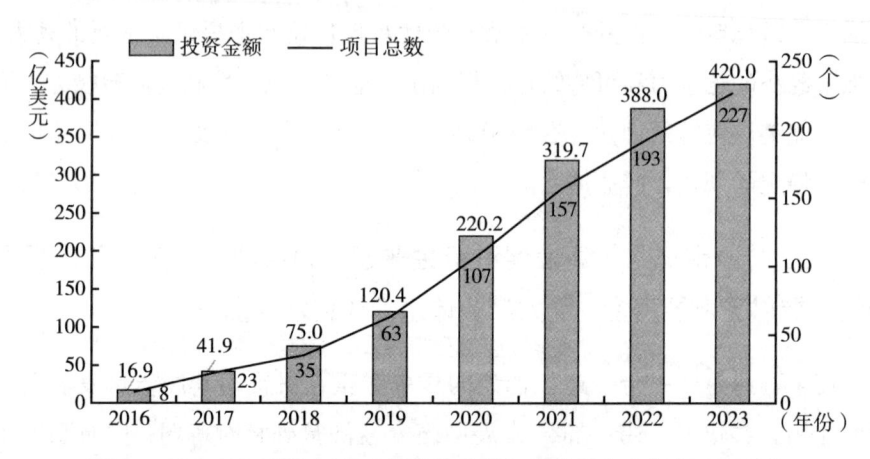

图3 2016~2023年亚洲基础设施投资银行累计投资金额与项目总数

资料来源："Our Projects"，https://www.aiib.org/en/projects/list/year/All/member/All/sector/All/financing_type/All/status/Approved，最后访问日期：2024年9月19日。

另一方面，中国通过与多边金融机构的密切合作，设立专项贷款以推动"一带一路"高质量发展。作为国内金融机构的代表，国家开发银行与上海合作组织银行联合体成员行和伙伴行在多个重点领域展开合作，累计发放专项贷款超过140亿美元，为共建"一带一路"提供了稳定的

图 4　2015~2023 年丝路基金累计投资金额与项目总数

资料来源：《投资动态》，https://www.silkroadfund.com.cn/cnweh/tzdt/tzgl/index.html，最后访问日期：2024 年 9 月 19 日。

资金支持，推动共建"一带一路"发展中国家的基础设施建设和产业发展。[1] 同时，中资银行的"走出去"战略、"进博融 2020"专项金融服务，以及探索国际投融资新模式，如设立主权财富基金、投资基金和发行绿色债券，都为"一带一路"倡议提供了可持续的资金支持，促进了共建"一带一路"发展中国家的经济发展和全球经济一体化进程。

作为中国的金融中心，上海通过金融市场的开放互通，金融合作的深化以及人民币跨境支付系统的建设等多种途径，为共建"一带一路"发展中国家的产业发展提供了坚实的金融保障。截至 2023 年 6 月，上海对共建国家投资备案额累计达 294.68 亿美元，同时，共建国家来沪实际投资累计达 173.87 亿美元。[2] 在上海证券交易所，有超过千家境外机构主体通过直接投资渠道和"债券通"渠道进入银行间债券市场，其中包括来自新加坡、马

---

[1] 《聚焦资金融通、服务民心相通　国家开发银行已在上合银联体框架下发放 146 亿美元贷款》，http://www.news.cn/money/20220914/998f535b6774427e990e8954d071bdd5/c.html，最后访问日期：2024 年 9 月 19 日。

[2] 《积极发挥地方特色亮点　深度融入共建"一带一路"大格局》，https://www.ndrc.gov.cn/wsdwhfz/202310/t20231017_1361245.html，最后访问日期：2024 年 9 月 19 日。

037

来西亚、泰国、阿联酋和菲律宾等共建国家的163家境外机构主体，持债规模近万亿元。① 此外，截至2023年10月，位于上海的人民币跨境支付系统已有359家来自共建国家的参与者。②

由此可见，来自中国的资金融通为共建"一带一路"发展中国家的产业发展和基础设施建设提供了大量资金，在共建"一带一路"中发挥了至关重要的作用。而且大多数项目是与其他国际多边金融机构的联合投资，从而大大降低了这些项目推进过程中的风险。"一带一路"建设有效地促进资金融通，为共建"一带一路"发展中国家提供了发展资金，助力其产业体系现代化水平的提升。

二 "一带一路"建设对中国现代化产业体系的影响

"一带一路"倡议秉承"政策沟通、设施联通、贸易畅通、资金融通和民心相通"的"五通"理念，不仅推动了共建"一带一路"发展中国家的产业发展和经济增长，也加快了中国现代化产业体系的建设。一方面，共建"一带一路"高质量发展推动了中国企业"走出去"，有助于优化国内产能结构，促进国内产能合理分配，加快现代化产业体系建设。另一方面，通过与共建"一带一路"发展中国家的产业合作，分散了中国的产业链风险，提高了产业体系安全性和韧性，有助于现代化产业体系的建设。

（一）产业合作、中国企业"走出去"有助于优化国内产能结构，加快现代化产业体系建设

中国与共建"一带一路"发展中国家通过产能合作、扩大对外投资规

---

① 《深化资金融通合作之路 推动"一带一路"共同繁荣》，https：//www.gov.cn/yaowen/liebiao/202310/content_6908677.htm，最后访问日期：2024年9月19日。
② 刘惠宇：《人民币跨境支付再升级 四大新产品亮相 已有1481家参与者》，https：//www.shanghai.gov.cn/nw4411/20231124/5a8788c6d1fe4dafa4cb8393e3214f0a.html，最后访问日期：2024年9月19日。

模和开展原材料贸易等方式，提升与共建"一带一路"发展中国家的价值链关联度。一方面，这有助于共建"一带一路"发展中国家与中国开展产业合作，学习中国在制造业、基础设施建设等领域成熟的技术和经验。另一方面，通过产业合作，中国企业在东南亚、南亚等地区建立生产基地，不仅带动了当地就业，也促进了中国的技术转移和产业升级。中国与共建"一带一路"发展中国家的产业共生可以增强产业链的融合性、互动性和协调性，提升中国企业的分工效率，推动中国产业升级，并向价值链高端环节攀升。此外，由于中国与共建"一带一路"发展中国家在产业链上存在较强的互补性，可以通过合作实现各国的资源共享、优势互补，共同提升产业链的整体竞争力。例如，中国在原材料加工、制造业等方面的优势可以与共建"一带一路"发展中国家的资源和劳动力优势相结合。产业合作有助于中国企业充分利用共建"一带一路"发展中国家的要素禀赋，同时共建"一带一路"发展中国家可以快速融入全球价值链，完善和拓展其产业链。

中国与共建"一带一路"发展中国家的产业合作是中国产业升级和产业链结构优化的重要策略。这一举措有助于中国优化国内产能结构，促进国内产能合理分配，推动产业向高端化、智能化和绿色可持续发展转型。通过在全球范围内重新配置资源，中国企业能够更高效地利用国际资源和市场，提升资源配置效率和产业链的整体竞争力。产业合作还促进了企业的技术创新和管理创新，增强了企业的核心竞争力和适应国际市场的能力。此外，在全球布局方面，产业合作使中国企业能够优化全球产业链布局，提高产业链的稳定性和抗风险能力。这一过程也为中国培养了一批具有国际视野的人才，为产业升级提供了人才支撑。产业合作推动了中国与共建国家在标准、规则等方面的对接，促进了产业链的国际化和规范化发展，增强了中国在全球经济治理中的话语权。总之，中国与共建"一带一路"发展中国家的产业合作是中国实现高质量发展、提升全球竞争力的重要途径。

技术进步是推动产业升级的核心力量，中国政府的政策支持和对外投资，为产业升级提供了强有力的支撑。在共建"一带一路"高质量发展框架下，顺向投资模式有助于中国企业"走出去"，促进了中国与共建"一带一路"发展中国家的产业互补和协同发展。随着对外直接投资规模的不断扩大和效率的提高,中国在共建"一带一路"发展中国家形成了产业集聚效应,进一步推动了产业的集群化发展。在此过程中,产业发展的重心逐渐从劳动密集型向资本密集型和技术密集型转变,产业技术创新水平和能力不断提升。随着高端化进程的不断推进,中国产业正在逐步升级,这有助于现代化产业体系的构建。

在当前复杂多变的国际经济形势中,中国需要充分利用自身的产能优势,积极引导企业"走出去",妥善利用国内国际两个市场,出口优质的产品和服务。这不仅有利于与共建"一带一路"发展中国家构建全方位、多层次的经贸合作机制,而且有助于中国企业在全球范围内树立良好的品牌形象,增强国际竞争力,促进中国吸收和借鉴国际先进的管理经验和技术,进一步提升国内产业的技术水平和创新能力。通过建立这种合作机制,中国能够将自身的现实优势转化为竞争优势,将更加注重创新驱动、绿色发展和智能化升级,推动产业结构优化升级,提高经济发展质量和效益,进一步加快现代化产业体系建设。

(二)产业合作分散产业链风险,增强中国产业链韧性和稳定性

在"百年未有之大变局"下,全球经济形势日趋复杂,在贸易摩擦、地缘政治冲突等外部冲击下,全球跨境投资波动有所加大,全球化生产模式的脆弱性和不确定性进一步加剧,也暴露了全球产业链的风险与脆弱性。在此背景下,如何降低中国产业链风险,增强产业链韧性,对防范化解重大风险,打造自主可控、安全可靠的产业链具有重要意义。"一带一路"区域产业链是"一带一路"倡议衍生出的区域价值网络,以产业合作和区域经济发展为目标,联动与中国经济互补性强的共建"一带一路"发展中国家,在区域产业链上高效地整合资源,构建新的国际分工体系,在商品贸易、服务贸易等方面协同合作,促进供应链多元化,进而增强产业链韧性。

中国与共建"一带一路"发展中国家的产业合作可以在一定程度上分散产业链风险,并增强中国产业链的韧性。"一带一路"倡议涉及的国家和

地区众多，通过与这些国家的产业合作，中国可以建立更加多元化的供应链，有助于中国企业开拓新的市场，从而在全球范围内分散市场风险。同时，通过在共建国家建立生产基地和物流网络，中国可以构建更加灵活和有韧性的产业链，有效应对各种外部冲击和不确定性。通过采取多元化供应链策略和提高国际话语权，"一带一路"倡议下的产业合作有助于促进区域经济一体化，形成更加紧密的经济合作关系，增强区域内产业链的协同效应，从而提高中国产业链韧性。

多元化供应链策略为中国企业提供了一种有效的风险管理机制，通过在共建"一带一路"发展中国家建立采购和生产网络，显著降低了对特定市场或供应商的依赖。这种策略有助于缓解地缘政治紧张、自然灾害等突发事件带来的影响，同时能够优化成本结构，提高市场竞争力。通过与共建"一带一路"发展中国家的企业合作，中国企业能够促进技术与管理经验的交流，提高供应链的灵活性和透明度，推动可持续发展，并提升自身的市场竞争力。特别是在当前全球贸易保护主义抬头的背景下，多元化供应链使企业得以规避贸易壁垒，保持出口市场的稳定，从而构建更加稳健、高效的全球供应链体系，提高产业链的抗风险能力和国际竞争力。

与共建国家合作有助于中国降低对美国产品和市场的依赖性，实现多方面的均衡发展。通过密切与共建国家的贸易往来，中国可以拓宽产品的出口市场。同时，中国企业可以通过在共建"一带一路"发展中国家建立生产基地，实现供应链的多元化，减少对美国关键零部件和原材料的依赖。图5展示了2013年与2021年中国产业链双边风险敞口，即中国产业链暴露在对应国家的生产长度占暴露在国外总长度的比重。该占比越高，说明中国的产业链越依赖对应国家，生产过程中大量原材料和中间产品都需要从该国进口。可以发现，相比于2013年，2021年中国暴露在美国的产业链双边风险敞口有所下降，从11.1%下降至10.5%。而中国暴露在共建国家的产业链双边风险敞口有所提高，从2013年的22.7%提升至2021年的28.9%。这说明自"一带一路"倡议提出以来，中国密切了与共建国家的贸易往来和生产联系，将更多的产业链生产环节布局在共建国家，同时降低了对美国的原材料和中间产品的依赖程度，这在一定程度上分散了产业链风险。这也说明中国与共建国家的产业合作在中国的生产和贸易中具有重要作用，有助于中国在全球范围内分散市场风险，构建更加灵活和有韧性的产业链，有效应对各种外部冲击和不确定性。总的来说，与共建国家的产业合作不仅有助于中国应对贸易保护主义等外部挑战，促进国际产能合作，实现优势互补，共同提升产业链的竞争力和稳定性；而且有助于中国企业提升风险管理能力，通过在不同国家和地区的布局，更好地识别和管理各种风险，进而推动全球价值链重构，使中国在全球产业链中的地位更加稳固，增强产业链的全球竞争力。

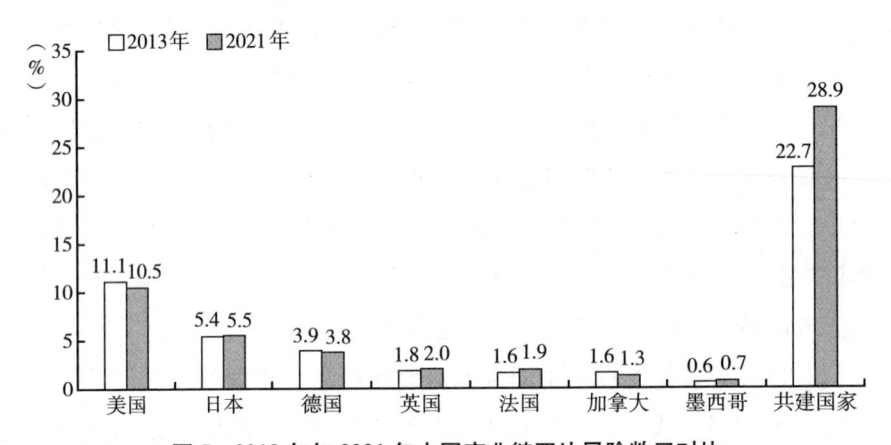

图5　2013年与2021年中国产业链双边风险敞口对比

资料来源：笔者根据亚洲开发银行多区域投入产出表计算所得。

总之，中国与共建"一带一路"发展中国家的产业合作是中国应对外部挑战、增强产业链韧性的重要途径。通过深化产业合作，中国可以构建更加多元化、有韧性的产业链，提升其在全球经济中的竞争力和影响力。共建"一带一路"高质量发展下的区域经济一体化的推进，有助于中国与共建国家形成更紧密的经济合作网络，降低对美国经济政策变动的敏感性，分散产业链风险，增强产业链韧性和安全性，推动构建现代化产业体系。

三 上海在服务"一带一路"共建国家现代化产业体系建设方面发挥的作用

（一）上海服务"一带一路"共建国家现代化产业体系建设的重要成就

为有效推进"一带一路"建设，上海早在2015年就成立了推进"一带一路"建设工作领导小组，负责研究并制定实施方案，聚焦政策沟通、设施联通、贸易畅通、资金融通、民心相通"五通"原则，确保精准施策并持续推进。上海持续巩固其作为"一带一路"重要枢纽的定位，经过不懈努力，在服务共建国家现代化产业体系建设方面取得了重要的阶段性成果。

第一，在政策沟通方面，上海积极发挥其国际联络广泛的优势，加强地方层面的政策沟通。上海市人民政府外事办公室数据显示，上海已与94个城市建立了国际友好城市关系，其中72个为市级友好城市。[①] 特别地，有52个市级友好城市位于共建国家，涉及38个国家。上海拥有众多友好城市，并致力于加强与这些城市的交流与合作。在专业领域的合作方面，上海港已经与比利时安特卫普港和新西兰奥克兰港建立了友好港关系。此外，上海还与以色列、白俄罗斯等国签署了科技合作备忘录，以促进科技领域的合作。同时，上海与多个国家的政府部门和投资促进机构签订了经贸合作备忘录，推动经贸领域的合作。通过地方层面的政策沟通和专业领域的合作，上海为"一带一路"倡议下的国际合作奠定了坚实的基础。

第二，在设施联通方面，上海积极发挥海港、空港、数字港的枢纽优势，推进海上、空中和数字丝绸之路建设。上海机场的航空枢纽服务能力显

[①] 上海市人民政府外事办公室网站，https://wsb.sh.gov.cn/ztzl/gjyc/ztqk/index.html，最后访问日期：2024年9月20日。

著增强，旅客吞吐量和货邮吞吐量位居全球前列。2023年，上海与共建国家完成国际航班起降约2万架次，旅客吞吐量超18.2万人次、国际货邮吞吐量超74.6万吨。① 不仅为共建国家的旅客提供了多种出行选择，也为货物的快速运输提供了有力保障，进一步促进了上海与共建国家之间的互联互通。同时，上海港的集疏运功能持续增强，连续7年保持全球集装箱吞吐量第一。与共建国家的100多个主要港口建立了紧密联系，成为"一带一路"重要的港口节点。上海港的高效运作和强大集疏运能力，为共建国家提供了稳定可靠的海上运输通道，有力支撑了国际贸易和区域经济的发展。通过航空和海运的互联互通，上海正逐步成为"一带一路"建设的重要服务枢纽，为全球贸易和交通运输提供强有力的支持。

第三，在贸易畅通方面，上海发挥其作为国际贸易中心的优势，持续提升双向投资贸易规模能级。作为"一带一路"建设的关键组成部分，经贸投资是上海提升对外开放水平的主要战略方向。上海企业与共建国家的经贸投资合作规模持续扩大，2013年至2023年6月，上海对共建国家累计投资294.68亿美元，累计承包工程合同额达710.44亿美元，同时，共建国家来沪累计实际投资金额达到173.87亿美元。② 这些工程项目的成功承接，不仅彰显了上海在工程建设领域的专业实力，也为共建国家的基础设施建设和经济社会发展做出了积极贡献。贸易合作是上海与共建国家合作的重要组成部分。2013年至2023年8月，上海与共建国家的进出口总额累计达到27.92万亿元，约占同一时期上海对外贸易总额的1/3。③ 这一贸易额的快速增长，体现出上海在推动贸易畅通、深化国际经贸合作方面取得了显

---

① 《上海共建"一带一路"高质量发展取得积极成效　互联互通更紧密　国际合作更深入》，https://news.xinmin.cn/2023/09/28/32484030.html，最后访问日期：2024年9月20日。

② 《解码魔都丨从沙漠电站到资金融通"一带一路"闪耀上海元素》，http://www.sh.xinhuanet.com/20230927/929436f8a2e14ac78ef8b0b4bf993ca1/c.html，最后访问日期：2024年9月19日。

③ 《十年间　上海口岸对共建国家进出口总额达27.92万亿元占比超三分之一　推动与共建"一带一路"国家经贸合作》，https://www.shanghai.gov.cn/nw4411/20231018/5e4b83a0c1d94609a2eebf0009942810.html，最后访问日期：2024年9月19日。

著成效。由此可见，上海在"一带一路"建设中发挥了举足轻重的作用，在投资、工程承接、贸易合作方面都取得了令人瞩目的成绩，不仅为上海自身的发展注入了新的动力，也为推动共建国家的共同繁荣和世界经济的稳定增长做出了积极贡献。

第四，在资金融通方面，上海发挥其作为国际金融中心的优势，不断深化资金融通服务。上海金融市场的跨境金融服务制度不断完善，吸引了更多境外机构和主体在上海市场发行债券。2013年至2023年6月，上海证券交易所"一带一路"债券累计发行46单，发行规模达527.2亿元，同时熊猫债累计发行99单，发行规模高达1525.4亿元。[①] 此外，上海还吸引了中保投资有限责任公司、金砖国家新开发银行等国际金融机构在当地设立总部或分支机构。这些国际金融机构的入驻，进一步提升了上海金融市场的国际影响力和竞争力。可见，上海通过推动金融市场的双向开放和互联互通，提升金融市场的国际化水平，加强与共建国家的金融合作，正朝着建设全球金融中心的目标稳步前进，为推动人民币国际化和全球经济的繁荣发展做出了重要贡献，在"一带一路"建设中发挥着举足轻重的作用。

第五，在民心相通方面，上海发挥其城市软实力建设方面的优势，增进彼此的交流与合作。在文化和旅游领域，上海与共建国家建立了5个主要合作机制，即艺术节、电影节、美术馆、博物馆和音乐创演。上海国际电影节官方数据显示，截至2023年，上海与共建国家的艺术交流已扩展至48个国家和55个艺术节及相关文化机构，并且固定在每年6月启动"一带一路"电影周，这成为促进双方文化交流与合作的重要平台。[②] 而在教育领域，上海持续对来自共建国家的学生进行资助与培训，相关内容涵盖航运、能源、

---

① 《深化资金融通合作之路 推动"一带一路"共同繁荣》，https://www.gov.cn/yaowen/liebiao/202310/content_6908677.htm，最后访问日期：2024年9月19日。
② 《共建"一带一路"·权威访谈｜为"一带一路"提供高水平开放平台、高能级服务支撑——专访上海市副市长华源》，http://www.news.cn/2023-10/05/c_1129900358.htm，最后访问日期：2024年9月19日。

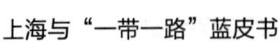

农业等多个领域，来自共建国家的留学生数量已达到上海留学生总数的68%。[1] 这一数据不仅体现出上海高等教育已具有较高的国际化水平，也反映了共建国家对上海教育资源的高度认可。由此可见，通过在文化、旅游、教育和医疗等领域与共建国家开展深入且广泛的合作，上海不仅增进了与共建国家的友谊和合作，也为"一带一路"倡议的深入实施奠定了坚实的社会基础。

（二）上海服务"一带一路"共建国家现代化产业体系建设的具体案例

1.国泰君安证券股份有限公司服务"一带一路"资金融通

国泰君安证券股份有限公司（以下简称"国泰君安"）作为国内历史悠久、规模较大的综合类券商之一，积极响应"一带一路"倡议，稳步推进国际化战略，不断完善其在香港、新加坡、伦敦等主要国际金融中心，以及共建国家和地区的业务布局，深入服务相关区域建设。2020年，公司境外收入占比接近10%。同时，公司为客户海外"一带一路"项目提供债权、股权、并购重组等投融资综合金融服务。[2]

稳步推进国际化战略，加大在越南、新加坡等共建国家和地区的布局力度。2019年11月，国泰君安的香港子公司国君国际通过发行新股，成功收购了越南投资证券股份公司50.97%的股份，从而成为首家踏足越南市场的中资证券公司。[3] 2021年，越南投资证券股份公司正式更名为国泰君安证券（越南）股份公司。目前，国泰君安证券（越南）股份公司拥有64名员工，

---

[1] 《上海高校学历留学生中68%来自"一带一路"沿线国家》，http://www.moe.gov.cn/jyb_xwfb/xw_zt/moe_357/jjyzt_2022/2022_zt09/13gjjl/13gjjl_cfx/202209/t20220923_663982.html，最后访问日期：2024年9月19日。

[2] 《国泰君安：为"一带一路"建设 贡献资本市场力量》，https://www.capco.org.cn/gjhz/ydyl/202209/20220922/j_20220922144821000167583930689944407.html，最后访问日期：2024年9月20日。

[3] 《国泰君安：为"一带一路"建设 贡献资本市场力量》，https://www.capco.org.cn/gjhz/ydyl/202209/20220922/j_20220922144821000167583930689944407.html，最后访问日期：2024年9月20日。

其业务覆盖证券经纪、投资咨询、投资银行、证券交易、证券托管及融资交易等多元化金融服务。公司持续扩大在越南市场的份额，与当地的主要金融机构建立了合作关系，包括与越南第二大基金 Vina Capital 签订分销协议，以及与越南进出口银行河内分行和越南军队保险公司签订战略协议。《国泰君安：为"一带一路"建设贡献资本市场力量》显示，2021年国泰君安证券（越南）股份公司的业绩显著增长，营业收入和净利润同比分别增长76%和49%。[①] 展望未来，该公司计划为越南本土及国际企业提供定制化的金融服务，专注于"私人客户"品牌的建设，拓展高净值客户群，并培养专业的投资顾问团队。同时，公司还将致力于开展机构业务，并在金融科技方面实现创新突破。利用国泰君安的品牌和技术优势，国泰君安证券（越南）股份公司将加强与集团的协同，进一步服务共建国家的企业客户。[②]

除越南外，国泰君安也加强了在新加坡的布局。自2015年以来，国泰君安通过其香港控股子公司国君国际，在新加坡设立了3家分公司：国泰君安国际（新加坡）有限公司、国泰君安国际资产管理（新加坡）有限公司（以下简称"新加坡资管公司"）以及国泰君安国际证券（新加坡）有限公司（以下简称"新加坡证券公司"）。新加坡资管公司专注于金融产品的创新，特别是针对"一带一路"倡议，推出了"国泰君安亚洲动态对冲基金"。该基金主要投资于与"一带一路"倡议相关的公司，以及那些具有结构性成长潜力的企业。展望未来，新加坡资管公司计划扩大其资产管理规模，增强盈利能力。同时，新加坡证券公司致力于拓展其业务范围，与集团协同工作，以满足客户对离岸市场的财富管理需求。此外，2021年12月国泰君安期货（新加坡）有限公司的成立为集团的跨境业务发展注入了新的活力，并提供了新的支撑点。国泰君安积极参与"一带一路"建设，在新加坡市场持续注入资本和人力资源，在全球化战略中迈出了坚实的步伐，进

---

① 《国泰君安：为"一带一路"建设 贡献资本市场力量》，https://www.capco.org.cn/gjhz/ydyl/202209/20220922/j_20220922144821000167583930689944407.html，最后访问日期：2024年9月20日。

② https://www.capco.org.cn/gjhz/ydyl/202209/20220922/j_20220922144821000167583930689944407。

一步强化了其在国际金融市场中的地位。

发挥投资银行的专业优势，高质量服务企业客户"一带一路"项目融资需求。自2019年起，国泰君安为多家企业参与"一带一路"建设提供了债权和股权融资服务，这些企业包括山东海洋集团、华能水电、小影科技和广州港股份等。2019年，国泰君安被选为山东海洋集团公司债券的牵头主承销商和簿记管理人，成功助力其发行山东省首个"一带一路"公司债。2020年，国泰君安协助华能水电完成了短融、永续公司一期和二期的债券发行，总计45亿元。① 这些资金支持了华能水电在缅甸的"瑞丽江一级水电项目"和在柬埔寨的"桑河二级水电项目"建设。特别值得一提的是，"瑞丽江一级水电项目"是中国在境外投资的第一个水电BOT项目，为国内企业参与"一带一路"建设提供了良好的示范。这些水电站项目的建设和投产，对缅甸和柬埔寨的经济社会发展产生了积极的作用。2021年，国泰君安帮助小影科技完成了IPO项目的申报。小影科技上市后，募集的资金将增强其资金实力和提升品牌形象。这将有利于小影科技开发更多适合共建国家用户的产品和功能，增强中国文化在共建国家的影响力。

2. 鹏欣环球资源股份有限公司坚持"走出去"，推动"一带一路"高质量发展

鹏欣环球资源股份有限公司（以下简称"鹏欣资源"）作为一家民营企业，始终坚持"走出去"的发展战略，响应国家"一带一路"倡议，服务于"一带一路"建设，秉持"铜钴金三驾马车协同并进"的战略，通过并购重组推进有色资源全球布局，已成为共建国家的重要投资者与合作伙伴。

鹏欣资源分别于2012年与2018年成功完成了对刚果（金）希图鲁铜矿、南非奥尼金矿的重大资产收购，在成为"全球领先的综合资源服务商"的道路上取得重大突破，也为国家的"一带一路"建设做出了积

---

① 《国泰君安：为"一带一路"建设 贡献资本市场力量》，https://www.capco.org.cn/gjhz/ydyl/202209/20220922/j_20220922144821000167583930689944407.html，最后访问日期：2024年9月20日。

极的贡献。在铜业务方面，鹏欣资源在刚果（金）的希图鲁铜矿是其核心资产，该矿已顺利生产10年，工艺成熟，阴极铜产量等各项生产指标达到设计要求，处于世界先进水平，产品被誉为"非洲质量最好的阴极铜"。①黄金业务方面，公司旗下的南非奥尼金矿资源储量丰富，黄金品位较高，鹏欣资源将继续执行"统一规划、大矿大开、分步实施、压茬推进"的方针，进行资源模型重建和战略研究，为实现规模化生产奠定基础。

通过在共建国家的投资，鹏欣资源不仅推动了当地经济发展，创造了就业机会，提升了产业竞争力，而且输出了先进的技术和管理经验。鹏欣资源不仅在国际市场上树立了良好的品牌形象，而且在社会责任履行上展现了企业担当，与当地社区合作应对挑战，促进区域经济一体化发展，为共建国家的经济增长和社会进步做出了重要贡献。鹏欣资源在海外投资的过程中，积极践行"一带一路"倡议，全方位拓展国际产能合作，充分发挥技术和产能优势，进行技术输出，培育海外生产基地，积极开展国际产能合作。鹏欣资源在2018年成功入选上海企业服务"一带一路"典型案例，其在非洲的投资和运营，不仅助力公司实现重大突破，也为国家的"一带一路"建设做出了积极贡献。

（三）上海服务"一带一路"共建国家现代化产业体系建设的主要举措

经过十余年的持续建设，上海在服务"一带一路"高质量发展上取得重要进展，成为展示新时代中国特色社会主义建设成果的重要窗口。随着改革开放进入深水区，攻坚克难、先行先试、探索新阶段开放型经济发展的实践创新已成为上海不可推卸的历史责任。为进一步服务共建"一带一路"大局，全面贯彻落实习近平总书记在第三届"一带一路"国际合作高峰论

---

① 《鹏欣资源：黄金储备需求逐步攀升　世界级规模金矿未来可期》，http://www.pengxin.com.cn/news/mtjj/1276.html，最后访问日期：2024年9月20日。

坛上的重要讲话精神,深刻把握高质量共建"一带一路"新阶段新要求,上海立足国家战略,探索新片区改革服务"一带一路"建设重要枢纽功能的新定位,致力于打造更高质量双向投资贸易的重要通道、更高效率基础设施互联互通的重要枢纽,为共建"一带一路"做出新贡献。

1. 打造多维度贸易和投资合作网络,推动贸易和投资的自由化与便利化

为发挥上海自贸试验区的制度创新优势,上海致力于与国家的自由贸易区战略对接,打造一个多维度的"一带一路"贸易和投资合作网络,以推动贸易和投资的自由化与便利化。第一,上海自贸试验区利用其独特的区位和政策优势,加强与共建国家在制度和规则上的对接。通过这种对接,可以促进贸易和投资便利化,减少跨境交易成本,提高经济效率,从而吸引更多外资进入中国市场,同时为中国企业"走出去"提供更加顺畅的通道。第二,以"区港一体、一线放开、二线安全高效管控"为原则,加快自由贸易港区的建设步伐。"区港一体"意味着自贸区与港口的深度融合,实现资源共享和优势互补;"一线放开"指的是在自贸区内放宽对货物、服务和资本流动的限制,以促进贸易自由化;"二线安全高效管控"则强调在保障国家安全的前提下,提高监管效率,确保经济活动的有序进行。

2. 推动金融开放合作,打造"一带一路"的投资中心

上海将持续推动金融改革创新,以适应国家金融开放的大趋势,并支持人民币国际化。通过改革,吸引更多的国际资本,促进金融市场的多元化和国际化发展,为共建"一带一路"发展中国家提供更加丰富和高效的金融服务。加快构建人民币跨境支付系统,降低交易成本,提高资金使用效率,解决企业的跨境资金汇兑问题。不断完善自由贸易账户的功能,使其成为连接国内外金融市场的重要桥梁,为企业提供更加灵活的资金管理工具,促进跨境投资和贸易便利化。这不仅有助于拓宽共建"一带一路"发展中国家的融资渠道,也将进一步推动人民币在国际金融市场中的使用。这些措施将提高中国金融市场的开放度,丰富金融产品,促进人民币的国际化。上海致力于为共建"一带一路"发展中国家提供全面的金融服务,包括信贷、投

资、保险、咨询等，以满足共建"一带一路"发展中国家多样化的金融需求。

3. 强化上海全球城市门户枢纽地位，推动实现共建国家的互联互通

上海正通过一系列战略举措，强化其作为全球城市门户枢纽的地位。这包括加强城市基础设施建设，增进国际交流与合作，以及优化城市服务功能，从而吸引更多的国际投资和人才。积极参与"一带一路"建设，通过加强与共建国家交通、物流、信息等方面的互联互通，促进区域经济一体化和贸易便利化。加强集疏运体系建设，优化航线航班网络布局，构建高效畅通的全球集装箱海上运输网络，提高上海的物流效率，降低运输成本，增强上海作为国际航运中心的竞争力。构建全方位的多式联运综合体系，推进海铁联运发展，加强上海铁路网与中欧、中亚铁路网的连接，为共建国家提供更加便捷、高效的物流通道。上海充分发挥其作为国际航运中心的功能，强化其在全球航运网络中的地位，促进与共建国家的互联互通。

四　结语

"一带一路"倡议不仅是经济合作与发展的平台，更是推动构建人类命运共同体的重要途径。在共建"一带一路"高质量发展的过程中，中国要继续加强与共建"一带一路"发展中国家的产能合作，利用完备的产业链和供应链带动更多发展中经济体参与全球价值链重构，建立更为公平合理且互利互惠的国际贸易关系。随着"一带一路"倡议的深入实施，中国与共建"一带一路"发展中国家在促进贸易投资自由化、加强基础设施建设、深化科技与人文交流等方面的合作不断加强，通过基础设施建设、数字产业合作、科学技术交流等方式持续推动共建"一带一路"发展中国家的现代化产业体系建设。同时，共建"一带一路"高质量发展不仅推动了中国企业"走出去"，有助于优化国内产能结构，促进国内产能合理分配；而且分散了中国的产业链风险，提高了产业体系安全性和韧性，有助于现代化产业

体系的建设。上海作为"一带一路"建设的重要枢纽，通过采取一系列行动方案，加强与共建国家合作，并取得显著成效，尤其在政策沟通、设施联通、贸易畅通、资金融通和民心相通方面。作为服务"一带一路"建设的重要窗口，上海将继续发挥其在推动"一带一路"高质量发展中的积极作用，为全球经济的繁荣与稳定做出新的更大的贡献。

B.3 上海数字经济促进"一带一路"高质量发展

沈 陈*

摘 要： 随着科技的进步和数字化转型的加速，数字经济已成为推动全球经济增长和创新的关键力量。数字经济通过促进国际贸易、优化资源配置、推动技术创新等方式，重塑了全球化格局。在此过程中，数字技术如互联网、大数据、人工智能等发挥了重要作用，它们打破了地理边界，加速了信息和知识的传播，降低了交易成本，提高了生产效率。上海作为中国的经济中心和国际大都市，具备发展数字经济和参与新型全球化的独特优势。近年来，上海大力发展数字经济，推动传统产业数字化转型，培育了一批具有国际竞争力的数字经济企业。同时，上海积极参与共建"一带一路"，推动构建开放型世界经济，为新型全球化做出了积极贡献。面对来自数字经济和新型全球化的各种挑战与机遇，上海应采取以下策略与路径实现更高水平对外开放：第一，加强原创性创新及其成果转化，为上海数字经济发展奠定基础；第二，推动数字技术应用于城市全领域，加快城市数字底座建设；第三，着力从软硬两个方面建立国际数据港，完善国际数据贸易服务平台；第四，技术驱动文化交流创新，促进产业链融合。

关键词： 数字经济 新型全球化 高水平对外开放

---

* 沈陈，法学博士，中国社会科学院世界经济与政治研究所副研究员，主要研究方向为国际政治经济学、国际合作等。

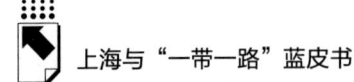

数字经济作为新经济形态，对经济全球化和世界各国的开放发展具有重要影响。数字技术扩展了市场边界，有利于广泛链接全球合作伙伴；压缩了交易成本，有利于推动制造业的服务化和服务贸易的发展；发挥长三角地区的市场优势，有利于提升经济循环效率。展望未来，上海将在更大范围、更广领域、更高层次上进一步推动高质量数字经济发展和实现高水平对外开放，稳步扩大规则、规制、管理、标准等制度型开放，积极贡献"上海智慧"和"上海方案"，助力各方共建"一带一路"。

一 数字经济赋能对外开放新范式

就传统而言，全球化是指全球范围内经济、政治、社会和人员之间的互相联系和不断接近的过程。全球化是一个历史悠久的过程，可以追溯到古代的贸易和文化交流。随着关税和其他贸易壁垒的降低，商品、服务、资本、人口跨界流动更加迅速，通信、交通技术的发展极大地促进了全球范围内的信息交流和资源共享。全球化不仅带来了经济上的相互依存，还促进了不同文化之间的交流与融合。进入21世纪，随着全球贸易和投资活动趋于平稳，全球化正日益受到数据和信息流动的影响。数字经济作为一种新的经济形态，通过技术革新和平台应用改变了传统经济的生产方式、交易方式、组织方式，推动全球化和全球治理向深层次发展。

传统的全球化主要体现为货物和资金的跨国流动。全球货物、服务和金融流动在2007年达到约30万亿美元，占全球GDP的比重（53%）也达到峰值。2008年国际金融危机以后，全球货物贸易的增长速度一直低于全球GDP的增长速度；与此同时，全球资金流动也急剧下降，服务贸易仅出现温和增长。以美元计价，近年来全球货物、服务和金融流动终于恢复到2008年国际金融危机前的水平，但其占全球GDP的比重则下降到39%。[1]

---

[1] Shawn Donnan, "Global Trade: Structural Shifts," *Financial Times*, March 2, 2016.

值得注意的是，以贸易和投资为特征的全球化的停滞并不等于全球化出现逆转，相反，数字经济逐渐成为全球化的新引擎，推动人类社会进入一个由互联性和数据流定义的新型全球化时代。

互联网技术及其基础设施的发展不仅能够大大提高信息的存储和传输速度，同时提高了信息的可靠性和安全性，使得全球范围内的经济活动能够实现即时沟通、协作和交易。2020年后，数字经济更是因其具有突破时空边界和产业限制的特点而快速发展。2020年全球经济出现明显衰退，几乎所有主要经济体出现负增长，47个主要经济体GDP同比名义增速的平均值为-2.8%。与此同时，全球数字经济市场规模同比名义增长3.0%，显著高于同期GDP增速。预计到2025年，全球数字经济市场规模将达到23万亿美元。① 此外，随着人工智能等新技术的不断发展和普及，数字经济开始向更高层次和更广领域发展。到2040年，生成式人工智能可以使劳动生产率每年提高0.1%~0.6%。与其他技术相结合，工作自动化可以为生产率增长额外贡献0.2~3.3个百分点。② 未来十年，人工智能、区块链、图像生成等新技术有望成为全球经济发展的主要推动力量。

数字技术的兴起推动全球价值链的重组和再配置，推动全球经济的增长模式发生了根本性变革。其中，平台经济作为数字经济的重要组成部分，以其高度的灵活性和创新性成为经济转型的关键。平台经济以数据驱动为核心，通过大数据和人工智能技术，实现了对用户需求的精准分析和预测，为用户提供个性化的服务和体验。这不仅提高了用户满意度，也促进了产品和服务的创新与优化，有助于实现资源的高效配置。平台经济通常涉及多个参与方的交互，除了供应商和消费者，还包括开发者、第三方服务提供商和其他相关方，从而构建起电子商务、数字支付、共享经济等

---

① 中国信息通信研究院：《全球数字经济白皮书——疫情冲击下的复苏新曙光》，https://www.chinabyte.com/qyproduct/bps/detail.jhtml?id=450，最后访问日期：2024年7月29日。
② McKinsey Global Institute, "AI Could Increase Corporate Profits by $4.4 Trillion a Year, According to New Research," https://www.mckinsey.com/mgi/overview/in-the-news/ai-could-increase-corporate-profits-by-4-trillion-a-year-according-to-new-research.

多边生态系统，在全球范围内加速了商品和服务的流动，形成新的全球化的产业链和价值链。

数字时代的平台经济还为多元参与和灵活就业创造条件。过去，受到资本、物流、法律等条件的限制，经济全球化一直被大型跨国公司垄断。数字平台凭借其高效灵活的特点显著降低了跨境互动和交易的门槛，中小企业也可以成为微型跨国公司，大大改变了全球化的形态与模式。随着全球数以千万计的中小企业通过加入阿里巴巴、亚马逊、eBay、Flipkart 和乐天等电子商务平台，小微企业、个体工商户已成为全球货物和服务贸易的重要组成部分。除电子商务以外，大型数字经济平台还为就业和创业提供了基础设施，创造了大量灵活就业岗位，催生了许多新的业态和商机。2022 年，约 9 亿人通过社交媒体参与国际交易，约 3.6 亿人利用数字平台从事跨境电子商务，全球跨境 B2C（企业对个人）电子商务市场规模达到 64316.97 亿元。①总之，数字平台正在提供一种普惠的经济参与模式、便利的自由职业选择和更加全球化的劳动力市场。

随着数据成为新的生产要素，如何保护数据安全成为国际治理的重要议题。恶意攻击和数据泄露可能导致用户对数字平台的信任度降低，从而制约数字经济的发展和新型全球化进程的推进。互联网的开放性、互动性和去中心化对传统主权观念构成了挑战，不同国家对网络主权的看法与立场并不一致，如何在数字经济时代保护个人隐私、维护网络安全以及解决跨国数据流动等问题成为国际社会关注的焦点，全球数字治理变得比以往任何时候都更加重要。具体而言，数字经济治理可分为数字产业规则化和国际规则协调化两个方面。

数字产业规则化要求建立健全基于数字经济的安全和隐私保护制度，加强对数字经济数据的监管和保护。数字时代的平台经济涉及大量的个人和企业数据，需要加强数据隐私保护和知识产权保护，保障数字产业的市

---

① 《全球及中国跨境 B2C 电子商务市场发展概况、影响因素及趋势分析报告》，https://www.globalmarketmonitor.com.cn/reports/2819733-cross-border-b2c-e-commerce-market-report.html，最后访问日期：2024 年 7 月 29 日。

场准入和服务准入。例如，世界贸易组织（WTO）通过《电子商务全球协定》对电子商务发展做出规范，为跨境电子商务活动的开展提供了法律保障；网络安全和数据隐私则由国际标准化组织、国际电工委员会等机构制定。这一方面需要各国建立透明、公正、稳定的数字审核机制，避免在数字经济全球化的过程中出现歧视和保护主义倾向；另一方面应加强对数字平台的监督和管理，防止平台滥用自身优势对其他市场参与者采取不当行为。

国际规则协调化是指在全球范围内实现数字经济规则的衔接和统一，使不同国家的数字贸易制度兼容，以降低数字经济的交易成本，进而为新型全球化创造更加良好的制度环境。由于在全球范围内，尚缺乏一个可行的数字经济治理机制，各个国家只能采取双边的、临时性措施来应对这一挑战。一个典型案例是 2000 年美国与欧盟之间的"安全港"框架：在该框架下，欧盟直接与总部位于美国的跨国数字平台签署合同，要求它们遵守欧盟的数据治理规则；美国联邦贸易委员会则作为监管机构，监督合同的执行。虽然欧盟和美国都没有改变各自的数据治理规则，但这种方式可以在一定程度上促进数字治理规则的对接。展望未来，各国政府和监管机构可以通过税收政策、平台监管等方式，促进数字经济的合规化、协调化和规范化发展，推动新型全球化和各国对外开放朝着深入、可持续的方向发展。

二 数字经济助推上海对外开放转型与深化

上海拥有雄厚的实体经济基础，工业体系完备，有能力紧抓新技术和新产业的发展趋势。与此同时，上海市政府高度重视新兴产业的发展，出台了一系列支持政策和措施，包括财政补贴、税收优惠、科技创新基金等，为企业和项目提供良好的发展环境和政策支持。上海发布《上海市产业地图（2022）》，推出一批特色产业园区，发起设立百亿级元宇宙产业基金，支持创新企业上市，积极促进各行业数据利用能力的提升，强化产业链、创新链、人才链、资金链、政策链、服务链"六链统筹"。争取到 2025 年，上海绿色低碳、元宇宙、智能终端产业总规模突破1.5万亿元。[1] 在普惠金融、企业信贷、便捷出行、生活健康、产业链供应链等领域创建一系列数据集成应用场景，支持建设纺织、新材料、药物研发、智能网联交通和航运等领域的大数据联合创新实验室，试点创建大数据创新联合体，打造一批具有国际影响力的"上海标准""上海品牌"，并深化数据创新应用机制。上海数字经济的发展水平稳居全国前列，为推动城市数字化转型、对外经贸合作和国际文化交流提供了良好条件。

（一）数字经济助推上海城市转型发展

上海提出要全面推进城市数字化转型，努力打造具有世界影响力的国际数字之都，强调技术和制度的双轮驱动、政府和市场的和弦共振、效率和温度的兼容并蓄、安全和发展的齐头并进。[2]《上海市数字经济发展"十四五"规划》明确了未来五年的方向和任务，旨在为强化城市功能、深化城市中心建设提供支撑，同时为"数字中国"建设提供更多"上海经验"。上海将数据视为战略资源，通过夯实数据资源基础、完善数据平台、强化数据安全防护等措施，充分挖掘数据资源的潜力，使数据成为推动城市发展和治理的重要支撑。上海在数字化转型方面采取了多项措施，如构建城市协同治理体系，推动城市治理由"个人判断"向"数据驱动"转变，逐步提高数字化治理能力，全力构建引领全球的超大城市数字治理新模式，这些举措体现了上海在面对日益复杂的城市管理挑战时的前瞻性和创新性。

上海努力建设具有全球影响力的数字经济创新高地，聚焦云计算、区块

---

[1] 金煜纯等：《抢抓新赛道、培育新动能 上海打造具有全球影响力数字经济发展高地》，http：//sh.people.com.cn/n2/2023/0206/c134768-40290525.html，最后访问日期：2024年7月29日。

[2] 《3大领域20项重点任务！沪全面推进城市数字化转型"十四五"规划出炉》，https：//sh.cctv.com/2021/10/28/ARTI00UJWcQXqZaQpno8UnJw211028.shtml#：~：text=％E4％B8％8B％E4％B8％80％E6％AD％A5％EF％BC％8C％E4％B8％8A％E6％B5％B7％E5％B8％82％E5％B0％86，％E5％A4％9A％E2％80％9C％E4％B8％8A％E6％B5％B7％E7％BB％8F％E9％AA％8C％E2％80％9D％E3％80％82，最后访问日期：2024年7月29日。

链、大数据及电信服务，着力推动信息服务高端化转型。通过深耕大数据服务，完善数据、算法、算力"三位一体"产业布局，实施区块链创新工程，建设新型区块链服务网络，打造与金融、城市治理、卫生健康等场景深度融合的应用示范。上海利用云计算、大数据、人工智能等现代信息技术，实现城市的态势感知、迅速决策和风险防范。上海将数字技术和数据资源广泛应用于基础设施建设、交通管理、能源管理和其他公共服务领域，提升了城市的智能化水平和服务质量。在数字化转型过程中，上海积极落实"人民城市"的重要理念，努力缩小数字鸿沟，探索形成人人享有更具品质、更加美好的数字生活新范式。这一举措体现了上海以人民为中心的发展理念，注重将数字技术的红利惠及广大人民，实现数字化转型的普惠性和包容性。

通过引入新技术、新产业，积极抢占新兴产业的制高点，做强数字经济核心产业，全面加大关键核心技术创新和产业转化力度，打造一批专业的数据、平台、算法、安全服务标杆企业和"单项冠军"，推动城市经济快速发展和全球影响力提升，打造具有国际竞争力的高端数字产业集群和强大数字赋能体系，对上海国际大都市、上海自贸试验区、上海科技创新中心建设具有重要意义。上海在城市数字化转型方面的成就备受关注，不仅在国内处于领先地位，还在全球范围内展示出显著的竞争优势。这些举措将有助于上海进一步提升城市数字化水平，加快数字经济发展步伐，为建设具有世界影响力的国际数字之都奠定坚实的基础。上海在全球数字经济竞争力中排第10位，显示出全球化对上海对外开放产生的积极影响。[1] 上海的经验正在变成"上海方案""上海模式"，成为更多城市数字化升级的路标与导航，为全球城市数字化转型与开放发展做出表率。

（二）数字经济助推上海对外经贸合作

上海着力实施《全面对接国际高标准经贸规则推进中国（上海）自由

---

[1] 王振、惠志斌主编《数字经济蓝皮书：全球数字经济竞争力发展报告（2023）》，社会科学文献出版社，2023。

贸易试验区高水平制度型开放总体方案》，致力于构建与高标准经贸规则相衔接的制度体系和监管模式。通过修订《上海市推进国际贸易中心建设条例》，上海将服务贸易、数字贸易单独成章，推动数字贸易发展。上海自由贸易试验区和临港新片区率先试点对接CPTPP和DEPA等国际高标准经贸规则，主动推进实施高标准规则、规制、管理、标准，率先构建与之相衔接的制度体系和监管模式。2024年5月，临港新片区发布了全国首批数据跨境一般数据清单，探索建立合法、安全、便利的数据跨境流动机制。[1] 这有助于打通前后端、上下游、各环节，全面对接高标准经贸规则，进一步加大压力测试力度，实现制度创新，赋能高质量发展。上海通过实施高标准数字贸易规则、加强知识产权保护、推进政府采购领域改革、推动相关"边境后"管理制度改革、加强风险防控体系建设等，深化相关领域改革，推进高水平制度型开放。

上海市浦东新区发布了八项促进浦东对外贸易高质量发展的工作举措，其中包括加快服务贸易创新发展步伐，发展数字服务、数字技术等数字贸易新业态，推进数字人民币在国际贸易结算中的应用，支持政策性出口信用保险向服务贸易领域拓展。上海加快金融机构的服务数字化转型和重构，促进金融市场的转型升级；鼓励金融机构重组"总行分行"，特别关注数字化获客、全球化运营和风险控制，以及在指尖上推出创新金融服务；培育和集聚一批具有国际声誉和影响力的领先金融科技企业，并创建一批新的金融服务品牌；鼓励金融机构使用金融科技推广基于App的金融服务，提高在线服务量与分支机构的运营效率。上海将推进一系列"开放银行"试点项目，发展智能投资顾问，创建"互联网+医疗+保险"的综合服务平台，深化金融市场数字技术应用，提高资产交易、支付清算、登记托管以及交易监管等方面的智能化水平。

上海在推动人民币国际化方面发挥了重要作用，促进了人民币在国

---

[1] 《上海临港发布首批数据跨境一般数据清单》，http://www.news.cn/fortune/20240517/c23bfd14776c4c258255537a724f85f0/c.html，最后访问日期：2024年7月29日。

际贸易和金融活动中的使用。环球银行金融电信协会公布的数据显示，在基于金额统计的全球支付货币排名中，人民币占比为4.61%，连续8个月保持全球第四大最活跃货币地位。2023年，上海跨境人民币收付金额合计达到23万亿元，占全国人民币跨境收付总额的比重近44%。① 上海市政府鼓励商业银行、非银行支付机构等支付服务提供者推出电子支付系统国际先进标准，开展数字身份跨境认证与电子识别，支持境外电子支付机构持牌经营，鼓励优先使用人民币结算。上海分阶段推进数字人民币应用，遵循"未雨绸缪、安全可控"的原则，推出线下和线上支付、"硬钱包"、流动和出行、政府事务和人民生活、社会福利、长三角一体化示范区、世博会等应用场景，支持银行、保险公司、金融市场和其他相关金融机构以及科技企业参与，并建立评估试点项目准入机制，促进金融模型的改造，支持创建具有显著包容性特征的信贷产品和金融服务。

（三）数字经济助推上海国际文化交流

上海是全国发展数字文化产业新业态较为集中、竞争力较强、产业规模较大的地区之一。上海网络游戏产业规模占全国的比重提升至近50%，推动了一大批优秀数字文化产品竞相出海。上海电竞产业总产值达269亿元，其中赛事收入超60亿元，占国内市场的半壁江山。上海网络视听相关产业收入达1650亿元，保持全国领先水平。② 上海将数字文化产业及重点门类列入《上海市数字经济发展"十四五"规划》，为数字文化产业发展设定了明确的目标和路径，预示着上海数字文化产业将迎来更加广阔的发展空间。上海出台的数字经济、元宇宙、游戏电竞等扶持政策数量位居全国前列，致力于构建国家文化大数据体系上海中心，为数字文化产业发展奠定坚实的基础。上海每年将筹集5000万元微短剧产业引导经费，力争在3年内推出

---

① 《央行：研究出台上海国际金融中心进一步提升跨境金融服务便利化行动方案》，https://www.yicai.com/news/102155173.html，最后访问日期：2024年7月29日。
② 郑崇选主编《上海文化产业发展报告（2024）》，上海远东出版社，2024。

300部以上精品微短剧，打造网络文化消费新的流量高地。① 到"十四五"期末，上海基本建成文化数字化基础设施和服务平台、贯通各类文化机构的数据中心，以及国家文化大数据体系上海中心。

上海积极参与国际数字文化交流与合作，引进国外先进技术和管理经验，推动上海数字文化产业走向世界，通过举办国际数字文化节、展览等活动，展示上海数字文化产业的发展成果，提升其国际影响力。例如，亚洲数字艺术展、上海临港规划展示中心、上海数字创意产业考察与合作交流定制之旅，为上海国际文化交流提供保障，共同探索及推广人文交流新路径。《上海市贯彻落实国家文化数字化战略的实施方案》明确了七项14条重点任务，聚焦供给侧和需求侧，夯实文化资源数据和文化数字化新基建"两个基础"，推动搭建上海文化数据服务"一个平台"。② 数字文化产业新业态的发展有助于推动文化场馆、出版与印刷、演艺娱乐、展览展示等的持续转型，成为上海文化产业发展的动力之一。

三 上海对外开放助力高质量共建"一带一路"的建议

上海在发展数字经济和深化对外开放的过程中有效激发市场活力，示范引领作用不断增强，数字经济发展水平全面跃升，服务国家战略能力显著增强。数字经济通过提升经济效率、促进服务贸易发展、参与国际规则制定以及激发市场潜能，为上海对外开放提供了强有力的支持。展望未来，上海将继续利用数字经济的发展机遇，推动高水平对外开放，助力高质量共建"一带一路"。

第一，加强原创性创新及其成果转化，为上海数字经济发展奠定基础。必须加强原创性创新，推进国产芯片研发、智能大模型研究与开发、数据质

---

① 卜凡、王烨捷：《上海设立5000万元微短剧产业引导经费，力争3年推300部剧》，https：//m.cyol.com/gb/articles/2024-06/28/content_X5d89ZSp2d.html，最后访问日期：2024年7月29日。
② 臧志彭：《加快培育文化领域新质生产力》，《文汇报》2024年5月6日，第7版。

量提升等，是创建具有国际竞争力的高端数字产业集群的基础。上海应通过加强数据、技术、企业、空间载体等关键要素协同联动，加快进行"一带一路"数字经济发展布局，特别是在5G、人工智能、大数据等关键方面继续走在全国前列。上海致力于加强对算法的研究和创新，推动智能模型算法的发展，以提高人工智能系统的智能化水平和解决问题的能力。这涉及对人工智能发展至关重要的计算能力的支持和培育，为算法优化和大数据处理提供必要的计算资源。因此，应鼓励国内企业和研究机构在芯片设计、制造工艺、封装测试等方面的研发活动，增加研发资金、提供税收优惠、建设创新平台和孵化器，以及加强与"一带一路"共建国家（以下简称"共建国家"）的技术合作和交流。理论研究最终需要将研究成果应用到实际，如推动大模型在医疗、金融、自动驾驶、智能制造等关键领域的应用。上海应鼓励算力资源的共享，以促进资源的最大化利用。这可能涉及算力服务平台的建设，不同的研究机构、企业和个人可以根据需要访问和使用先进的计算资源，从而降低研发成本、加速技术创新。上海加强与共建国家在数字技术领域的联合创新，通过产学研合作，提高数字技术创新成果的转化和产业化效率。通过政策支持和完善市场机制，可使先进的算力技术更加普及，让中小企业和科研机构也能够享受到高性能的计算资源，从而推动芯片设计与制造、软件与应用、系统集成等产业链各环节协同发展，形成完整的产业生态，以实现技术的商业化和社会效益的最大化。

第二，推动数字技术应用于城市全领域，加快城市数字底座建设。数字底座通常包括高速网络基础设施、数据中心、云计算平台等，为城市提供必要的数字化支撑。上海应坚持标准引领战略，创建统一、开放、可用的数字底座建设标准体系与评价指标体系，促进数字基础设施与城市国土空间规划的整合，确保数字基础设施与城市发展规划协调一致。依托浦东新区和"五个新城"推进城市数字底座试点实践，探索基于实时探测和情境推理的数字孪生城市新功能，支持对象标识、时空人工智能、建筑信息模型（BIM）等技术的首次应用和推广，积极推动国家和市级数字技术标准运用，提升城市管理的智能化水平。智能化城市管理不仅能够提高城市的运行效率和居民的生活水平，还能够提升城市的国际竞争力，吸引更多的外国直接投资，促进经济的全球化发展。智能化管理系统能够完成许多传统上需要人工执行的任务，从而提高公共服务的响应速度和效率、减少成本、提高服务质量，帮助城市更有效地分配资源，如交通管理、能源供应和公共服务，从而提高城市的整体运行效率。一个智能化、现代化的城市形象能够吸引国际媒体和旅游者的关注，提升城市的国际知名度和吸引力。上海不仅要通过采取智能化、精细化的城市治理举措，让城市治理变得更加高效、透明；而且高科技产业的发展往往伴随政策的创新和支持，如税收优惠、研发补贴等，能够为共建国家营造良好的技术创新生态。

第三，上海着力从软硬两个方面建立国际数据港，完善国际数据贸易服务平台。在硬件方面，新基建的建设和数字技术的应用将进一步提升上海数字产业的竞争力和创新能力。上海应加快云网数链设施体系的建设，推动现有海光缆扩容，建设直达东亚甚至更远地方的海光缆，布局面向国际数据合作的高等级数据中心，打造联通国内国际、助力数字经济高质量发展的新一代数据中心。在软件方面，应继续优化数据跨境服务产业布局。优化临港数据跨境服务产业布局，大力发展数据跨境服务业，提升跨境投融资便利化水平。构建大数据分析与智能决策平台，通过三维数字孪生，实时对码头作业延误、故障、冲突等进行预警和作业管理分析，进一步提升生产计划、装卸调度、过程控制、异常监控、决策调整的智能化水平和码头整体作业效率。上海应以数据交易链为纽带，打造"上海交易，全球交付"的新模式。可依托新兴技术研发码头电子作业签证系统，实现"数据多跑路"的无纸化传输模式，助推码头机械监测数据、运营数据及管理数据协同应用。力争到2025年，挂牌数据产品数突破5000个，服务数据供需主体数突破10万个，培育数商数量突破1000家，推动数商产业生态高质量发展。[①] 当前，人民币国际化

---

① 《上海市副市长陈杰：全力打造具有世界影响力的国际数字之都》，《上海证券报》2023年11月27日，第5版。

稳步推进，人民币已成为全球第五大储备货币、第五大支付货币、第五大交易货币和第三大贸易融资货币。① 在此基础上，上海应积极推进人民币金融资产配置中心和风险管理中心建设，鼓励本地区经营主体在跨境贸易投资活动中更多使用人民币，推动共建"一带一路"重点领域、重点地区人民币使用不断取得突破。

第四，技术驱动文化交流创新，强化产业链融合。技术创新不断推动数字文化产业升级和转型，为产业发展提供新的动力。上海数字文化产业将以技术创新为驱动、产业融合为核心、政策支持为保障、共建"一带一路"为桥梁全方位、深层次发展。上海数字文化产业的发展目标包括打造面向全球、面向未来的文化数字化转型"上海标杆"。预计到2035年，中国数字经济规模预计将达到16万亿美元，数字文化产业有望拥有万亿级市场空间。② 产业融合有助于拓展数字文化产业边界，形成新的经济增长点。上海应推动数字经济、文化产业与其他产业加速融合，特别是在文旅产业、制造业等领域，借助新引擎、新业态、新模式发展文化新质生产力。

未来，数字文化产业的发展将更加依赖5G通信、大数据、云计算、人工智能等领域的技术创新。上海应通过政策扶持和"AI+文化"的深度融合，进一步以新基建为基础支撑、以大数据为关键要素，推动新兴科技与文化产业深度融合，引领数字文化产业的内容创新、场景创新、生态构建。随着数字文化产业体系与人工智能技术体系、数字经济体系不断交融，产业生态必将不断丰富，更高技术含量、更大规模的数字文化产业也将在上海蓬勃发展。这些趋势将推动上海数字文化产业向更高水平、更宽领域发展，为上海乃至共建国家的文化产业发展树立典范。

---

① 亓宁：《央行金中夏：7月人民币全球支付占比今年来首次突破3%》，https://www.yicai.com/news/101850392.html，最后访问日期：2024年7月29日。
② 中研产业研究院：《2024~2029年中国数字文化行业市场调查分析及发展前景展望报告》，https://www.chinairn.com/scfx/20240124/114948989.shtml，最后访问日期：2024年7月29日。

B.4 上海绿色产业促进"一带一路"可持续发展

周亚敏*

摘　要： 新质生产力本身就是绿色生产力，与此同时，绿色产业的发展水平代表绿色生产力的发展阶段。上海加快建设新质生产力的过程，也是加速形成具有竞争力的绿色生产力的过程。上海瞄准新赛道促进绿色产业发展，在氢能合作、无人驾驶重卡、新能源及储能等领域形成了具有竞争力和海外布局能力的地方企业。上海多措并举营造良好的制度环境，将绿色技术创新高效转化为规模化生产能力；充分发挥上海金融领域优势，为绿色产业发展提供资金支持；以系统观念促进多部门协调，支持绿色产业发展。未来，上海还需要完善绿色产业上下游的配套基础设施和设计方案，持续加强对绿色低碳人才的培育、吸引和储备，并以绿色供应链为抓手谋求国际领先地位，助推上海绿色产业链向"一带一路"绿色市场延伸，并形成覆盖面较广的产业链网络，为"一带一路"共建国家的可持续发展和应对气候变化做出积极贡献。

关键词： 新质生产力　绿色生产力　"一带一路"　可持续发展

上海是"一带一路"建设的重要城市，而"一带一路"是推动上海高质量发展、高水平开放的重要引擎。上海加快建设新质生产力的过程，也是

---

* 周亚敏，经济学博士，中国社会科学院亚太与全球战略研究院研究员，主要研究方向为经济外交、可持续发展。

加速形成具有竞争力的绿色生产力的过程。上海着力推进绿色产业发展的各项举措，不仅有效提升了地方企业的绿色转型能力、绿色创新能力和绿色生产能力，而且有力加快了这些企业步入"一带一路"绿色市场的步伐和节奏，并为推动"一带一路"可持续发展做出了实质性贡献。

一 新质生产力涵盖绿色生产力

习近平总书记指出，新质生产力本身就是绿色生产力。[①] 绿色产业是绿色生产力的重要组成部分，构成了绿色生产力的主体并发挥主要功能，从供给侧决定绿色生产力的效率和市场空间。"一带一路"作为我国经济外交的顶层设计，其可持续发展的重要源泉之一是绿色产业布局的深度与广度。"一带一路"绿色产业链的网络结构及覆盖面积将直接决定"一带一路"经济和环境的可持续性。明确新质生产力与绿色生产力、绿色生产力与绿色产业，以及绿色产业与"一带一路"可持续发展的关系，对发展新质生产力和高质量建设"一带一路"都具有重要的意义。绿色化是新一轮科技革命和产业变革的重要趋势，这意味着任何一个国际倡议都需要顺应绿色化趋势；新质生产力具有绿色低碳高质量的内在属性，发展新质生产力需要依托绿色产业的成熟壮大；与此同时，中国发展新质生产力为"一带一路"绿色产业的发展壮大提供了历史性机遇。

（一）绿色化是新一轮科技革命和产业变革的重要趋势

新一轮科技革命和产业变革朝着绿色化方向发展，表明世界经济已开启一条不同于资本主义工业文明传统发展轨道的新赛道。自全球开启应对气候变化进程以来，世界各国逐渐将绿色发展置于国家宏观经济框架之中。进入21世纪后，全球绿色发展进程得以加速推进，一方面是因为气候变化已迫

[①] 《加快发展新质生产力　扎实推进高质量发展》，https：//www.gov.cn/yaowen/liebiao/2024 02/content_ 6929446.htm，最后访问日期：2024年7月27日。

在眉睫，全球经济需要实现对标温控1.5℃目标的系统性转型；另一方面是因为绿色科技的迅猛发展使得产业绿色化的技术支撑力大大增强。在宏观层面的变化之下，中观层面的产业链构成和微观层面的企业行为均开始做出相应的调整。绿色产业链的发展水平和成熟程度已经成为衡量国家核心竞争力的指标之一。[①] 在当前的国际经济竞争中，无论是发达国家还是发展中国家，都将绿色产业链视为关乎国家竞争力的未来产业。可以直观地看到，20世纪末的绿色产业链仅指与环境保护相关的末端处理技术产业链，而21世纪的绿色产业链已包括产业链体系中与绿色演化相关的所有环节，不仅包含区别于传统产业链的全新产业链，也包含传统产业链的绿色化改造。因此，科技革命和产业变革的绿色化发展方向为世界经济开辟了一条新赛道。

"一带一路"的可持续发展离不开绿色产业的强大支撑。"一带一路"建设作为我国经济外交的顶层设计，始终坚持绿色可持续发展理念，在历时11年的建设进程中，已初步构建起涵盖经济社会各个领域的绿色产业形态。"绿色丝绸之路"富有活力的根本原因在于，它不仅是"一带一路"共建国家（以下简称"共建国家"）人民渴望拥有蓝天净水的美好愿望，而且代表了先进生产力，为后发国家提供了追赶式发展的新理念和新路径。以数字化、智能化为代表的新兴技术在嵌入"一带一路"产业链的过程中，逐渐形成了具有绿色发展特征的新型产业体系，如越南、马来西亚、泰国等东南亚国家已形成初具规模的太阳能光伏板、电动汽车电池等绿色产业链。一方面，一些共建国家在绿色发展理念的指引下，凭借自身的比较优势，积极寻找嵌入全球绿色产业链的机遇，搭上中国绿色发展的"快车"和"顺风车"；另一方面，绿色产业链的蓬勃兴起也为部分国家创造了新的比较优势，绿色产业体系依赖的物质基础相较于传统产业链有根本性不同，具有资源禀赋的国家或地区在全球绿色产业发展进程中获得新的比较优势。因此，在绿色发展为世界经济开辟新赛道的同时，"一带一路"经济合作以绿色产业为重点和靶点，这有助于共建国家真正实现可持续发展。

---

① 周亚敏：《以绿色发展提升低碳时代国家核心竞争力的政策研究》，《中国物价》2024年第4期。

（二）新质生产力具有绿色低碳高质量的内在属性

作为提出"一带一路"倡议的国家，中国发展新质生产力将对共建国家产生显著的带动作用和溢出效应，而中介机制在于绿色产业的扩散和外溢。绿色产业是集绿色知识、绿色技术、绿色治理、绿色架构于一体的产业组织形态，主要从供给侧入手影响消费侧的消费决策。绿色产业共同体①的形成和发展壮大，需要中国发挥引领作用和建设性作用，在提供绿色公共产品的基础上，着力打造并形成一个以绿色发展为共同愿景的开放性合作平台。中国通过发展新质生产力释放正外部性，以绿色产业为抓手推动共建国家向全球价值链的中高端攀升，这有助于其将后发劣势转变为后发优势。绿色产业共同体的构建，涉及绿色话语传播体系、绿色产业评估体系、绿色技术平台、产业安全等方面。② 以新质生产力为引领，着眼于绿色发展，打造绿色产业共同体，对"一带一路"自身的可持续发展具有重大意义。因此，中国发展新质生产力，实现以绿色为底色的高质量发展，将为共建国家带来国际绿色合作新机遇。③

（三）发展新质生产力为"一带一路"绿色产业的发展壮大提供历史机遇

中国基于雄厚的制造业基础和先进的新能源技术，大力发展新质生产力。中国"新三样"（电动载人汽车、锂电池、太阳能电池）与"老三样"（服装、家具、家电）相比，出口额增长迅猛，增幅达29.9%。④ 中国在完善现代化产业体系的过程中，不仅会产生原创性和颠覆性的技术，而且会带

---

① 绿色产业共同体指在一定范围（既可指全球，也可指区域）内形成的一荣俱荣、一损俱损的绿色产业发展格局。
② 陈健：《"一带一路"沿线绿色产业共同体的生成与实践》，《财经问题研究》2019年第8期。
③ 威伦·披差翁帕迪：《中国加快发展新质生产力带来合作新机遇》，《人民日报》2024年3月19日，第3版。
④ 《"新三样"逆袭的启示》，https://www.gov.cn/yaowen/liebiao/202402/content_6930976.htm，最后访问日期：2024年7月27日。

动形成具有高科技、高效能和高质量的产业链生态系统。中国作为全球发展绿色经济的引领者，走出一条不同于发达国家现代化路径的道路，为广大发展中国家提供了新路径。一些共建国家处于经济发展落后和环保水平低下的阶段，按照西方国家"先污染、后转移"的路径是不可能有发展空间的。中国在加快发展新质生产力的过程中搭建起来的绿色产业链体系，则为共建国家实现经济增长与环境保护的目标提供了可行的路径。

"一带一路"绿色产业的发展壮大呈现多元化和可持续的特征。发展新质生产力的前提条件是，绿色科技创新的成果能够实现快速转化。因此，构成绿色低碳循环经济体系的各类产业需要实现联动式发展，如绿色能源业、绿色制造业、绿色服务业，以及绿色供应链和产业链将得到前所未有的发展机遇。各种持续优化支持绿色低碳发展的经济政策工具，尤其是绿色金融体系的成熟将为"一带一路"绿色产业提供资本方面的保障。共建国家各自拥有不同的禀赋优势，比如资源优势、区位优势、劳动力优势等。中国发展新质生产力，不仅为共建国家释放既有的未被充分利用的禀赋优势，又能够为其形成新的比较优势奠定跨国合作的基础。此外，大部分共建国家仍高度依赖煤炭工业和火力发电，快速而急剧地转向可再生能源系统是不现实的，因而对传统产业的绿色改造升级也将是"一带一路"可持续发展的重要内容。综上所述，中国加快发展新质生产力毫无疑问将为"一带一路"绿色产业的发展壮大带来历史性机遇，以兼顾构建新产业链与改造旧产业链为主要特征。

二 上海绿色产业促进"一带一路"可持续发展的案例研究

上海参与建设绿色"一带一路"具备独特的区位优势和制度优势。上海市政府相继发布一系列政策文件，如《上海市瞄准新赛道促进绿色低碳产业发展行动方案（2022—2025年）》、《上海市培育"元宇宙"新赛道行动方案（2022—2025年）》和《上海市促进智能终端产业高质量发展行动方案（2022—2025 年）》，均明确指出原料低碳化、能源清洁化、过程高效化、材料功能化、资源循环化和终端电气化的总体要求。[①] 随着全球应对气候变化行动的推进，能源转型和产业低碳发展相关的行业蓬勃兴起，更多上海科技企业在氢能合作、无人驾驶重卡和新能源及储能方面加快出海步伐，促进"一带一路"可持续发展。

（一）氢能合作

绿色"一带一路"的重点合作领域之一是能源转型。作为正处于工业化城镇化进程中的发展中国家，能源的绿色低碳转型尤为重要。未来十年是氢能快速发展和广泛部署的黄金时期，相应的基础设施和技术应用都处于加速布局中。《国际氢能技术与产业发展研究报告 2023》预计到 2030 年全球对氢气的需求将超过 1.5 亿吨，2050 年需求较 2022 年增长 10 倍。[②] 上海正在开展绿氢制备、装备供应、加氢站及跨区域氢气输送管道等基础设施建设，为共建绿色"一带一路"提供强大支撑。上汽集团和捷氢科技展开合作，主要从加强技术研发、拓展商业模式和扩大海外出口规模三个方面入手，助力共建国家的氢能产业实现快速发展。

上海着力提升关键材料的可靠性、稳定性和持久性，提升系统集成的工艺技术水平，形成全链条关键技术的产业化和自主化，以打造具有综合竞争力的燃料电池整车品牌为目标。与此同时，上海还研发清洁、高效、经济的制氢技术，提升电解水制氢的工艺技术水平，开展新型制氢技术研究，突破长距离管道输氢的关键技术，持续降低氢气储运成本。《上海市氢能产业发展中长期规划（2022—2035 年）》指出，到 2035 年上海的目标是不仅要建成引领全国氢能产业发展的研发创新中心和关键核心装备，

---

① 《上海市人民政府办公厅关于印发促进绿色低碳产业发展、培育"元宇宙"新赛道、促进智能终端产业高质量发展等行动方案的通知》，https://www.shanghai.gov.cn/nw12344/20220708/ab632a9b29b04ed2adce2dbcb789412c.html，最后访问日期：2024 年 7 月 27 日。

② 李春莲：《国际氢能技术与产业发展研究报告 2023》，http://www.tanjiaoyi.com/article-55196-1.html，最后访问日期：2024 年 7 月 27 日。

还要成为全国氢能相关零部件的制造检测中心,建设海外氢能进出口输运码头,并布局东亚地区氢能贸易和交易中心,最终目标是基本建成国际一流的氢能科技创新高地、氢能产业发展高地和氢能多元示范应用高地。上海正在积极开展与共建国家在氢能贸易、氢能基础设施建设和氢能产品开发等方面的合作。

上海充分发挥自身作为金融创新中心城市的既有优势,推动更多氢能产业相关企业上市,推动产业和科技类专项资金投入氢能产业,鼓励银行业金融机构加大对氢能产业的支持力度。上海围绕氢能产业链,特别是下游应用环节,重点投资布局多个关键零部件领域,强化新能源汽车及氢能产业龙头的合作,为氢能产业的国际合作奠定基础。目前,业界普遍认为氢能运输超过200公里不符合成本效益原则,因此,上海也将加大可再生能源制氢技术的研发力度,并力求在布局分布式氢能利用的商业模式上实现突破。上海在氢能储运技术和商业模式方面的探索,为突破"一带一路"氢能合作面临的技术难点和运作模式障碍提供了新思路,将为"一带一路"可持续发展做出重要贡献。

(二)无人驾驶重卡

2022年上海市人民政府办公厅发布《上海市加快智能网联汽车创新发展实施方案》,指出要加快打造先进技术引领的智能驾驶终端、加快培育融合生态的智能座舱终端、加快开发万物互联的智能通信终端,以及打造行业领先的智能网联汽车大终端。[①] 在这一实施方案的引导与推动下,2023年上海的"无人化、高速化"测试应用全面落地,7家企业、30辆无人驾驶汽车常态化开展测试,4家企业、13辆汽车启动高快速路测试与示范,3家企业、9辆汽车获得L3级别自动驾驶高快速路测试牌照,开启智

---

① 上海市发展和改革委员会:《上海市加快智能网联汽车创新发展实施方案》,https://fgw.sh.gov.cn/fgw_cyfz/20220906/b766b3f8364c4c448f6daca8295be861.html,最后访问日期:2024年7月27日。

能网联汽车从道路测试到准入试点的新征程。[1] 其中，无人驾驶重卡在港口的广泛应用，使上海相关企业具备了在"一带一路"沿线港口拓展业务的能力。

上海西井科技股份有限公司（以下简称"西井"）成立于2015年，专注于发展人工智能和自动化技术，为集装箱大物流场景提供解决方案。西井以新能源智能无人驾驶卡车Q-Truck、新能源重卡E-Truck、新能源无人驾驶牵引车Q-Tractor为主力产品。[2] 西井在国内逐步发展成熟后，于2020年以泰国为首站出海，至今已延伸至参与"一带一路"建设的18个国家和地区的近200个客户。2020年西井在泰国林查班港落地全球首个有人驾驶和无人驾驶混合运行的项目，截至2024年3月整体作业箱数超过47.6万TEU（20英尺标准货柜）。[3] 西井响应国家"一带一路"倡议，其生产的无人驾驶车队使哈利法港成为中东第一个实现无人驾驶车运营的港口。[4]

西井拓展海外市场和布局共建国家港口的成功经验表明，无人驾驶技术嵌入港口运营，既推动了成本下降，又提升了运营效率，还减少了安全事故。西井的经验还表明，只有在国内市场中具备竞争力，才能在国际市场中具备开拓力；只有将技术与服务相结合，才能提升效率并开拓市场。西井通过人工智能和无人驾驶技术，不仅助力"一带一路"合作伙伴提升港口运营效率，也在减少碳排放方面做出积极贡献。一辆无人驾驶的重卡一年可以为用户减少碳排放50吨。[5] 当前，智慧化和无人化是全球港口的重要发展趋势，但全球已建成使用的全自动化集装箱码头数量仍然较少。上海无人驾

---

[1] 上海市智能网联汽车测试与示范推进工作小组：《上海市智能网联汽车发展报告（2023年度）》，https://jtw.sh.gov.cn/cmsres/65/65886ef989f84dd88f9e95066a31d32e/fb81e3f9d6f49e1ab997042a9819fa8a.pdf，最后访问日期：2024年7月27日。

[2] 上海西井科技股份有限公司官网，https://www.westwell-lab.com/qomolo.html。

[3] 宦艳红、喻琰：《中国自动驾驶技术驶向"一带一路"》，https://www.thepaper.cn/newsDetail_forward_26720858，最后访问日期：2024年7月27日。

[4] 亿欧：《中国无人驾驶集卡"一带一路"出海阿布扎比》，https://www.iyiou.com/news/202110091022943，最后访问日期：2024年7月27日。

[5] 一行：《氢能、无人驾驶重卡加速出海，上海如何共建绿色"一带一路"》，https://www.yicai.com/news/101868567.html，最后访问日期：2024年7月27日。

驶技术出海展示给同行的是，只有通过技术创新和商业创新的并重，才能充分实现商业价值。

（三）新能源及储能

上海是全国新型储能版图中的一支重要力量。在"双碳"战略目标的引领下，我国急需建立以新能源为主体的新型电力系统，但由于新能源发电的波动性、季节性和随机性等问题，需要加快开发稳定且安全的新型储能技术及其配套系统。2023年3月，上海市未来产业新型储能专家委员会成立，对标钠离子电池、飞轮储能、压缩空气、液流电池等关键前沿技术，加大对大功率长寿命氢燃料电池、固态电池电解质等核心技术的攻关力度。[1] 上海发展新型储能技术的优势是低碳循环经济的产业基础非常好，所配套的产业信息链、新材料、新业态和国际化人才等方面优势突出，能够实现多元场景的应用，比如电动汽车充换电、海上风电、智慧电网、智慧储能、分布式光伏、零碳园区等多元应用场景，充分开发多场景下的储能技术。2023年8月15日，上海发布《上海新型储能产业发展白皮书》，表明上海将凭借人才、技术、软件和资本等综合优势，快速推动储能技术发展。[2] 当前上海的新型储能企业覆盖机械储能、氢储能和电化学储能等不同领域。

储能作为全球实现净零排放、能源转型和构建新型电力系统的重要支撑，有望成为"一带一路"发展的新机遇。上海作为全球创新高地、人才中心和产业集聚地，有着良好的营商环境和全面的扶持政策，成为各类储能初创企业的理想落户城市。在新型储能领域，上海拥有发展较为成熟的产业基础，许多行业龙头企业在上海都有布局。上海还形成了嘉定氢能港、临港

---

[1] 上海经济和信息化委员会：《上海市未来产业新型储能专家委员会成立》，https：//www.sheitc.sh.gov.cn/zxxx/20230323/111881522a2c446f89413aac864cc94b.html，最后访问日期：2024年7月27日。

[2] 《上海发布新型储能等两大未来产业发展白皮书》，http：//cn.chinagate.cn/environment/2023-08/16/content_ 103411878.shtml，最后访问日期：2024年7月27日。

国际氢能谷等多个新型储能产业集聚区。上海电气集团股份有限公司建设的迪拜太阳能复合发电项目，除了最引人瞩目的塔式光热"巨阵"外，还建设了3台槽式光热机组和一系列光伏发电设施设备，总装机容量高达950兆瓦，一跃成为当前全球规模最大、技术标准最高的光热项目之一。经过6年时间的建设，迪拜太阳能复合发电项目已陆续发电，全面建成后将能够为当地30万户家庭提供清洁电力，年减碳量高达160多万吨。[1] 成立于2015年的寰泰能源股份有限公司（以下简称"寰泰能源"），其业务目标是对风力、光伏电站及相应储能设施进行投资。2017年，寰泰能源在哈萨克斯坦建成投运的新能源电站有6个，总装机容量达380兆瓦，均被列入"中哈产能与投资合作重点项目清单"。之后该公司瞄准"一带一路"储能市场，综合考虑环保、寿命、安全、转化效率、成本等因素，对锂电池、液流电池和氢储能等大规模储能技术路径进行对比，最终决定在液流电池领域进行投资，专注于"全钒液流电池储能"，短短3年时间就成为世界钒液流电池领域为数不多的全产业链条的头部企业。[2]

三　上海绿色产业促进"一带一路"可持续发展的经验

上海在推动地方绿色产业发展的过程中，建立起一套完整的制度体系和激励机制，有力推动了"一带一路"建设的可持续发展。上海在促进"一带一路"可持续发展的过程中积累了丰富的经验：营造良好的制度环境，实现绿色技术创新高效转化为规模化生产能力，充分发挥上海金融领域优势，为绿色产业发展提供资金支持，并以系统观念促进多部门协调。

---

[1] 国家太阳能光热产业技术创新战略联盟：《上海电气全球最大光热光伏混合发电项目，助力迪拜能源转型》，http://www.cnste.org/html/xiangmu/2022/0309/8771.html，最后访问日期：2024年7月27日。

[2] 《中国式现代化奋进者｜90后企业家，为全球能源低碳转型贡献中国力量》，https://finance.sina.com.cn/jjxw/2024-04-22/doc-inasryzm0436236.shtml，最后访问日期：2024年7月27日。

（一）营造良好的制度环境，将绿色技术创新高效转化为规模化生产能力

科技创新是加快一国绿色低碳转型进程的核心要素，但是如何将绿色科技创新能力转变为绿色产业竞争力，涉及创新部门、生产部门、组织部门和流动部门的联动，政府则发挥关键的引领与支撑作用。上海印发《上海市瞄准新赛道促进绿色低碳产业发展行动方案（2022—2025年）》和《上海市碳达峰实施方案》等与绿色低碳相关的方案与规划，推动相关产业发展，有力地促进了绿色科创企业落户上海，并将创新成果转化为实际生产能力和强大的出海能力。上海市政府在相关行动方案中提出，要围绕"新技术、新工艺、新材料、新装备、新能源"，力争培育10家市级以上制造业创新中心和企业技术中心、5家研发和检验检测验证平台，以及5家大型企业研究院和新型研发机构。[①] 上海此类规划的最终目标是推动一批前瞻技术和关键核心技术取得突破，工艺水平得到显著提升。上海市政府在促进科技创新与实体经济深度融合方面下了大力气，通过加强产学研合作提高成果转化率。

上海出台政策促进产业链协同发展，致力于发挥龙头企业的带动作用，进而提升中小企业专业化协作能力和配套能力，鼓励核心企业带动链上企业高端化、绿色化发展。上海市政府通过一揽子配套措施，针对创新链和生产链之间衔接不畅的地方予以改进和支持，大幅提升了从研究端到生产端的转换效率。上海通过强化各部门之间的统筹协调，加大相关政策的支持力度，聚焦科研成果转化、新技术场景应用和项目落地过程中遇到的技术瓶颈，综合运用财政、金融、投资和土地等政策，支持上海的绿色低碳技术突破、绿色产业发展和特色园区建设等方面。在上海绿色产业从研发到规模化生产及出海的过程中，绿色低碳产业人才

---

① 《上海市瞄准新赛道促进绿色低碳产业发展行动方案（2022—2025年）》，https://www.shanghai.gov.cn/202214bgtwj/20220720/b8372364b2214d68ad8d947cf17595f5.html?eqid=c9a4404e000000f900000004647ff6e0，最后访问日期：2024年7月27日。

的引进和培养发挥了重要作用。上海通过引进具有国际化领导力和创新力的复合型人才，极大地提升了自身绿色产业的效率和国际竞争力，为上海绿色产业走向广阔的"一带一路"绿色蓝海市场提供了坚实的制度保障。

（二）充分发挥上海金融领域优势，为绿色产业发展提供资金支持

绿色新兴产业的成熟及规模化运转离不开及时且充足的资金支持。对于处在市场化初期的绿色产品而言，有针对性的资金补贴能够降低消费者购买和使用新产品的成本，不仅有助于加快基础设施建设的速度，还有助于将潜在消费者转化为实际消费者。[1] 上海对绿色产业的激励体现在快速构建与之相适应的绿色金融体系上。2021年《上海加快打造国际绿色金融枢纽服务碳达峰碳中和目标的实施意见》指出，要充分利用上海对外开放程度高、科技和产业基础雄厚、金融资源集聚等优势，率先探索绿色金融改革创新，从而切实提升绿色金融服务水平。推动产业结构低碳转型和支持绿色低碳技术的研发、推广和应用是上海打造绿色金融体系的重要目标之一。上海通过深化投贷联动等融资服务方式，引导金融机构加强低碳、零碳、负碳前沿技术攻关和基础研究，成功为绿色低碳技术企业提供全面的金融扶持，推动制造业向低碳化、绿色化、高端化发展。正是得益于发达的绿色金融体系的构建，上海才吸引了众多绿色初创企业，如上文提到的寰泰能源等落户上海，并在较短时间内跃升为该行业的头部企业。

上海在绿色信贷和绿色风投两个方面的领先优势对绿色产业的创新环节和生产环节具有极大的促进作用。研究表明，绿色信贷对产业结构升级的影响更加显著，而绿色风投能够有效激励绿色技术创新。[2] 2023年发布的《上海银行业保险业"十四五"期间推动绿色金融发展服务碳达峰碳中和战略

---

[1] 张长令、马犇、杜玖玉：《市场开放、资金补贴与新兴产业市场演化——以新能源汽车产业为例》，《上海经济研究》2016年第5期。

[2] 李博阳、李廷瑞、沈悦：《绿色金融能否促进可再生能源发展：以绿色信贷和绿色风投为例》，《生态经济》2024年第5期。

的行动方案》（以下简称《上海绿色金融行动方案》），宣布未来3年上海将促进绿色融资余额突破1.5万亿元，以及力争2025年科技型企业贷款余额突破1万亿元。[1] 依托其作为国际金融中心和金融要素集聚的优势，近年来上海在绿色金融发展方面取得显著成效。截至2022年末，上海辖内银行业绿色信贷余额达到1.03万亿元，较年初增长50.24%；上海绿色贴标债券发行规模为528.5亿元，同比增长352.48%；全国碳市场碳排放配额累计成交量达2.3亿吨，累计成交额达104.75亿元。[2] 上海构建的绿色金融体系为增强地方绿色企业的竞争力创造了内生条件，也有力推动上海绿色科创企业进入"一带一路"国际市场。

（三）以系统观念促进多部门协调，支持绿色产业发展

绿色低碳转型是一场广泛而深刻的经济社会系统性变革。绿色产业的壮大成熟也需要供给侧和消费侧的联动性支持和变革性支撑。上海在推进绿色产业高端化、集群化发展的过程中，高度重视各部门的统筹协作、协同配合，以形成工作合力，保障项目实施要素供给。在开展先行先试方面，综合运用财政、金融、土地和投资等方面的政策，着力以产业园区和绿色园区的形式激发新兴绿色产业的规模效应和外溢效应，并形成一体化产业链条。上海高度重视绿色低碳人才队伍建设，着力培养绿色后备人力资源。上海还依托长三角一体化高质量发展的契机，深入推进与国内相关地区在绿色产业方面的合作，同时借助自贸试验区、临港新片区和虹桥国际开放枢纽的功能优势，强化在绿色技术创新和应对气候变化方面的国际合作。上海也非常注重在需求侧引导绿色消费，挖掘绿色消费市场潜力，比如以碳博会、低碳日为契机传播绿色低碳发展理念，通过多层次、多形式的宣传活动，为绿色产业

---

[1] 《上海绿色金融行动方案出台　到2025年绿色融资余额突破1.5万亿元》，https://www.mee.gov.cn/ywdt/dfnews/202302/t20230208_1015768.shtml，最后访问日期：2024年7月27日。

[2] 罗理恒、周冯琦：《上海如何做好"绿色金融"这篇大文章》，https://new.qq.com/rain/a/20231203A04DG100，最后访问日期：2024年7月27日。

的发展营造良好氛围，推广绿色低碳产品并促进绿色消费等。

上海对绿色产业发展给予高度重视，这是上海绿色产业发展取得耀眼成绩的重要原因之一。上海在打造科技创新高地的同时，促进产业链的协同发展。在这个过程中，上海将推进绿色产业标准体系建设作为工作重点，制定国内领先、国际先进的标准，构建上海绿色低碳标准体系，鼓励领军企业带动上下游配套中小企业共同开展标准化工作，探索组建产业链标准化联盟。《上海市构建市场导向的绿色技术创新体系实施方案》将"强化绿色技术标准引领"作为重要目标之一，鼓励社会团体制定技术标准，共同提升绿色技术水平。[①] 当前在全球绿色竞争领域，发达经济体试图主导绿色标准制定权和话语权，欧盟出台的碳边境调节机制事实上是对全产业链的碳排放制定标准规则。上海在绿色评价认证和ESG披露方面走在全国乃至全球前列，这对提升上海绿色产业的国内竞争力和国际竞争力都具有重要作用。针对绿色标准，上海提出"国内领先、国际先进"的目标，这将为我国把握绿色国际标准动态和前沿提供机遇，也为上海绿色产业促进"一带一路"可持续发展提供了不竭动力。

四 对策建议

上海的绿色产业发展走在全国前列，并孕育出若干头部企业，取得了优异的成绩。但在全球绿色竞争日益激烈的背景下，大国间绿色竞争加剧，要保持领先优势需要持续不断地创新和努力。针对当前上海发展绿色产业面临的一些短板和瓶颈，本文提出以下几点对策建议。

（一）完善绿色产业上下游的配套基础设施和设计方案

上海需要在产业空间布局、产业生态构建、创新激励手段、绿色低碳转型引导、充电基础设施管理等方面优化新能源汽车产业政策。促进氢能供给

---

① 《上海市构建市场导向的绿色技术创新体系实施方案》，https://fgw.sh.gov.cn/fgw_zyjyhhj bh/20211101/9df16e430340465b91c5bbcbb479c171.html，最后访问日期：2024年7月27日。

侧全面降低成本，推动氢能全产业链协同与跨区域协作，制定氢能全链条安全管理制度。推动绿色低碳新材料产业提质增效，将绿色低碳新材料产业融入全国和全球高端制造产业链和价值链。进一步开拓"一带一路"绿色市场需要围绕上下游产业链布局基础设施，上海有较为成熟的条件。

（二）持续加强对绿色低碳人才的培育、吸引和储备

当前上海的制造业仍面临近900万的人才缺口，特别是高端人才的结构性短缺问题突出，绿色制造业面临严重的技术技能缺口。对上海绿色产业而言，吸引和留住人才是其面临的最大挑战之一。尽管上海在人才储备方面已做出部署，但力度仍然有待加大。地方政府应加强人才引育平台建设，加大投入力度，加快高层次人才服务体系建设，完善相关人才的激励和支持体系，吸引并留住高端国际人才。绿色化、国际化人才是上海拓展"一带一路"绿色产业链不可或缺的重要资源。

（三）以绿色供应链为抓手谋求国际领先地位

绿色供应链的构建需要绿色产业的强大支撑，而绿色供应链的良好运行意味着生态效益、经济效益和社会效益获得了平衡。上海作为我国对外开放的前沿和高地，只有紧抓绿色供应链，才能在国际市场上获得主动权。上海在努力打造国际领先的高标准绿色认证体系，但仍需要花大力气实现与国际规则的接轨，这需要持续加强国内国际绿色合作，保持较高的市场敏锐度以构建未来发展路径。

参考文献

李向阳：《"一带一路"的经济学分析》，中国社会科学出版社，2021。

王灵桂、杨美姣：《"一带一路"与可持续发展》，中国社会科学出版社，2022。

习近平：《论把握新发展阶段、贯彻新发展理念、构建新发展格局》，中央文献出版社，2021。

张芳：《中国绿色产业发展的路径选择与制度创新研究》，九州出版社，2023。

张芊、吴力波主编《"双碳"目标下的上海绿色金融发展》，上海人民出版社，2022。

周冯琦等主编《上海蓝皮书：上海资源环境发展报告（2023）》，社会科学文献出版社，2023。

周亚敏：《全球碳中和趋势下建设"绿色丝绸之路"的机制与路径》，《中共中央党校（国家行政学院）学报》2023年第5期。

B.5 上海技术创新推动"一带一路"价值链升级

杨 超[*]

摘 要： "一带一路"倡议旨在通过基础设施优化、经贸合作，促进相关国家共同发展。推动"一带一路"共建国家迈向全球价值链高端是其高质量发展的重要任务，这需要加强基础设施互联互通、生产能力合作、金融合作和人文交流。上海企业凭借其在生产技术、信息技术、跨境支付技术以及物流技术领域的优势，在"一带一路"价值链升级中发挥了重要作用。上海的技术创新广泛运用于经济走廊建设和产业合作，为相关国家参与国际产能合作并加快产业升级带来新的机遇。上海通过布局集成电路、生物医药和人工智能等战略性新兴产业，培育发展新质生产力，将进一步巩固技术优势，为上海推动"一带一路"价值链升级增添新的动力。

关键词： "一带一路" 技术创新 价值链 上海

引 言

2023年10月，国家主席习近平在第三届"一带一路"国际合作高峰论坛开幕式上发表主旨演讲，宣布中国支持高质量共建"一带一路"

---

[*] 杨超，经济学博士，中国社会科学院亚太与全球战略研究院助理研究员，主要研究方向为世界经济、新兴经济体、"一带一路"。

的八项行动①，推动科技创新是其中的重要内容。自"一带一路"倡议提出以来，上海立足高水平科研机构、高新技术产业集聚和良好的创新创业生态等优势，积极发展同"一带一路"共建国家（以下简称"共建国家"）的经贸合作，建立了广泛而深入的产业链、供应链联系，为中国与相关国家的价值链建设做出重要贡献。当前，上海提出围绕集成电路、生物医药和人工智能三大先导产业和未来产业打造世界级产业集群，以电子信息、生命健康、汽车、高端装备、先进材料和时尚消费品六大重点产业为主，推动产业智能化、绿色化、融合化发展②，通过构建现代化产业体系因地制宜发展新质生产力，为"一带一路"建设增添新的动力。

在推动"一带一路"经济走廊建设的过程中，中国与相关国家不断加强基础设施互联互通，为"一带一路"价值链的运行提供了基础条件。世界银行研究报告显示，"一带一路"基础设施互联互通会缩短货运时间，进而减少贸易成本，共建国家的货运时间缩短1.7%~3.2%，贸易成本将下降1.5%~2.8%。其中，中国—中亚—西亚经济走廊沿线国家受益最为明显，平均货运时间缩短12%。③ 贸易成本的下降有助于打破地理因素造成的市场分割，进而提高共建国家的市场一体化水平。一方面，经济走廊建设涉及中国和共建国家企业的长期投资，这有助于加强共建国家在交通、能源、通信、水利、城市基础设施领域的交流与合作，密切各国的商业人员往来，有利于提升上海乃至全国的产业与共建国家产业的关联度；另一方面，基础设施互联互通程度的提高也会惠及其他行业，比如通过改进冷链物流设施，易腐易变质农产品从不可贸易品转变为可贸易品，共建国家之间的农产品贸易额将实现大幅增长。中老铁路开通后，"沪滇—澜湄线"国际货运班列于2023年10月正式开行，老挝至上海的贸易产品以橡胶、木薯，以及各种热

---

① 《习近平在第三届"一带一路"国际合作高峰论坛开幕式上的主旨演讲（全文）》，https://www.gov.cn/yaowen/liebiao/202310/content_6909882.htm，最后访问日期：2024年6月1日。
② 陈吉宁：《以排头兵的姿态和先行者的担当，着力强化科技创新策源功能》，http://sh.people.com.cn/n2/2023/1012/c138654-40600783.html，最后访问日期：2024年6月1日。
③ 《"一带一路"倡议会降低多少贸易成本？》，https://blogs.worldbank.org/zh/voices/how-much-will-belt-and-road-initiative-reduce-trade-costs，最后访问日期：2024年6月1日。

带水果为主，种类明显增多。①

"一带一路"价值链建立后的重要任务是推动价值链升级，即企业、行业或经济体通过在全球价值链中提升地位，从低附加值活动向高附加值活动转移，以获取更大价值，拥有更强的竞争力，并产生更显著的经济效益。上海在推动"一带一路"价值链升级中发挥关键作用。在此过程也将为上海的"五个中心"建设提供新机遇、拓展新空间、注入新活力。

一 上海技术创新、经济走廊建设与"一带一路"价值链构建

道路、铁路、港口、电力网络的互联互通是构建"一带一路"价值链的前提条件，其中六大经济走廊是"一带一路"的重要合作框架，包括中蒙俄经济走廊、新亚欧大陆桥经济走廊、中国—中亚—西亚经济走廊、中国—中南半岛经济走廊、中国—巴基斯坦经济走廊和孟中印缅经济走廊。上海的技术创新在多个经济走廊建设中崭露头角，在"一带一路"基础设施互联互通中扮演重要角色。

（一）上海技术创新与中国—巴基斯坦经济走廊

中国—巴基斯坦经济走廊（以下简称"中巴经济走廊"）是共建"一带一路"的旗舰项目，连接中国的新疆等地与巴基斯坦的瓜达尔港，通过陆路和海上通道构建经济走廊，有利于促进中国和南亚、西亚地区的经济合作与发展。在中巴经济走廊第一阶段建设取得一系列实质性进展后，自2021年起中巴经济走廊建设顺利进入第二阶段。在"一带一路"框架下，中巴经济走廊通过改善基础设施、加强能源供应、建设经

---

① 《"沪滇·澜湄线"国际货运班列正式开行》，https://www.yn.chinanews.com.cn/news/2023/1009/73722.html，最后访问日期：2024年6月1日。

济特区等方式，推动贸易、能源、基础设施建设、人员往来等多个领域的合作。这些领域的合作形成了一个复杂的价值链，涵盖从生产到最终消费的整个过程。

上海企业积极参与中巴经济走廊建设，并与经济走廊相关国家有长期业务往来。上海电气在巴基斯坦信德省塔尔地区承建了塔尔煤电一体化项目，包括高参数超临界清洁能源项目和配套露天煤矿项目。上海电气在阿拉伯联合酋长国的迪拜承建了光伏太阳能电站项目，该项目是全球装机容量最大、技术标准最高、投资金额最大的光热新能源项目。上海电气参与"一带一路"经济走廊项目的同时，带动一大批国内先进装备"走出去"，推动"一带一路"价值链升级。

（二）上海技术创新与中国—中南半岛经济走廊

中国—中南半岛经济走廊经过广西、云南、四川、重庆、贵州等地，连通越南、老挝、柬埔寨、泰国、缅甸、马来西亚等众多东南亚国家，向北与北方丝绸之路相连，向南直面海上丝绸之路，是中国与东盟扩大合作领域、提升合作层次的重要载体。上海企业主要参与了中国—中南半岛经济走廊相关国家的铁路、桥梁、集装箱码头、机场等基础设施建设。

中老铁路是中国—中南半岛经济走廊的标志性工程，是连接中国与老挝乃至整个中南半岛国家之间陆上交通的重要枢纽，对促进跨境贸易和投资、密切区域内部的经济联系有重要意义。为确保中老铁路的运营安全，上海应用技术大学联合上海华测导航技术股份有限公司、老挝国立大学、苏发努冯大学等单位共建中老铁路工程国际联合实验室。该实验室主要从国际科技合作、本土化铁路标准体系建设以及创新型科技人才培养等方面服务经济走廊建设，打造具有引领效应的"一带一路"铁路国际合作平台。上海应用技术大学与老挝境内高校合作开展铁路工程高等教育，还成立了"一带一路"澜湄铁路互联互通中心，为中老铁路培养技术人才。目前，合作项目第一批铁道工程专业的老挝留学生已服务于中老铁路的日常运营。① 上海应用技术大学和中老铁路工程国际联合实验室的研究成果对中泰铁路、雅万高铁的建设和运营具有重要的指导意义。

上海建筑工程类企业广泛参与中国—中南半岛经济走廊沿线国家的产业合作。自2019年以来，上海建工集团股份有限公司在柬埔寨先后承建30多个项目。其中，中国经援项目7个、国际承包项目6个。累计建设约2000公里道路、2个集装箱码头和1个职业技术教育与培训中心，其中金边港码头获得鲁班奖。② 柬埔寨暹粒吴哥国际机场是中柬共建"一带一路"的标志性工程，上海建科集团承担该项目的非民航专业施工监理服务，是中国企业建立的第一座使用设计—融资—建设—运营—转让（DFBOT）模式的国际机场。2023年10月16日，柬埔寨暹粒吴哥国际机场正式通航运营，柬埔寨民航交通基础设施水平得到显著提高，航空运力需求显著提升，为全球各地的旅客领略吴哥古迹的魅力提供了便利，成为中柬两国友好文化交流的新纽带。近年来，上海建科集团还负责承建柬埔寨首都第三环线，已于2023年8月投入使用。该环路连接了金边市内多条主干道，对应对首都不断增长的货物运输需求起到关键作用，也极大地促进了贸易、投资、物流以及旅游业的发展。该项目是中柬两国"一带一路"合作的重要成果。

（三）上海技术创新与中国—中亚—西亚经济走廊

中国—中亚—西亚经济走廊始于中国的新疆，经过哈萨克斯坦、吉尔吉斯斯坦、塔吉克斯坦、乌兹别克斯坦、土库曼斯坦，覆盖整个西亚地区，是"一带一路"建设总体布局中涉及国家数量最多、地域空间最广阔的经济走廊。中国—中亚—西亚经济走廊在"一带一路"能源价值链中优势明显，

---

① 《"中老铁路工程国际联合实验室"在上海应用技术大学揭牌》，https：//stcsm.sh.gov.cn/xwzx/gzdt/20211207/b04c51b3e6ed4a0a93306e53d142d09a.html，最后访问日期：2024年6月1日。

② 《共建"一带一路"上海国企积极助力海外基础设施建设》，http：//www.sasac.gov.cn/n2588025/n2588129/c29241128/content.html，最后访问日期：2024年6月1日。

中亚天然气管道成为共建国家能源合作的典范。

上海企业主要从能源、建筑工程等方面参与中国—中亚—西亚经济走廊建设以及与相关国家的产业合作。在能源合作方面，上海寰球工程有限公司参与承建了乌兹别克斯坦聚氯乙烯生产综合体项目，是"一带一路"框架下中国—乌兹别克斯坦国际产能合作的重要工程。乌兹别克斯坦在聚氯乙烯行业具有原材料优势，该国的劳动力和能源成本相对较低，在当地生产聚氯乙烯相关产品成本优势明显。乌兹别克斯坦总统多次视察该项目，对其社会和经济价值给予高度认可，表示该项目不仅能解决乌兹别克斯坦国内聚氯乙烯、碱等长期依赖进口的难题，也将促进乌兹别克斯坦化工产业发展。[1] 上海寰球工程有限公司在该工程前期咨询服务、工程设计方面扮演重要角色。

上海企业还将在建筑工程领域与中国—中亚—西亚经济走廊沿线国家展开积极合作。上海建工集团在乌兹别克斯坦首都塔什干市承建的三座银行总部办公楼成为中国和乌兹别克斯坦在"一带一路"框架下合作的重点工程。乌兹别克斯坦向全球公开推出塔什干金融中心项目后，全球各地的知名建筑承包商都来竞争，上海建工集团通过技术创新和设计理念，赢得了该项目的承建权。上海建工集团通过在建筑的结构连接处安装抗震阻尼器，在混凝土结构中额外添加钢结构以提高建筑强度等，增强建筑的抗震性能，并且在建设过程中，与当地混凝土供应商进行合作，将中国建筑技术、中国标准与当地工艺相结合，这在一定程度上促进了乌兹别克斯坦建筑业的发展。[2]

二　上海技术优势与"一带一路"价值链升级

持续推动价值链升级是"一带一路"建设高质量发展的重要内容。

---

[1] 《共建"一带一路"助力我们实现工业现代化》，《人民日报》2024年2月1日，第3版。
[2] 于洋：《中企承建乌兹别克斯坦塔什干超高层建筑将成为当地新地标》，https://www.yidaiyilu.gov.cn/p/0P8R2P19.html，最后访问日期：2024年6月1日。

习近平主席2018年在推进"一带一路"建设工作5周年座谈会上首次提出推动"一带一路"建设高质量发展。[1] 2021年第三次"一带一路"建设座谈会重申"一带一路"建设高质量发展的必要性，并提出要以高标准、可持续、惠民生为目标。[2] 上海的技术创新推动"一带一路"价值链升级，这正是高标准、可持续、惠民生的重要体现。

（一）"一带一路"价值链的技术需求

共建国家充分发挥各自的比较优势，通过价值链分工合作提高生产效率和产品附加值。"一带一路"价值链对各国经济和民生有深远影响。一是可以促进经济增长和就业，"一带一路"价值链能带动共建国家尤其是发展中经济体的经济增长。共建国家可以接触到中国国内大市场乃至全球市场，促进出口规模扩大、制造业升级和经济发展多元化，从而创造更多的就业机会，提升居民收入和生活水平。二是"一带一路"价值链促使企业提高生产效率和竞争力，通过向跨国企业学习先进技术和管理经验，推动产业升级，进而促进经济发展和改善民生。三是"一带一路"价值链有利于增进消费者福利、降低生产成本、提高产品质量、丰富商品种类，使消费者以更低的价格购买到更高质量的产品，从而提高其生活质量。

上海可以利用相关领域的技术创新，推动"一带一路"价值链向高标准、可持续、惠民生的方向发展。具体而言，在"一带一路"价值链升级的过程中，上海的头部企业一直在其中发挥重要作用，上海企业应勇于成为"一带一路"价值链的组织者和推动者，通过资源配置、技术转移、供应链管理、标准化、市场开拓和战略合作等多种手段，推动"一带一路"价值链升级。上海推动"一带一路"价值链升级的主要目标是构建以中国为核心的价值链，进而更好地服务于"一带一路"高质量发展。

---

[1] 习近平：《共同绘制好"一带一路"的"工笔画"》，《习近平谈"一带一路"》（2023年版），中央文献出版社，2023，第211页。

[2] 《习近平出席第三次"一带一路"建设座谈会并发表重要讲话》，https://www.gov.cn/xinwen/2021-11/19/content_ 5652067.htm，最后访问日期：2024年6月1日。

（二）上海技术创新助力"一带一路"价值链升级

可持续的"一带一路"价值链的运行高度依赖生产、信息、支付和物流等多种技术的应用与整合。经过多年的技术积累，上海在高端制造和工业自动化、物流和供应链管理、信息技术、数字经济、金融科技等方面发展较快，涵盖产业链、供应链的各个环节，具有较强的示范和引领作用，这些技术与共建国家产业融合程度较高，可以为相关国家的工业化、城市化进程提供技术支持和管理经验。

1. 生产技术优势

先进的生产技术是"一带一路"价值链升级的重要保障，生产技术在全球价值链中的优势不仅体现在效益和效率的提升上，还能够促进创新、灵活应对市场需求、提高供应链的协调性，从而使企业在全球竞争中占据优势地位。上海在汽车制造、信息技术和电子设备、航空航天和船舶制造、生物医药和医疗设备等多个细分领域具有较强的国际竞争力，并与共建国家开展广泛而密切的合作。

汽车制造是上海参与"一带一路"价值链的重要领域。上海汽车产业从过去的引进技术，到合资经营，再到现在的自主创新，已形成具有国际竞争力的生产技术优势。2015年，上汽集团在印度尼西亚设立生产工厂，印度尼西亚工厂首款产品本地化率高达56%，通过建立本地化生产基地，上汽集团帮助印度尼西亚汽车产业提升了整体的技术水平和制造能力。印度尼西亚政府高度肯定了上汽集团，认为该企业有助于带动数百个产业发展，对印度尼西亚本地零部件产业的发展、本土汽车工程师队伍的建设均具有重要意义。[1] 2023年，上汽集团旗下企业上汽通用五菱开始扩大在印度尼西亚的投资，在印度尼西亚打造包括研发中心、生产基地、营销中心以及金融服务公司在内的汽车全产业链，成为上海在汽车制造

---

[1] 《中国上汽通用五菱印度尼西亚工厂正式投产》，https://www.imsilkroad.com/news/p/39274.html，最后访问日期：2024年6月1日。

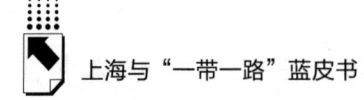

领域推动"一带一路"价值链升级的经典案例。

随着上海服务"一带一路"建设的推进，上海企业在医疗器械领域的产业链也在向共建国家延伸。在产品层面，上海企业自主研发的诊疗设备融合了人工智能、数字化等先进技术，改变了共建国家对中国产品的认知。在医疗技术合作方面，上海联影医疗科技股份有限公司（以下简称"联影医疗"）与四川大学华西医院联合成立"一带一路"高端医学影像技术示范和培训中心，为来自印度尼西亚、菲律宾等共建国家的医疗人员提供培训；① 上海理工大学发起成立"一带一路"医疗器械创新与应用联盟，为中国与共建国家的高校和产业提供合作平台，该联盟共吸引20多个国家的125家成员单位，并定期举办专业培训和国际会议。② 上海企业和科研机构牵头的医疗科技合作对推动"健康丝绸之路"建设具有重要意义。

2. 信息技术与数字经济优势

信息技术在提高效率和生产力、促进共建国家之间的协作和创新、加强城市建设与管理、提升信息透明度和可追溯性、优化成本结构、支持可持续发展等方面，对"一带一路"价值链的升级起到至关重要的作用。上海在人工智能、大数据、5G、工业互联网等领域的技术创新，可以在共建国家中找到应用场景。例如，以人工智能为代表的信息技术被广泛运用于智慧港口建设，而上海作为人工智能、大数据等技术的研发中心，已在智慧港口建设中积累了丰富的经验。

上海西井科技股份有限公司（以下简称"西井科技"）是一家上海本土企业，专注于将人工智能技术运用到传统行业，以实现智能化升级改造。截至2022年8月，西井科技自主研发的全电动无人集卡车队，已在泰

---

① 《中国医疗高科技出海"一带一路"共建国家造福民众健康》，http://tradeinservices. mofcom. gov. cn/article/ydyl/sedly/jksh/202402/161086. html，最后访问日期：2024年6月1日。
② 任朝霞：《第四届"一带一路"医疗器械创新与应用大会在上海举行》，http://www. jyb. cn/rmtzcg/xwy/wzxw/202310/t20231017_ 2111104135. html，最后访问日期：2024年6月1日。

国林查班港码头累计完成14.6万标准箱实船作业。[①] 作为中国唯一一家在阿拉伯联合酋长国落地无人驾驶业务的人工智能企业，西井科技研发的无人驾驶集卡车队成功出口至中远海运阿布扎比哈利法港二期码头，助力其实现数智化转型。[②] 从芯片研发、云端系统研发，到汽车生产，西井科技通过人工智能和无人驾驶技术，不断帮助港口提升作业效率、降低运营成本，也推动了全球物流的数字化绿色转型升级与智能化迭代创新。

3. 跨境支付技术优势

当前国际贸易的支付已逐步进入数字时代，从实时支付、数字货币、支付平台、多币种账户、智能合约、合规措施到数字身份验证和移动支付，跨境支付变革的进程明显加快。数字时代的跨境支付不仅提高了交易效率、降低了交易成本，还提高了支付的安全性和透明度，为全球价值链的可持续发展提供了强有力的支撑。

跨境支付技术是实现可持续的"一带一路"价值链的重要支撑。上海是中国人民银行数字人民币的试点城市。近年来，上海依靠"人口、技术、数据"三大优势，在人民币跨境交易结算、资本自由流动和自由兑换方面，做出许多大胆的尝试。当前，共建国家贸易对美元结算的依赖程度仍然较高，中国在与共建国家的双边贸易中仍广泛使用美元结算，对外贸易容易受到美元汇率波动、美联储货币政策变化的影响。上海利用数字支付技术，融合人民币跨境支付系统等，这有助于解决贸易主要使用美元、欧元等域外货币结算带来的交易成本居高不下的问题，并进一步促进中国与东南亚新兴经济体的贸易往来。数字时代的跨境支付不仅提高了交易效率，还提高了支付的安全性和透明度，为"一带一路"价值链的可持续发展提供了强有力的支持。

[①] 祝越：《西井科技："上海智造"抢滩世界码头》，https://www.westwell-lab.com/article/221.html，最后访问日期：2024年9月2日。

[②] 沈湫莎：《连续三年参加人工智能大会，这家公司两个无人驾驶项目逆行出海》，https://wenhui.whb.cn/third/baidu/202007/10/359838.html，最后访问日期：2024年6月18日。

4.物流技术优势

现代物流是一国融入全球产业分工、整合国内外经济资源的重要基础。在习近平主席提出的中国支持高质量共建"一带一路"八项行动中，第一项就是要构建"一带一路"立体互联互通网络。① 上海作为全球物流的重要枢纽和连接点，拥有大规模国际货物运输和集装箱运输能力，是全球最繁忙的集装箱港口之一。上海机场是全球第5个航空旅客年吞吐量突破1亿人次的机场。因此，上海在物流领域具备较强的国际竞争力。共建国家之间在物流基础设施建设方面存在差异，部分共建国家的基础设施建设滞后。因此，在物流领域，上海在服务"一带一路"建设方面有广阔的前景。

例如，在港口设备制造领域，上海振华重工股份有限公司（以下简称"振华重工"）是国内的龙头企业，其港口机电设备产品市场占有率连续20多年居于世界首位。例如，新加坡政府于2019年决定建立大士港，以缓解现有港口的拥堵问题。振华重工在项目建设过程中大规模使用图像识别、网络安全、人工智能等技术，成功打造双小车自动化岸桥，帮助港口提高整体运营效率。预计到2040年全面建成时，该港口将成为全球最大的全自动码头。② 除此之外，振华重工还参与了鹿特丹、希腊比雷埃夫斯等港口自动化码头的建设，为"一带一路"价值链升级做出重要贡献。

三 结论

推动"一带一路"价值链升级需要加强基础设施互联互通、生产能力合作、金融合作、人文交流等。在经济走廊建设阶段，上海企业重点参与了中巴经济走廊、中国—中南半岛经济走廊和中国—中亚—西亚经济走廊建设。上海企业在建筑材料和设计领域、能源领域、港口建设和管理、汽车领

---

① 《习近平在第三届"一带一路"国际合作高峰论坛开幕式上的主旨演讲（全文）》，https://www.gov.cn/yaowen/liebiao/202310/content_6909882.htm，最后访问日期：2024年6月1日。
② 《2040，新加坡建成全球最大自动化集装箱码头》，https://info.chineseshipping.com.cn/cninfo/News/201910/t20191008_1327312.shtml，最后访问日期：2024年9月2日。

域的技术创新，促进了共建国家相关产业的发展，为共建国家创造了更多就业机会，帮助共建国家培育了相关产业的工程师、技术员等人才队伍，符合高标准、可持续、惠民生的原则。

上海将重点发展集成电路、生物医药和人工智能三大先导产业，并大力培育电子信息、生命健康、汽车、高端装备、先进材料和时尚消费品六大重点产业，这些举措符合新发展理念下培育新质生产力的要求，有助于进一步巩固上海在生产技术、信息技术、跨境支付技术及物流技术等领域的领先优势，从而提高上海在全球价值链中的地位和国际竞争力。通过构建具有前瞻性的现代化产业体系，上海将因地制宜地推动新质生产力发展。集成电路的发展将支持信息技术的全面升级，生物医药将推动健康产业的创新突破，人工智能将广泛赋能各类产业，打造更智能化的生产和管理模式。产业间的协同效应将有效提高上海整体创新能力和产业竞争力。此外，上海将充分发挥技术创新优势，推动共建国家实现更紧密的经济合作和技术共享。通过高质量的产业合作和产能对接，上海将在"一带一路"建设中扮演更为重要的角色，为"一带一路"价值链升级注入新动力。

专题报告

B.6 数据赋能上海服务"一带一路"建设

惠炜[*]

摘 要： 数字经济时代，数据通过赋能劳动者、劳动资料和劳动对象，成为推动培育新质生产力的核心要素。本报告在系统梳理上海在数字经济领域的制度优势、资金优势、技术优势、人才优势和影响力的基础上，总结数据赋能上海服务"一带一路"建设的作用机制。对2015~2022年148个"一带一路"共建国家面板数据的实证分析发现，签署电子商务合作谅解备忘录后的"一带一路"共建国家居民收入、资本积累和对中国出口总额显著提升。当前，数据赋能上海服务"一带一路"建设面临缺乏统一的服务平台、人才交流与合作存在障碍、缺少统一的数据要素流动和管理政策等问题。为充分发挥数据赋能上海服务"一带一路"建设的作用效果，应完善数字基础设施建设、构建统一平台服务体系、完善人才互动交流体系、签署数据要素合作协议。

关键词： "一带一路"建设 数据赋能 上海 丝路电商

---

[*] 惠炜，经济学博士，中国社会科学院工业经济研究所助理研究员，主要研究方向为产业经济。

一 新质生产力视角下数据赋能的内涵

新质生产力是先进生产力的代表，是当前新技术条件下最先进的生产力。对新质生产力的认识是在经济全球化逐步深化、调整、发展的背景下总结归纳而来的。

生产过程中的核心要素包括劳动者、劳动资料和劳动对象，它们彼此之间并不是相互独立的，而是互相联系、互相作用的。劳动力是这一系统的主体，通过自身的劳动和智慧与劳动工具紧密相连，并作用于劳动对象，形成与人们日常需求密切相关的目标物。新质生产力的发展意味着劳动者、劳动资料、劳动对象均得到相应的进阶发展，并赋予其传统生产力系统中所不具备的崭新特性。由传统生产力向新质生产力的跃升，不仅是技术和工具上的更新换代，更是整体生产力系统要素性质的变化。新质生产力，要求劳动者、劳动资料和劳动对象、科学技术等都有新的拓展和新的进展，实现新的飞跃。

数字经济时代数据要素是推动培育新质生产力的核心要素。数据要素的非竞争性和非排他性、边际成本递减和边际收益递增、无限复用等特征，使得新质生产力有别于原有的生产力质变特征。数据作为关键生产要素参与生产，直接引发生产要素质的变革，并导致生产要素组合方式变化，最终实现全要素生产率提升。在劳动对象方面，数据要素成为新的劳动对象，同时数据要素能够有效推动劳动对象范围扩大。此外，数据要素还能有效赋能劳动者、劳动资料。

（一）数据赋能劳动者

劳动者是生产力中最主动、最活跃、最具有能动性的因素，也是生产过程中具有决定性的因素和产生价值增值的唯一必要因素。在新质生产力的背景下，数据会成为生产过程中的核心要素，数字化工具的运用会成为常态，数字驱动生产的趋势要求劳动者提升数字化素养。劳动者的技能正经历革新，工作能力的要求和传统生产力背景下有所不同。新质生产力背景下的劳动者技能革新更强调掌握符合数字化时代的工作要求、与数字生产力相匹配的专业技能。与此同时，数据能够赋能新质生产力中的劳动者培育，主要包括以下两个机制。

第一，数据要素催生新就业形态。数据要素形成的数字平台本身的建立直接创造了一定的就业需求，为高素质劳动者提供了新的就业方向，如数据平台的工程师等，将直接拉动与数据平台有直接雇佣关系的劳动者的需求。此外，数字平台催生零工就业形态。一方面，快递、外卖等的出现不仅解决了一部分人的就业问题，甚至成了当下的就业蓄水池，快递员、外卖员等也被称为新型自由劳动者。另一方面，互联网用户浏览、使用互联网的记录创造了大量有价值的数据，是数据要素的主要创造者，同时催生短视频等就业新形态。劳动者可以通过互联网平台制作、发布内容获得收入。

第二，数据赋能劳动力资源配置。数字经济时代存在结构性就业问题。一方面，当前我国数字经济的劳动力缺口还很大，特别是掌握一定数据分析、处理能力的高技能人才；另一方面，低技能岗位存在被数字技术替代的风险。数据要素的快速积累能够促进市场有效信息的快速积累和传播，重新优化组合劳动力资源，在一定程度上有助于解决传统劳动力市场中供需不匹配的资源盲区和结构失衡问题。

（二）数据赋能劳动资料

当前传统生产要素正在经历前所未有的数字化变革，劳动资料也正在向数字化、信息化、智能化转变，具体包括以下机制。

第一，数字技术推动劳动资料变革。新一轮科技革命以大数据、物联网、人工智能等数字技术为通用技术，使得劳动资料发生了根本性改变，不仅取代了人的体力劳动，甚至取代了一部分简单的脑力劳动，呈现越来越明显的数字化特征。在数字经济之前，劳动资料只是劳动力体力的延伸和强化。比如，在农耕时代，劳动工具大多依靠人力；在蒸汽时代，蒸汽机的发明和普遍使用使得劳动资料主要以蒸汽为动力；在电力时代，大型机械设备等劳动资料主要依靠电力驱动。无论是蒸汽时代还是电力时代，虽然通用技术有所进步，但劳动资料依然离不开劳动力的控制，要在劳动者的操控下进行。但是，当数字技术深度扩散并成为通用技术之后，劳动资料不再是简单的劳动力的延伸，而是发生了根本性改变，逐渐取代人的部分复杂劳动，完成了对劳动资料赋能。

第二，数字基础设施提供保障。数字化的基础设施在生产力要素中占有举足轻重的地位。劳动工具的升级依靠数字化基础设施的支持，其重要作用和关键性影响将随着新质生产力的发展而逐渐显现。近年来，各级地方政府积极推动"5G"城市建设，在多个城市建立大数据中心、5G基站等数字化基础设施。以"宽带中国"政策为例，国家自2014年以来，连续3年陆续将100多个城市纳入"宽带中国"试点城市，为中国的数字化转型提供了强大的支持，助力了数字化与各产业的深度融合。

二　数据赋能上海服务"一带一路"建设的作用机制

自2013年提出"一带一路"倡议以来，"一带一路"建设历经十余年，已取得显著成效。面对当前动荡的外部环境和新一轮技术革命等关键时点的历史性交汇，新质生产力这一概念的提出为当前阶段高质量发展提供了关键引领。新质生产力所代表的颠覆性技术、数据已成为关键生产要素参与生产。数据赋能作用不仅能够有效推动中国经济高质量发展，还能够突破地理空间的限制，促进"一带一路"共建国家（以下简称"共建国家"）互联互通，推动各国加强政策沟通、设施联通、贸易畅通、资金融通、民心相通，从而促进共建国家合作共赢。

上海作为服务"一带一路"建设的数据中心、人才中心，数据要素能够与人才形成互补关系，提高数字技术研发效率，即数据赋能劳动者，促进数字技术研发推广。数据赋能劳动资料包含两层内涵：一是促进新的数字技术相关劳动资料的推广应用；二是促进已有劳动资料优化组合。两种机制不但有利于促进产业内劳动资料的优化组合，也有利于促进共建国家产业在国家间进行优化组合。产业布局优化升级还体现为跨境交易成本的下降。此外，区块链等数字技术的发展有利于追溯产品生产和流通过程，保障"一带一路"的安全建设。

（一）上海在数字经济领域的优势地位

根据《全球数字经济竞争力发展报告（2023）》[1]，上海在全球30个大城市中数字经济竞争力排名前十，显示了其在全球数字经济领域的竞争力和影响力。[2] 上海发展数字经济的优势主要体现在制度优势、资金优势、技术优势、人才优势以及影响力五个方面。

在制度优势方面，上海历来高度重视数字基础设施建设与数字经济发展。2022年，《上海市数字经济发展"十四五"规划》明确了数字经济发展的总体要求和具体布局，包括数字新产业、数据新要素、数字新基建、智能新终端等重点领域的加速发展。[3] 2023年7月22日，上海市人民政府办公厅发布《立足数字经济新赛道推动数据要素产业创新发展行动方案（2023—2025年）》，提出"全力推进数据资源全球化配置、数据产业全链条布局、数据生态全方位营造，着力建设具有国际影响力的数据要素配置枢纽节点和数据要素产业创新高地"。[4] 上海已出台《上海市促进城市数字化转型的若干政策措施》《关于开展促进数据要素流通专项补贴的通知》等文件，下一步将充分发挥浦东打造社会主义现代化建设引领区政策红

---

[1] 王振、惠志斌主编《全球数字经济竞争力发展报告（2023）》，社会科学文献出版社，2023。

[2] 《最新！社科院蓝皮书：全球数字经济城市竞争力，上海排名上升进入前十》，https://export.shobserver.com/baijiahao/html/731346.html，最后访问日期：2024年7月31日。

[3] 《关于〈上海市数字经济发展"十四五"规划〉的政策解读》，https://www.shanghai.gov.cn/202213zcjd/20220715/69a0e666cf4147798081ca6bb640eb57.html，最后访问日期：2024年7月31日。

[4] 《上海市人民政府办公厅关于印发〈立足数字经济新赛道推动数据要素产业创新发展行动方案（2023—2025年）〉的通知》，https://www.shanghai.gov.cn/202316bgtwj/20230829/5472ef31541a49c9b84bac918e27b540.html，最后访问日期：2024年7月31日。

利，结合开设新型数据交易所、建设国际数据港等工作，探索新的制度突破。①

在资金优势方面，上海作为我国经济、金融、贸易和航运中心，积极配置全球资金、信息、技术、人才等要素资源，有利于加快发展数字经济。2022年11月4日，上海市经济和信息化委员会、上海市财政局发布《上海市城市数字化转型专项资金管理办法》，设立专项资金支持"数商"发展。

在技术优势方面，上海发展数字经济有显著的技术优势。第一，上海信息基础设施完善，构建了以5G宏站、微基站、室内分布系统等为载体的5G全域深度覆盖。上海率先建成"双千兆宽带城市"，正在加快建设全国一体化大数据中心体系的上海枢纽节点，试点打造全国首个人工智能公共算力服务平台，获批建设国家（上海）新型互联网交换中心，持续推动国际海光缆建设扩容等。第二，上海数据开放利用和数据产业发展走在全国前列，已形成数字经济核心产业发展的规模优势。2016年，上海获批国家大数据示范综合试验区建设。2020年，上海大数据核心产业规模达2300亿元，同比增长16.1%，核心企业突破1000家，技术型企业超300家，上海数据交易中心数据流通总量超过百亿条。② 上海公共数据开放综合排名全国领先，累计向社会开放数据资源5400余项，形成普惠金融等10多个标杆应用，如金融机构依托自身海量数据与工商、税务等数据的融合应用，普惠金融贷款累计投放逾1000亿元，不良贷款率从7%下降到1%以内。2023年，上海人工智能产业规模超3800亿元，规模以上企业共348家，产业人才共25万人，集聚全国首个人工智能创新应用先导区（浦东新区）、全国首个大模型专业孵化和加速载体（模速空间），已形成从核心芯片、算法平

---

① 李晔：《首获"世界智慧城市大奖"的中国城市，上海数字化转型这五大优势不来虚的》，https://m.jfdaily.com/wx/detail.do?id=418413，最后访问日期：2024年7月31日。
② 宋薇萍：《吴清：上海全面推进城市数字化转型有五大优势　2020年大数据核心产业规模达到2300亿元》，https://news.cnstock.com/news, bwkx-202110-4773353.htm，最后访问日期：2024年7月31日。

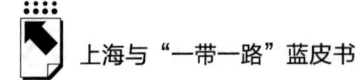

台、智能终端产品到行业应用的全产业链格局。① 第三，上海超大人口规模和经济体量，为经济、生活、治理等各领域的数字化转型提供了丰富的应用场景。例如，在人工智能高地建设方面，上海已经累计开放3批共计58个应用场景；在数字人民币试点应用方面，上海落地多个数字人民币应用场景，在白名单钱包数、客户数、交易量等方面均处于全国领先地位。第四，上海在数字经济领域具备创新引领优势。上海已建和在建的国家重大科技基础设施达14个。在集成电路领域，上海是国内产业链最全、集聚度最高、综合竞争力最强的地区，2020年产值超2000亿元，占全国的21%。② 在科技金融领域，上海科创中心与金融中心建设相得益彰，吸引培育了一大批创新创业人才与企业。截至2020年底，上海已有37家企业在科创板上市，企业市值居全国第一。

在人才优势方面，上海作为全球数字人才流动网络的重要节点，对高水平数字人才的吸引力尤为突出。2021年，上海人才资源总量超过675万人。③ 上海在"外籍人才眼中最具吸引力的中国城市"评选中已经连续8年排名全国第一。2024年上海《政府工作报告》中明确指出，上海将营造良好创新生态，实施全球杰出人才优享服务，推进人才全周期服务"一件事"改革。与此同时，上海人才资源优势不断转化为创新优势。上海获得国家科学技术奖数量在全国占比已经连续20年保持在10%以上，2023年国家科学技术奖特等奖获奖数量占全国比重为67%，一等奖获奖数量占比为32%。④ 近年来，上海科学家在《自然》《科学》《细胞》三大

---

① 《【AI招商特辑】虹口区：四大优势积极推动数字经济产业》，https：//www.thepaper.cn/newsDetail_forward_28091453，最后访问日期：2024年7月31日。

② 《陆斐 刘小玲：上海提升集成电路产业链现代化的路径研究》，https：//www.siss.sh.cn/c/2022-05-26/638507.shtml，最后访问日期：2024年7月31日。

③ 《上海加快建设高水平人才高地，让各类人才汇聚扎根、干事创业、实现价值》，https：//rsj.sh.gov.cn/tszf_17089/20211008/t0035_1402926.html，最后访问日期：2024年7月31日。

④ 《重磅！上海49项科技成果荣获2023年度国家科学技术奖！》，https：//stcsm.sh.gov.cn/xwzx/mtjj/20240625/6b65c6ff293349d4ad2d0ee6c115238a.html，最后访问日期：2024年7月31日。

国际顶级学术期刊发表论文数占全国总数超过25%,[①] 为数字经济发展提供强大的智力支持和强劲的动力。

在影响力方面,上海在数字经济领域的竞争力具有影响力优势。根据《全球数字经济竞争力发展报告（2023）》的评估,上海在全球30个大城市中数字经济竞争力排名上升,与纽约、伦敦等欧美发达国家的中心城市一同位列前十,体现了上海在数字产业、数字创新方面的实力。[②] 同时作为中国重要的经济中心城市,以及国内大循环的"动力源"和国内国际双循环的"链接点",通过数字化转型提升了区域资源配置效率和全球资源吸纳能力,进一步增强了其在国内外经济中的影响力。[③] 上海是具有全球影响力的金融中心、国际大都市,为数字经济领域的发展提供了强大的支撑和影响力,其具有全国最大最先进的工业体系和世界吞吐量第一的航运业,以及发达的金融业等优势产业,为发展数字经济提供了坚实的产业基础,对全国乃至全球数字经济的发展具有带动作用。

（二）数字经济背景下上海服务"一带一路"建设的作用机制

数字技术、数字治理、数字合作是实现数据赋能"一带一路"建设的重要机制。数字合作的理念是上海与共建国家展开数字交流、形成数字经济发展共同体的关键。其中,上海数字技术的发展成果为其提供了先决条件,能够有效促进上海与共建国家在物联网、云计算、大数据等方面的合作应用,促进跨境的互联互通,使信息、数据迅速流通。数字合作有助于共建国家形成稳定长久的合作关系。

[①] 《上海人才资源总量已超675万人,如何将人才潜力转化为人才红利?》,https://www.sohu.com/a/758767928_121332532,最后访问日期：2024年7月31日。

[②] 王振、惠志斌主编《全球数字经济竞争力发展报告（2023）》,社会科学文献出版社,2023;《上海社科院发布〈全球数字经济竞争力发展报告〉,上海排名第十》,https://g-city.sass.org.cn/2024/0329/c4951a567249/page.htm,最后访问日期：2024年7月31日。

[③] 伍爱群:《紧紧抓住全球经济这一大趋势,助推上海及长三角地区高质量发展》,https://www.jfdaily.com/staticsg/res/html/web/newsDetail.html?id=686020&sid=300,最后访问日期：2024年7月31日。

第一，以前沿数字技术赋能"一带一路"数字化、科技化。借助完备的数字技术设施条件，上海可以为建设"数字丝绸之路"提供跨地域的数据共享平台、跨国数据传输和实时交流平台。此外，数字经贸和数字金融等服务的出现突破了地域对传统贸易的限制，并进一步刺激了数字技术在金融领域的创新和应用。此外，借助在发展数字经济、培育新质生产力方面的优势地位，上海在新质生产力培育过程中所取得的技术突破和价值链分工攀升成效，可以通过"一带一路"合作在共建国家中产生正向外溢效应，增加"一带一路"项目合作的技术含量。

第二，助推共建国家的数字基础设施建设。数字基础设施建设是共建国家之间实现"五通"的关键基础，对于建立长期、稳定的数字合作关系有重要的作用。部分国家的互联网普及率和数字基础设施建设处在较低水平，很多传统企业缺乏数字技术的支持，数字金融工具的应用较少。在加快发展新质生产力的背景下，"一带一路"合作是在数据赋能的背景下展开的。数字技术也推动了共建国家电子商务、数据交易等平台的建设，为数据要素参与生产提供了强大的支撑，也为共建国家之间进行跨境贸易和投资、开展数字贸易提供了平台。"数字丝绸之路"建设也促进了共建国家扩大通信网络的覆盖范围，从而有助于提升共建国家的网络接入能力和互联网普及率。

第三，以要素互补带动共建国家产业转型。根据中国信息通信研究院发布的《全球数字经济白皮书（2022年）》，中国数字经济规模位居全球第二，[1] 已初步形成数字经济发展优势，但面临人口老龄化和工资上涨导致由人口红利带来的成本优势下降、创新需求不断提升等情况。同时，共建国家中既有发展中国家，也有发达国家。因此，借助中国数字经济领域的优势，以上海数字经济发展为引领，通过与共建国家进行优势互补，综合利用不同国家的劳动力优势、资本优势、技术优势、数字经济优势，可以有效促进共建国家产业布局优化和产业转型升级。

---

[1] 中国信息通信研究院：《全球数字经济白皮书（2022年）》，http：//www.caict.ac.cn/english/research/whitepapers/202303/P020230316619916462600.pdf，最后访问日期：2024年7月31日。

第四，以数字平台建设降低贸易成本。数字技术的赋能改变了传统的跨境贸易形式。具体来讲，数字经济通过降低信息搜寻成本、沟通交流成本、物流运输成本等降低了跨境贸易的成本。首先，出口国可以利用数字交易平台便捷高效地获取消费者的需求信息，并通过消费平台对其进行精准推送和宣传，提高了信息搜寻效率，出口国能够以较低的成本获得更大范围内消费者的产品需求信息。① 其次，信息通信技术的发展使贸易双方可以直接签订数字化合约，实现高质量、高效率的数字化沟通，降低跨境电商出口的沟通成本并有效降低传统贸易中的时间成本，提高沟通效率。② 最后，数字经济发展降低了物流运输成本。大数据和物联网技术的应用推动了物流商业模式的创新，通过运输线路、人力资源等精准配备，提高了物流管理水平和物流运输效率。③

（三）数据赋能"一带一路"建设成效分析

2017 年，习近平主席在首届"一带一路"国际合作高峰论坛上提出了建设"数字丝绸之路"。④《中华人民共和国国民经济和社会发展第十四个五年规划和 2035 年远景目标纲要》提出"丝路电商"的概念。2023 年 10 月 17 日《国务院关于在上海市创建"丝路电商"合作先行区方案的批复》印发，同意《关于在上海市创建"丝路电商"合作先行区的方案》。前文系统总结了上海借助数据赋能服务"一带一路"建设的优势地位，本部分重点分析"丝路电商"建设的经济发展成效。截至 2023 年 9 月，中国已与 30 个国家签署了电子商务合作谅解备忘录，⑤ 可利用双重差分法来考察"丝路电

---

① 马述忠、房超：《跨境电商与中国出口新增长——基于信息成本和规模经济的双重视角》，《经济研究》2021 年第 6 期。
② G. Jolivet, H. Turon, "Consumer Search Costs and Preferences on the Internet", *Review of Economic Studies*, 2019, 86 (3): 1258-1300.
③ 何树全、赵静媛、张润琪：《数字经济发展水平、贸易成本与增加值贸易》，《国际经贸探索》2021 年第 11 期。
④ 《习近平出席"一带一路"国际合作高峰论坛开幕式并发表主旨演讲》，https://www.gov.cn/xinwen/2017-05/14/content_ 5193673.htm#1，最后访问日期：2024 年 7 月 31 日。
⑤ 劳帼龄：《推进"丝路电商"合作先行 发展"一带一路"数字经济》，https://epaper.gmw.cn/gmrb/html/2023-10/30/nw.D110000gmrb_ 20231030_ 1-06.htm，最后访问日期：2024 年 7 月 31 日。

商"建设的经济影响。本报告根据中国一带一路网公布的共建国家名单和签署电子商务合作谅解备忘录的国家名单，设置处理组和控制组。受数据限制，本报告将23个国家设定为处理组，将其余参与"一带一路"建设但尚未签署电子商务合作谅解备忘录的国家设定为控制组。考虑到电子商务合作谅解备忘录分不同年份签署，本报告采用多期双重差分法对签署电子商务合作谅解备忘录的经济效应进行评估。具体的模型设定见公式：

$$Y_{it} = \alpha_0 + \beta \, did_{it} + \delta X_{it} + v_t + \mu_i + \varepsilon_{it}$$

式中，Y_{it}为被解释变量，表示i国家第t年的经济指标。v_t代表时间固定效应，μ_i代表各国家的个体固定效应，ε_{it}为随机误差项。X_{it}是可能对一国经济变化产生影响的一系列变量。did_{it}为本报告的核心解释变量，以是否签署电子商务合作谅解备忘录表示"丝路电商"建设的虚拟变量，其系数衡量"丝路电商"建设对共建国家经济发展的影响效应。

本部分的研究样本为2015~2022年148个共建国家的面板数据。样本变量数据来自中国一带一路网和世界银行世界发展指数（World Development Index，WDI）数据库。被解释变量为一系列经济发展指标，包括居民收入（人均国民收入）（美元）、资本积累（资本形成净总额占GDP比重）（%）、对外贸易（对中国出口额、从中国进口额）（百万美元）。解释变量为签署电子商务合作谅解备忘录的国家。根据中国一带一路网发布的公告，本报告对国家进行赋值。具体地，将某一国家签署电子商务合作谅解备忘录的当年及之后各年赋值为1，否则为0。由于签署当年的影响受具体签署月份的影响，因此本部分将签署电子商务合作谅解备忘录的下一年作为政策实施年份。为了控制其他潜在影响的干扰，本部分还纳入了一系列控制变量。包括：人口数量，以年中人口数量的自然对数值衡量；移动电话普及程度，以每百人移动蜂窝网络订阅数量衡量；外商直接投资，以外商直接投资与GDP之比衡量；对外贸易程度，以商品贸易占GDP比重衡量；产业结构，以工业增加值占GDP比重衡量；价格水平，以通货膨胀率衡量。

基于以上实证分析模型和变量选取结果,"丝路电商"建设经济发展效应的基准回归结果见表1。

表1 "丝路电商"建设的经济发展效应分析结果

变量	居民收入(1)	居民收入(2)	资本积累(3)	资本积累(4)
did	665.27 ** (2.56)	513.59 ** (2.11)	3.86 *** (4.58)	2.43 *** (3.08)
控制变量	不控制	控制	不控制	控制
个体固定效应	控制	控制	控制	控制
时间固定效应	控制	控制	控制	控制
观测值	1146	1047	978	929
R^2	0.9878	0.9905	0.7131	0.7372
变量	对中国出口额(5)	对中国出口额(6)	从中国进口额(7)	从中国进口额(8)
did	354278.7 *** (4.16)	229314.6 *** (2.65)	169163.6 ** (2.05)	79983.79 (0.91)
控制变量	不控制	控制	不控制	控制
个体固定效应	控制	控制	控制	控制
时间固定效应	控制	控制	控制	控制
观测值	1181	1049	1181	1049
R^2	0.8426	0.9502	0.9269	0.9301

注:括号内为t值;*、**、***分别表示10%、5%、1%的显著水平。

其中,第(1)列和第(2)列是"丝路电商"建设对居民收入的影响。第(2)列是在第(1)列的基础上加入控制变量的估计结果。从第(1)列和第(2)列的回归结果可以发现,无论是否加入控制变量,以居民收入为被解释变量时,"丝路电商"建设的回归结果均显著为正,表明"丝路电商"建设显著提高了居民收入。平均而言,相比其他国家,参与"丝路电商"建设的共建国家在签署电子商务合作谅解备忘录后人均国民收入提高513.59美元。第(3)列和第(4)列以资本积累为被解释变量。第(4)列在第(3)列的基础上加入控制变量。从第(3)列和第(4)列的回归结果可以发现,无论是否加入控制变量,以资本积累为被解释变量时,"丝路电商"建设的回归结果均显著为正,表明"丝路电商"建设显著促进了资本积累。平均而言,相比其他国家,参与"丝路电商"建设的共建国家在签署电子商务合作谅解备忘录后,资本形成净总额占GDP比重平均提高了2.43个百分点。第(5)列和第(6)列以对外贸易为被解释变量。第(6)列在第(5)列的基础上加入控制变量。从第(5)列和第(6)列的回归结果可以发现,无论是否加入控制变量,以对中国出口额为被解释变量时,"丝路电商"建设的回归结果均显著为正,表明"丝路电商"建设显著提高了参与"丝路电商"建设的共建国家对中国的出口额。第(6)列回归结果显示,相比其他国家,参与"丝路电商"建设的共建国家在签署电子商务合作谅解备忘录后对中国出口额平均提升229314.6百万美元。第(7)列和第(8)列以从中国进口额为被解释变量。第(8)列在第(7)列的基础上加入控制变量。从第(7)列和第(8)列的回归结果可以发现,在加入控制变量后,以从中国进口额为被解释变量的回归结果不显著,表明"丝路电商"建设并未显著提高参与"丝路电商"建设的共建国家从中国进口额。

由以上分析可见,参与"丝路电商"建设能够促进资本积累,扩大出口规模尤其是对中国的出口规模,有利于提高居民收入水平。

三 数据赋能上海服务"一带一路"建设面临的阻碍

(一)缺乏统一的服务平台

作为生产要素,数据成为获取资源和提高竞争力的新型战略性资源。2013年7月17日,习近平总书记指出:"浩瀚的数据海洋就如同工业社会的石油资源,蕴含着巨大生产力和商机,谁掌握了大数据技术,谁就掌握了发展的资源和主动权。"[1] 国际数据公司(IDC)2017年大数据白皮书预测,

---

[1] 《"科学大数据"为科学家插上新翅膀与百姓生活密切相关》,https://news.cctv.com/2018/09/29/ARTIcs9b2OLv6PSEy8OKSTTQ180929.shtml,最后访问日期:2024年7月31日。

到2025年,全球大数据规模将增长到2016年的10倍至163ZB。[1] 平台的可获得性推动知识、信息、数据的共享,[2] 共建国家政府和私营部门都积极开发和运营多个数据服务平台,促进数据共享和合作。

目前,共建国家基本建立了国家官方数据平台,这些官方数据平台提供国家的经济、就业、人口、贸易等方面的官方统计数据。中华人民共和国国家统计局网站也提供了大量的经济、社会和人口统计数据。除国家统计局外,中国建立了中国政府数据开放平台(China Government Open Data)、国家地球系统科学数据中心(National Earth System Science Data Center)等数据服务平台。

上海市于2022年6月成立上海市"一带一路"综合服务中心,旨在为上海市企业提供投资贸易双向对接、市场信息、企业培训、商事法律、海外响应、金融及专业服务业对接、重大活动支持和政企桥梁等综合服务,着重为企业提供专业化的"走出去"服务。[3] 尽管共建国家基本建立了相应的数据平台或服务平台,但由于缺乏统一的数据服务平台,在数据一致性、可操作性、数据可靠性,以及数据安全等方面存在一定的缺陷。第一,数据一致性方面。由于语言和文化差异,各国通常提供英语和多语言版本数据报告、统计指标或调查结果等,可能会造成理解偏差。此外,数据的平台建设、描述、解释和使用也可能因文化和语言差异而产生误解。例如,由于政府和文化差异,全球空间数据基础设施建设情况存在一定的差异。[4] 第二,由于数据标准和格式不统一,不同国家采用不同的数据标准和格式,数据在跨国

---

[1] J. Gantz, D. Reinsel, "The Digital Universe in 2020: Big Data, Bigger Digital Shadows, and Biggest Growth in the Far East", https://www.cs.princeton.edu/courses/archive/spring13/cos598C/idc-the-digital-universe-in-2020.pdf.

[2] S. L. Huang, S. C. Lin, & Y. C. Chan, "Investigating Effectiveness and User Acceptance of Semantic Social Tagging for Knowledge Sharing", *Information Processing & Management*, 2012, 48 (4): 599-617.

[3] 《上海市"一带一路"综合服务中心成立,为企业提供国际化、专业化综合服务》,https://fgw.sh.gov.cn/fgw_fzggdt/20220610/2540e2a9707d4b3e967c50ed1ab548ef.html,最后访问日期:2024年9月4日。

[4] 赵永平、承继成:《全球空间数据基础设施研究与展望》,《科技导报》1998年第2期。

合作中的互操作性受到限制。这可能使数据集成和分析变得更加困难。第三，数据质量和可靠性较低。不同国家的数据质量和可靠性存在差异，这可能会降低数据的可信度和可用性。此外，缺乏标准化的数据采集和处理流程可能导致数据质量参差不齐。第四，数据安全和隐私保护影响数据共享。由于数据要素已演变成具有重要意义的产权载体，基于数据主权保护意识，部分国家担心数据泄露或滥用，纷纷采取立法或多边协作来实现自身的数据主权维护，对数据的流动采取了严格的管控措施，[①] 影响统一数据平台的建设。第五，部分发展中国家由于技术、资金、政策等问题，基础设施不足，包括网络和数据存储设施不足，这可能会限制数据服务平台的建设和运营。第六，不同国家之间存在不同的法律和政策环境，可能存在关于数据交换、共享的法律限制和监管要求。缺乏统一的制度框架可能会增加数据合作风险。第七，数字平台和数字系统不兼容。共建国家之间存在不同的操作技术和规范标准，比如，不同国家可能会采用不同的数据格式和通信协议、不同国家对同一领域的技术标准会有不同的要求，这就导致数据之间的交换成本增加，数据共享存在障碍。

（二）人才交流与合作存在障碍

高素质国际化人才的培养不仅是教育对外开放的现实要求，也是推动共建"一带一路"高质量发展的必由之路。上海在促进共建国家人才交流方面走在全国前列，率先设立"一带一路"青年科学家交流项目等人才交流项目。[②] 2017年，上海市科学技术委员会发布"一带一路"青年科学家交流国际合作项目，重点资助共建国家及与上海签订科技合作协议的国家和地区的青年科学家，前往上海与高校和科研机构合作开展科研工作，促进上海

[①] 冉从敬、陈贵容、王欢：《欧美跨境数据流动管辖冲突表现形式及主要解决途径研究》，《图书与情报》2020年第3期。

[②] 何欣荣、李海伟、桑彤：《共建"一带一路"·权威访谈丨为"一带一路"提供高水平开放平台、高能级服务支撑——专访上海市副市长华源》，http://www.news.cn/2023-10/05/c_1129900358.htm，最后访问日期：2024年9月4日。

与相关国家和地区的科技交流与长期合作。① 2022 年，上海市科学技术委员会征集"一带一路"国际联合实验室建设、"一带一路"国际技术转移及孵化服务平台建设项目，为支撑共建"一带一路"高质量发展贡献上海的科技创新力量。②

目前，共建国家正在积极推进人才交流合作政策，但是在交流和合作方面仍处于初期阶段。首先，普通护照互免签证范围较小。截至 2023 年 12 月 5 日，中国与哈萨克斯坦、阿联酋、卡塔尔、马尔代夫、亚美尼亚 5 个亚洲共建国家普通护照互免签证③；截至 2024 年 1 月 31 日，中国与 9 个欧洲、美洲的共建国家普通护照互免签证，其中欧洲有 4 个，美洲有 5 个，④ 分别占比 12.2%和 18.8%。其次，共建国家的文化差异、语言差异可能会成为国际人才交流和合作的障碍，影响人才的适应和沟通。缺乏统一的签证和移民政策，不同国家的法律和政策环境存在差异，可能会增加人才交流和合作的不确定性和风险。此外，一些国家可能存在人才流失问题，即优秀的人才离开该国而去他国工作或学习，这可能会影响该国的人才储备和创新能力。最后，在技术转移和创新合作方面，还可能存在技术转移不平衡的情况，即一些国家在技术合作中处于被动地位，难以获得同等的技术收益。

(三）缺少统一的数据要素流动和管理政策

目前，大多数共建国家加强了数据管理和个人隐私保护方面的立法和监

---

① 《关于发布上海市 2017 年度"科技创新行动计划""一带一路"青年科学家交流国际合作项目指南的通知》，https://stcsm.sh.gov.cn/zwgk/kyjhxm/xmsb/20170824/0016-148779.html，最后访问日期：2024 年 9 月 4 日。
② 《关于发布上海市 2022 年度"科技创新行动计划""一带一路"国际合作项目申报指南的通知》，https://stcsm.sh.gov.cn/zwgk/kyjhxm/xmsb/20220302/bda17dc086744ba89a5a19f7874622f8.html，最后访问日期：2024 年 9 月 4 日。
③ 《去亚洲"一带一路"共建国家 哪些国家对中国公民免签？》，https://news.cctv.com/2024/01/12/ARTIodJucbHfEXY4hzflx22J240112.shtml，最后访问日期：2024 年 7 月 31 日。
④ 《去欧洲、美洲"一带一路"共建国家 哪些国家对中国普通护照免签？》，http://paper.people.com.cn/rmrbhwb/html/2024-02/03/content_26040767.htm，最后访问日期：2024 年 7 月 31 日。

管。对于个人信息和数据跨境流动，中国制定了《中华人民共和国个人信息保护法》，规定了个人信息的收集、使用、处理和保护标准。关于数据要素跨境流动，中国要求个人敏感信息的跨境传输必须经过政府批准或符合特定条件。印度的数据管理政策主要由《个人数据保护法案》和《信息技术（数据安全）规则》等法律法规构成。对数据的跨境流动，印度要求涉及个人敏感信息的数据在跨境传输时需获得授权或满足特定条件。俄罗斯通过《个人数据法》等法律保护个人数据，要求在数据处理和传输过程中遵守严格的规定，要求境外公司在处理俄罗斯公民数据时必须遵守俄罗斯法律，并通过审查和许可程序。2022年正式注册成立的上海数据交易所具有规范确权、统一登记、集中清算、灵活交付的特征，积极打造高效便捷、合规安全的数据要素流通与交易体系，[①] 并于2023年成立数据交易国际板，[②] 为共建国家构建统一的数据要素交流和管理平台提供基础。

共建国家之间的数字治理水平存在较大差异，尚未建立统一的数字空间治理机制。此外，数据权属界定不明晰、数据分类标准不统一、数据交易规则不统一可能会阻碍数据要素流通，不利于数据交易和数字合作。[③]

四 数据赋能上海服务"一带一路"建设的对策建议

（一）加强数字基础设施建设

数字基础设施是关键的支撑系统。数字基础设施并不仅指与数据收集、储存和处理相关的硬件和软件设施，也是将数据作为一种公共资源向全社会

[①] 《认识上海数据交易所》，https://www.chinadep.com/about，最后访问日期：2024年9月4日。
[②] 《迈出关键一步！上海数交所开启国际板，我国数据资产交易国际化启航》，https://new.qq.com/rain/a/20230426A04EWW00，最后访问日期：2024年9月4日。
[③] 裴长洪、倪江飞、李越：《数字经济的政治经济学分析》，《财贸经济》2018年第9期；马费成、卢慧质、吴逸妹：《数据要素市场的发展及运行》，《信息资源管理学报》2022年第5期。

开放，个人或者组织机构均可以依法合规地申请使用的基础系统。① 数字基础设施为"数字丝绸之路"建设提供坚实支撑。因此，建设和完善数字基础设施是克服"一带一路"建设数据合作和发展过程中的阻碍的必要环节。

不同发展水平的国家的数字基础设施应用水平存在明显差异，这一差异不仅反映在数字基础设施使用者数量的多少或可接入性的高低上，也反映在使用的质量上。要完善数字基础设施建设，首先，上海可借助自身在5G建设、算力网络建设等方面的已有优势和建设经验，协助共建国家数字基础设施建设。其次，建立专项基金为欠发达的共建国家提供无偿援助或低息资助，推动各国数字基础设施的协调发展。② 同时，应加强数据安全保护机制建设，采用先进的加密和防护技术，防范数据泄露风险。

（二）构建统一的平台服务体系

统一的数字平台服务体系对深化共建国家之间的合作、促进高水平的对外开放至关重要。上海可借助已有的"一带一路"综合服务中心和上海数据交易所，重点从以下四个方面完善数字平台服务体系。第一，积极推动"数字+五通"，即通过数据要素共享和数字经济合作实现政策沟通、设施联通、贸易畅通、资金融通、民心相通，最终促进各国之间的互联互通。通过制定统一的数据标准和接口，确保不同系统之间的数据互通和兼容性，从而提升服务的效率和质量。第二，建立数字化服务系统。数字化服务系统可以有效整合共建国家间的经济资源和环境信息，为跨国合作提供可靠的数据支持和决策参考。第三，加强平台安全保护机制建设，确保数字平台服务系统的安全，包括对数据进行加密、访问控制和风险评估等，以确保用户信息和交易的安全性和可靠性。只有建立起完善的安全机制，才能有效应对数字平台可能面临的各种安全挑战，确保数字化合作和交流的顺利进行，为"一带一路"倡议的顺利实施提供坚实保障。第四，通过双边或多边协议，制

---

① 梁玉成、张咏雪：《算法治理、数据鸿沟与数据基础设施建设》，《西安交通大学学报》（社会科学版）2022年第2期。

② 邢劭思：《"一带一路"沿线国家数字经济合作研究》，《经济纵横》2022年第1期。

定并遵守统一的法律框架,明确数据交换和共享的法律规定和监管要求,降低数据合作的法律风险。

(三)完善人才互动交流体系

促进人才跨境流动和合作,有利于推动"一带一路"建设迈上新的台阶。对于外语类人才结构单一、文化差异、签证政策不统一、人才流失和技术转移不平衡等问题,上海可在已有"一带一路"人才交流项目和科研合作项目的基础上,通过进一步完善人才互动交流体系,为人才交流与合作提供更加有利的环境和条件。

第一,推动高素质国际化人才培养,尤其是高级翻译人才和复合型区域问题研究人才。建立人才信息平台,包括各类人才信息、招聘信息、项目需求信息等,为企业和个人提供快速、精准的匹配服务,促进人才的跨境流动和互动。推进复合型国际化人才培养,加大对符合国家战略要求的复合型国际化人才培养的投入和支持力度。通过改革教育体系,引入多元化的教育资源和教学方法,培养学生的跨文化交流能力和国际视野,提高外语类人才的综合素质。

第二,加强文化交流,建立多层次、多领域的文化交流机制,促进不同文化之间的相互理解。通过人才互访、联合培养、文化交流、国际会议、交流项目等方式,增进各国人才之间的沟通与合作,为人才提供学习和交流的平台,促进技术和经验的分享。

第三,试点签证新政策,建立统一的签证政策框架,减少人才交流和合作的障碍。通过签署双边或多边协议,简化签证申请流程,为人才提供更便利的出入境条件。

(四)签署数据要素合作协议

签署数据要素合作协议,可以有效解决"一带一路"建设中缺少统一的数据要素流动和管理制度的问题,为推动"一带一路"建设提供坚实的数据保障和支持。基于中国在数字经济领域的发展基础,以及上海在数字经济发展方面的制度优势、资金优势、技术优势、人才优势和影响力，上海可与相关共建国家签署可行的数据要素合作协议，统筹数字经济发展合力，打造多边合作的统一的管理平台，建立数据跨境流动机制，确保数据的安全、有效和合法流动。完善合作机制和监管机制，明确各方的责任和义务，加强对数据流动和使用的监督和管理，防止数据滥用和泄露。

B.7
2023年上海社会主义国际文化大都市服务共建"一带一路"之进展与展望

张倩雨*

摘　要： 上海拥有悠久的历史和深厚的文化底蕴，自近代以来就是中国的文化中心。2013年"一带一路"倡议提出以来，上海积极推进社会主义国际文化大都市建设与"一带一路"倡议的对接，以人文交流和民间交往推动民心相通持续深入，助力"一带一路"高质量发展走深走实。2023年全球文明倡议和习近平文化思想的相继提出，为上海建设社会主义国际文化大都市提供了新的机遇。

关键词： 社会主义国际文化大都市　民心相通　文化软实力　上海

一　上海打造社会主义国际文化大都市的发展阶段

自2007年时任上海市委书记的习近平同志提出建设"文化大都市"[①]以来，上海不断提升城市文化引领力、创造力和影响力，持续深化城市文化战略，并于2020年基本完成建设社会主义国际文化大都市的战略目标。"十四五"时期，上海深化文化发展改革，力图通过"上海文化"品牌建设提

---

* 张倩雨，法学博士，中国社会科学院亚太与全球战略研究院助理研究员，主要研究方向为国际政治经济学和比较政治经济学。
① 曹玲娟：《大江东｜上海书展，"服务全国的文化大平台"名片愈擦愈亮》，http://sh.people.com.cn/n2/2023/0823/c134768-40542584.html，最后访问日期：2024年7月27日。

升城市的世界影响力。回顾过往，上海打造社会主义国际文化大都市大致经历了三个发展阶段。

（一）城市定位由国际文化交流中心调整为国际文化大都市

21世纪初，上海一直以国际文化交流中心为城市发展目标。作为一座特大规模的国际中心城市，国际文化交流中心的定位相对忽视了上海所具有的强大的文化原创力，因而在一定程度上弱化了其文化功能，限制了其文化发展。2007年5月，习近平在中国共产党上海市第九次代表大会上强调，"努力建设文化大都市""加快推进国际文化交流中心建设，积极开展对外文化合作和交流，加快文化'走出去'步伐，努力使上海成为展示中华优秀文化的窗口之一、国外文化经典荟萃的舞台和中华优秀文化走向世界的重要平台。加强文化创新能力建设，深化文化体制改革，大力营造有利于文化创新的体制环境，鼓励和支持各种形式的文化创新活动，着力促进学术创新、艺术创新、产业创新，努力打造创意之都。"[①]

随后，以2010年承办世界博览会为契机，上海国际文化大都市建设走上了"快车道"。上海世博会着眼于当前人类所处的城市时代，呼吁对城市化过程中的人、城市与地球之间的关系进行重新审视。在"城市，让生活更美好"这一主题下，中国馆以"城市发展中的中华智慧"为展示主线，既向世界展现了中华传统文化精神和当代中国社会价值理念如何融入城市化进程，也让世界看到了上海"海纳百川、追求卓越、开明睿智、大气谦和"的城市精神。同时，上海世博会还设置了城市最佳实践区，将全球50余个在可持续发展、保护与利用历史遗产、科技创新及建设宜居城市等方面经验突出的优秀城市实践进行展览陈列，这对"后世博"时代的上海城市发展提出了新的要求。

[①]《坚定走科学发展之路 加快推进"四个率先"努力开创"四个中心"和社会主义现代化国际大都市建设的新局面——在中国共产党上海市第九次代表大会上的报告（2007年5月24日）》，《解放日报》2007年5月30日，第1版。

（二）聚焦"后世博"时代上海国际文化大都市建设

2011年，在中国共产党第十七届中央委员会第六次全体会议明确提出"努力建设社会主义文化强国"的基础上，中国共产党上海市第九届委员会第十六次全体会议全面部署了未来十年上海城市文化建设的各项措施任务，聚焦公共文化服务、文化创新、文化产业和文化市场等多领域，并着力提升城市文化软实力和国际影响力。[①] 此次全会在上海世博中心举行，体现了上海将致力于发挥世博会后续效应，在"后世博"时代加快国际文化大都市建设的决心。这一目标也被写入上海市"十二五"规划中。作为"后世博"时代的首个五年发展规划，"十二五"规划为"后世博"时代上海的城市文化建设锚定了清晰的战略方向，即在坚持社会主义先进文化的前进方向这一原则的基础上，加快建设更具活力、富有效率、更加开放、充满魅力的国际文化大都市，全面增强城市文化软实力和国际影响力。[②]

（三）全面推进社会主义国际文化大都市建设

2017年底，《上海市城市总体规划（2017—2035年）》（以下简称"上海2035"）获国务院批复原则同意，拉开了上海城市建设的新篇章。该规划对上海的城市定位、发展目标和实现路径进行了明确规定。在建设人文之城这一目标中，该规划强调，要在2020年在更高水平上全面建成小康社会、基本建成更具影响力的国际文化大都市的基础上，到2035年实现建设更具人文底蕴和时尚魅力的国际文化大都市的目标，塑造国际文化大都市品牌、提升国际文化传播能力、繁荣城市文化产业、建设世界著名旅游目的地城市。[③] 为配合这一目标的实施，2017年12月，上海印发《关于加快本市文

[①] 《九届上海市委十六次全会决议》，《解放日报》2011年11月13日，第1版。
[②] 《上海市国民经济和社会发展第十二个五年规划纲要》，https://www.shanghai.gov.cn/nw22401/20200820/0001-22401_144564.html，最后访问日期：2024年7月27日。
[③] 《上海市城市总体规划（2017—2035年）》，https://www.shanghai.gov.cn/newshanghai/xxgkfj/2035002.pdf，最后访问日期：2024年7月27日。

化创意产业创新发展的若干意见》（以下简称"文创50条"），围绕影视创制、旅游演艺、动漫游戏、创意设计、出版及艺术品交易等文化创意产业的发展和壮大进行了具体而细致的部署。①

2018年4月，文化建设和发展被明确为实现"上海2035"的内在要求，全力打响"上海文化"品牌由此成为上海城市建设的重要任务。② 2021年7月出台的《全力打响"上海文化"品牌 深化建设社会主义国际文化大都市三年行动计划（2021—2023年）》将任务体系进一步细化为12项专项行动、53项抓手和150例重点项目，凸显了政府对此的重视。③ 经过多年努力，到2020年，上海已基本实现建成社会主义国际文化大都市的总体目标。

随着城市文化战略的逐步深化和文化软实力的不断提升，在"十四五"开局之年，上海正式印发《上海市社会主义国际文化大都市建设"十四五"规划》，提出到2025年，加快建设成为更加开放包容、更富创新活力、更显人文关怀、更具时代魅力、更有世界影响力的社会主义国际文化大都市。④ 这一新目标的提出凸显了上海城市文化战略所具有的三重特性。中国特色主要反映为上海城市建设将持续坚持中国特色社会主义和大力发展社会主义先进文化，时代特征表现为该规划紧扣浦东开发开放、长三角一体化发展、文化"走出去"等战略的落地实施和"一带一路"建设的深入推进，上海特色则主要体现在对继承红色基因、复兴海派文化和传扬江南文化等的强调上。

---

① 《关于加快本市文化创意产业创新发展的若干意见》，《文汇报》2017年12月15日，第7版。
② 《中共上海市委 上海市人民政府关于全力打响上海"四大品牌"率先推动高质量发展的若干意见》，https：//www.shanghai.gov.cn/nw43405/20200824/0001-43405_1306312.html，最后访问日期：2024年7月27日。
③ 《全力打响"上海文化"品牌 深化建设社会主义国际文化大都市三年行动计划（2021—2023年）》，https：//www.shanghai.gov.cn/nw12344/20210730/999a70f5b0ad438da219325461b00e03.html，最后访问日期：2024年7月27日。
④ 《上海市社会主义国际文化大都市建设"十四五"规划》，https：//www.shanghai.gov.cn/nw12344/20210902/167294c60727444f8ac1d84b65fbbb70.html，最后访问日期：2024年7月27日。

二 上海社会主义国际文化大都市建设取得的进展与不足

纽约、伦敦、巴黎和东京是世界公认的国际文化大都市，这些城市在视觉艺术、表演艺术、时尚定制和动漫游戏等方面表现出很高的城市辨识度，其文化生产、文化体验和文化标识具有世界级影响力。据GYBrand全球品牌研究院2023年发布的世界城市500强榜单，纽约、伦敦、巴黎和东京居前4位，上海则首次超过香港排全球第7位，①表明上海在文化品牌建设方面已取得不错的进展，主要体现在以下三个方面。

一是文创产业成为驱动经济增长的重要动力。2023年，上海文创产业规模达2.34万亿元，实现7%的增速。全年电影票房收入近28亿元，蝉联年度全国城市冠军；共举办演唱会、音乐节、曲艺、歌剧、舞剧、话剧等营业性演出4.5万场次，接待观众2000万人次，票房收入超33亿元，其中，著名舞剧《永不消逝的电波》、国风音乐现场《海上生民乐》等累计完成驻场演出超100场次；全市博物馆、美术馆举办展览超1400场，接待观众近3600万人次；2023年，全市电竞产业总收入达236亿元，赛事收入逾60亿元，占全国的一半以上；网络游戏实现1450亿元销售收入，全国占比超三成，并取得36.2亿美元的海外收入；网络视听产业和网络文学产业年销售收入则分别超过2200亿元和100亿元。②

二是上海世界著名旅游城市建设进展突出。2023年，黄浦区新天地石库门、静安区静安嘉里中心—安义路等入选国家级旅游休闲街区，另有长宁区、普陀区、闵行区和浦东新区的多个街区入选国家级夜间文化和旅游消费集聚区，使得上海文化消费空间日益丰富。目前，上海继续扮演中国入境旅

---

① 张小虎：《品牌价值评估机构GYbrand发布2023〈世界城市500强〉报告》，https：//www.4anet.com/p/11v72b59fded304d，最后访问日期：2024年8月12日。
② 《2023年上海文创产业规模达2.34万亿元》，https：//www.chinanews.com/cj/2024/05-30/10226077.shtml，最后访问日期：2024年7月27日。

游"第一站"的重要角色，积极利用144小时过境免签政策打造一程多站式旅游产品线路。2023年，上海共接待入境旅游者364.46万人次，较上年增长4.8倍，有力地赋能了经济增长，并向世界展现了开放包容的城市形象。入境旅游者中，六成以上为入境外国人，约四成为港、澳、台同胞；90.4%的入境旅游者为入境过夜旅游者，较上年增长4.3倍。全年共取得入境旅游外汇收入61.87亿美元，增长2.6倍。[1]

三是重大节展赛事活动的带动效应明显增强。2023年，上海成功举办上海马拉松、上海网球大师赛、女子职业高尔夫球巡回赛、上海超级杯（短道速滑、花样滑冰及队列滑）、上海赛艇公开赛等117项国际国内重大赛事，并成功申办奥运会资格系列赛。在举办的各类节展活动中，第25届上海国际电影节展映影片共计1490场，观影人次超42万；[2] 来自22个国家和地区的近500家企业参与第二十届中国国际数码互动娱乐展览会（ChinaJoy），共吸引观众33.8万人次；[3] 第二十二届中国上海国际艺术节吸引了来自54个国家和地区的上万名艺术家，举办了近千场高品质演出和展览活动，观众人次超600万；[4] 超过300家国际国内领军企业齐聚2023世界设计之都大会（WDCC2023），各类活动参与人次超13万；[5] 共32个国家和地区的文化企业参与第四届长三角文博会，展会面积首次超过10万平方米，参展单位数量超1500家，吸引观众15万人次。[6]

然而，与世界顶级国际文化大都市进行比较不难发现，上海国际文化大都市建设还存在一些不足，主要体现在以下三个方面。

---

[1] 《2023年上海市国民经济和社会发展统计公报》，https：//tjj. sh. gov. cn/tjgb/20240321/f66c5b25ce604a1f9af755941d5f454a. html，最后访问日期：2024年7月27日。

[2] 钟菡：《在光影中重逢，在光影中看见世界》，《解放日报》2023年6月18日，第1版。

[3] 夏奕宁：《第二十届ChinaJoy闭幕：数字娱乐产业正走向美好未来》，https：//www. thepaper. cn/newsDetail_ forward_ 24057484，最后访问日期：2024年8月12日。

[4] 颜维琦：《一座城市的艺术浓度——第二十二届中国上海国际艺术节观察》，《光明日报》2023年11月24日，第10版。

[5] 李晔：《七天八万人打卡主场领略设计魅力——以会聚人兴业促产，世界设计之都大会圆满闭幕》，《解放日报》2023年10月3日，第1版。

[6] 施晨露：《第四届长三角文博会落幕》，《解放日报》2023年11月20日，第2版。

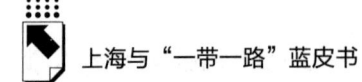

一是公共文化资源供给与顶尖国际文化大都市相比存在较大差距。上海公共文化设施种类齐全，国家级博物馆、公共图书馆等文化设施总量位居全球前列，但其他艺术类场馆供给不足。上海美术馆和画廊数量为87个，少于伦敦（162个）、柏林（140个）、纽约（126个）和巴黎（113个）；剧场数量为97个，纽约、巴黎、东京和伦敦则分别为420个、353个、230个和214个；现场音乐表演场地数量也仅为44个，与巴黎（423个）、东京（384个）、伦敦（349个）、纽约（277个）和柏林（250个）相比均存在较大差距。从人均公共文化资源看，上海与其他顶级国际文化大都市的差距更为明显。上海每十万人拥有公共图书馆的数量为2个，巴黎、伦敦、纽约和东京则分别为7个、5个、3个和3个；每百万人拥有电影银幕数量为28块，也远低于巴黎（85块）、柏林（77块）、伦敦（73块）和纽约（61块）。[1]

二是现有艺术类高等院校难以支撑专业化、国际化的艺术人才培养。上海具有国际影响力的艺术类高等院校仅有上海戏剧学院和上海音乐学院，缺少除戏剧和音乐外其他艺术门类的高等院校，这直接影响和制约了上海培养专业化和国际化艺术人才的能力。与之相比，巴黎、伦敦、纽约和东京则在人才培养上具有突出优势。巴黎拥有包括国立高等美术学院（Ecole Nationale Superieure des Beaux-Arts）在内的众多全球知名艺术设计类院校，学科门类齐全，优势学科众多。坐落于伦敦的英国皇家艺术学院（Royal College Of Art）、中央圣马丁艺术与设计学院（Central Saint Martins）、伦敦大学金史密斯学院（Goldsmiths, University of London）和金斯顿大学（Kingston University）等艺术类院校对全球范围内的艺术人才具有极强的吸引力。纽约拥有享誉全球的帕森斯设计学院（Parsons School of Design）、纽约视觉艺术学院（School of Visual Arts）、时装技术学院（Fashion Institute of Technology）、纽约电影学院（New York Film Academy）和普瑞特艺术学院

---

[1] 包立峰、黄昌勇、王奥娜：《上海国际文化大都市建设评估报告》，《科学发展》2021年第6期。

（Pratt Institute）等顶级学府。东京则以东京艺术大学和"东京五美大"而闻名。

三是尚未形成可与国际文化大都市相媲美的独特的城市文化品牌。目前，上海对自身历史底蕴的挖掘还相对有限，诸如崧泽遗址、福泉山遗址、广富林遗址、马桥遗址、青龙镇遗址等文化遗存，苏州河、老城厢、石库门等承载"老上海"记忆的城市地标，以及越剧、昆曲和评弹等具有民族和地方特色的艺术形式还未有效转化为文化品牌，现有文化品牌对上海红色、江南和海派资源的利用也不充分。与纽约百老汇、伦敦西区、巴黎香榭丽舍大道等文化功能区域相比，以外滩为代表的上海地标区域目前也仅是一种空间认同符号，缺少可参与的实质性文化活动。

三 社会主义国际文化大都市建设与共建"一带一路"的对接

上海是国际经济中心、金融中心、贸易中心、航运中心和科技创新中心，具有强大的要素集聚和辐射带动能力。这座城市的功能定位，决定了上海必须主动服务共建"一带一路"大局，积极发挥连接和服务"一带一路"共建国家（简称"共建国家"）的重要作用。据《"一带一路"倡议下的全球城市报告（2022）》，上海因积极参与国际跨文化交流合作、引领"一带一路"多元文化相通共融而在民心相通维度得分最高，在综合政策沟通、设施联通、贸易畅通、资金融通和民心相通五个维度，上海在"一带一路"潜力城市中排世界第4位。[①]

（一）上海城市战略与共建"一带一路"的对接

自"一带一路"倡议提出以来，上海便立足多项城市功能优势，积

---

① 《中规院发布〈"一带一路"倡议下的全球城市报告〉》，https：//g-city.sass.org.cn/2023/0307/c4951a527629/page.htm，最后访问日期：2024年8月12日。

极参与共建"一带一路"。2017年3月，习近平总书记提出，"要努力把上海自由贸易试验区建设成为开放和创新融为一体的综合改革试验区，成为服务国家'一带一路'建设、推动市场主体走出去的桥头堡。"[1] 为落实指示精神，《上海服务国家"一带一路"建设发挥桥头堡作用行动方案》（以下简称《方案》）于2017年10月印发，正式提出上海在服务"一带一路"建设中发挥桥头堡作用的功能定位和实施路径，并明确了六大专项行动。

在六大专项行动中，人文交流合作是推动其他领域合作深化的内在动力和重要抓手。《方案》强调，"按照将'一带一路'建成文明之路的要求，依托国际文化大都市建设，发挥好重大'节、赛、会'作用，搭建更多文化艺术、教育培训、卫生医疗、旅游体育等交流机制和平台，全面提升与'一带一路'沿线国家（地区）的人文合作交流水平"。为实现上述目标，《方案》明确了上海在人文交流合作领域的十项具体举措：一是成立国家级"丝绸之路国际艺术节联盟"；二是通过各类人文交流活动加强与沿线国家（地区）的交流互动；三是升级打造公务人员培训工程；四是升级打造沿线国家（地区）青年留学上海及能力提升培训工程；五是升级打造"走出去"跨国经营人才培训工程；六是积极筹建联合国教科文组织（UNESCO）"二类机构"教师教育中心（TEC）；七是在沿线国家（地区）传播推广中医药应用；八是加强与沿线国家（地区）在公共卫生领域的交流合作；九是加强旅游交流合作；十是积极申办2019年世界武术锦标赛。[2]

（二）以民心相通促"一带一路"高质量发展走深走实

当前世界正处于一个相互依赖不断加深的时代，全球化的深入推进使各

---

[1] 《习近平：践行新发展理念深化改革开放　加快建设现代化国际大都市》，http：//www.xinhuanet.com/politics/2017lh/2017-03/05/c_1120572151.htm，最后访问日期：2024年7月27日。

[2] 《上海服务国家"一带一路"建设发挥桥头堡作用行动方案》，https：//www.shanghai.gov.cn/nw12344/20200814/0001-12344_53799.html，最后访问日期：2024年7月27日。

2023年上海社会主义国际文化大都市服务共建"一带一路"之进展与展望

国、各国人民的联系与交往较之过去更为频繁也更加紧密，这要求世界各国加强对彼此的了解，在尊重文化差异的基础上增进友好往来。正所谓"国之交在于民相亲，民相亲在于心相通"，民心相通作为增进各国及各国人民之间相互理解和信任的重要纽带，是最基础、最坚实也是最持久的互联互通，被视为"一带一路"建设的社会根基。全方位开展人文交流和民间交往，将有助于进一步夯实共建"一带一路"的民意基础，推动"一带一路"高质量发展走深走实。

上海自改革开放以来一直是中国与世界开展交流合作的桥头堡，民间对外交往历史悠久。同时，上海在制度、技术、文化和人力资本培育等方面具有突出优势，这为其发挥人文交流合作的桥头堡作用奠定了坚实基础。过去十年，上海充分发挥城市软实力建设优势，从科技、文化、教育等多领域着手，推动民心相通持续深入。

在科技领域，"一带一路"科技创新联盟是上海推进"一带一路"成为创新之路的重要实践。自2016年成立以来，该联盟一直致力于为共建国家和地区的科技发展服务，分三批启动53家"一带一路"联合实验室建设，合作国遍及中亚、南亚、中东欧、非洲等区域，打造了一个互利共赢的全球科技共同体。[①] 上海还在全国率先设立"一带一路"青年科学家交流项目，至2023年10月已吸引40余个共建国家的优秀青年科学家来沪开展科研工作，形成了一批重要技术成果并在境内外推广应用。[②]

在文化领域，上海国际电影节于2018年发起成立"一带一路"电影节联盟，旨在以电影为载体增进共建国家之间的文化艺术交流传播。"一带一路"电影周的设立，不仅让中国影迷看到了共建国家的风土人情和文化艺术，也将中国故事带到海外各大电影节。截至2024年6月，"一带一路"电影节联盟已从首批29个国家31家电影机构扩展至48个国家55家

[①]《我国积极推进全球科技交流合作》，《光明日报》2022年11月19日，第6版。
[②]《共建"一带一路"·权威访谈｜为"一带一路"提供高水平开放平台、高能级服务支撑——专访上海市副市长华源》，https://www.yidaiyilu.gov.cn/p/03840EG7.html，最后访问日期：2024年11月1日。

电影机构。① 2017年在上海成立的"丝绸之路国际艺术节联盟"则是上海在建设社会主义国际文化大都市进程中的又一重要举措，截至2024年10月，已吸引50个国家和地区的186个艺术节和机构加入，是全球规模最大的综合性艺术节合作平台。② 在和平与发展的主题下，该联盟成员共同携手传承与创新各个国家和城市的优秀文化艺术，使人类文化的多样性得到集中体现。

在教育领域，联合国教科文组织于2017年在上海设立教师教育中心，旨在从知识生产、能力建设、技术服务和信息共享四个方面为全球特别是为亚太和非洲发展中国家的师资能力建设提供帮助。该中心以互联网为依托，积极分享世界各国各地区教师教育领域的理念和实践，宣传上海乃至中国教师教育的经验、理论和特色，有助于不断扩大中国教育的国际影响力，提升文化软实力。截至2024年3月，"信息通信技术改变非洲教育"项目已在9个非洲国家取得进展。③ 在以智库交流推进"一带一路"民心相通方面，积极进展则包括中阿改革发展研究中心、中国—上海合作组织国际司法交流合作培训基地等智库和机构相继在上海落地。

由商务部和上海市政府主办的中国国际进口博览会目前也成了促进民心相通和人文交流的重要平台。正如国家主席习近平所言，进博会"交易的是商品和服务，交流的是文化和理念"④。进博会由各类商贸服务展览和人文交流活动等组成，参与主体涵盖各国政府、国际组织、企业、社会团体和

---

①《"一带一路"电影节联盟｜以电影为载体，共绘文化交流合作蓝图》，https：//www.siff.com/content? aid = 1012406172054155724908433367408693l3，最后访问日期：2024年11月1日。

②《丝绸之路国际艺术节联盟在沪迎新朋，50国186家机构组成"朋友圈"》，https：//whlyj.sh.gov.cn/cysc/20241021/a1745fce390142c098a2d05c8e663c98.html，最后访问日期：2024年11月1日。

③《联合国教科文组织持续推进非洲教育数字化转型》，https：//untec.shnu.edu.cn/44/27/c26039a803879/page.htm，最后访问日期：2024年11月1日。

④《时政新闻眼｜进博会正确打开方式，就在习近平这句话里》，https：//news.cri.cn/20191106/b2304a82-79eb-e8de-fcf3-71fc3b90e592.html，最后访问日期：2024年8月12日。

消费者，以官方和民间外交相互结合为主要特征，不仅有助于深化国家之间的贸易合作、投资合作和人文交流，还实现了对上海开展民间外交的资源整合，推动上海民间外交理念得到升华。在第六届进博会上，与古丝绸之路大宗商品陶瓷、刺绣、茶叶相关的艺术精品集中亮相，来自新西兰、斐济等国的传统舞蹈和特色歌曲也在此演出，极大地增进了不同肤色、不同语言的人民对彼此历史文化的欣赏和理解。

（三）2023年上海服务共建"一带一路"的主要成果

2023年是"一带一路"倡议提出十周年。10月18日，第三届"一带一路"国际合作高峰论坛举行，作为上海在人文交流领域服务共建"一带一路"主要成果的《丝绸之路国际艺术节联盟上海共识》、"一带一路"电影节联盟被列入多边合作成果文件清单，展现了高质量共建"一带一路"中的"上海力量"。

2023年，上海在推进民心相通方面取得了一系列亮眼的成果。在科技领域，与越南、乌干达等国的农业技术合作项目以及中以（上海）创新园取得实际成效，航运绿色低碳技术联合实验室、高效能源存储新材料联合实验室等5个"一带一路"联合实验室相继建立。同时，绿色技术银行在曼谷设立了首家海外分支机构，助力先进适用的绿色技术在泰国乃至东盟地区更好地转移转化。在文化领域，成功举办"丝路之光"展演活动，15台共建国家的展演项目亮相第二十二届中国上海国际艺术节，立体呈现"一带一路"的艺术特色、历史文脉、全球视野和当代价值，上海电视节开幕式上还启动了"一带一路节目互播"活动，精选20余部上海视听精品在共建国家播出，并组织上海多家平台积极参与共建国家视听节目展播。在教育领域，依托联合国教科文组织教师教育中心开展国际中小学数学教育暨教师研修资源开发项目，部分教材已在坦桑尼亚试用。在卫生领域，海派特色医疗保健服务成功出海，上海建设的海外中医药中心接诊量累计超过50万人次。在体育领域，邀请了葡萄牙、韩国、卡塔尔等国的青少年足球队来沪参加第二届上海明日之星冠军杯足球赛。①

在上述成果的基础上,上海于2024年4月发布《上海市推进"一带一路"高质量发展2024年工作要点》,从科技、文化、教育、卫生、体育等领域明确了持续深化民心相通和人文交流的具体行动。在科技领域,上海将继续与共建国家合作建设"一带一路"联合实验室,支持与共建国家合作开展联合研究与成果转化应用,并支持长三角国家技术创新中心、上海技术交易所、中以(上海)创新园等重点平台拓展合作领域与区域。在文化领域,上海将持续与共建国家开展文明对话,深化丝绸之路国际艺术节联盟、"一带一路"友好城市文旅联合推广网络建设,深耕"何以中国""对话世界"等一批具有"江南特点、海派特色"的优秀文旅项目,深入探索"一带一路"电影巡展机制。在教育领域,上海将继续强化与共建国家的教育合作,持续开展"一带一路"高级研修项目,鼓励职业教育专业标准、课程标准"走出去"。在卫生领域,上海将致力于与共建国家共筑健康防线,积极打造高水平海外中医药中心,建设中医药成果转化与国际推广基地,助力中医药服务贸易发展。在体育领域,上海将与共建国家一道着力深化体育合作,依托在沪举办的国际赛事、会议、活动等平台,积极与共建国家开展体育人才、科研、产业等领域的交流合作,并邀请共建国家队伍参加上海自主品牌赛事。②

四 上海建设社会主义国际文化大都市的新机遇

2023年是上海《全力打响"上海文化"品牌 深化建设社会主义国际文化大都市三年行动计划(2021—2023年)》的收官之年。这一年,全球文明倡议和习近平文化思想相继提出,为上海建设社会主义国际文化大都市提供了新的机遇。

---

① 《上海发布推进"一带一路"高质量发展2023年工作成效》,https://www.yidaiyilu.gov.cn/p/0IHS3VUB.html,最后访问日期:2024年11月1日。

② 《上海推进"一带一路"高质量发展2024年工作要点发布》,https://www.yidaiyilu.gov.cn/p/0NF0NJEI.html,最后访问日期:2024年10月30日。

2023年上海社会主义国际文化大都市服务共建"一带一路"之进展与展望

（一）以建设社会主义国际文化大都市推动落实全球文明倡议

当前世界，"四大赤字"问题有增无减，在这样的时代背景下，切实增进各国文明交流互鉴，不断拉紧民心相亲的纽带，在应对全球性问题上凝聚各国合作共识，显得尤为必要且迫在眉睫。2023年3月，中共中央总书记、国家主席习近平面向世界首次提出全球文明倡议，提出"共同倡导尊重世界文明多样性""共同倡导弘扬全人类共同价值""共同倡导重视文明传承和创新""共同倡导加强国际人文交流合作"，[①] 凸显了中国在推动人类文明进步、应对共同挑战中主动担当的大国责任。这一倡议的提出，不仅丰富和拓展了构建人类命运共同体的实践路径，还为推动文明交流互鉴、促进人类文明进步指明了方向。

上海建设社会主义国际文化大都市预计将成为推动落实全球文明倡议的重要实践之一，这体现在以下几个方面。一是上海文创产业的蓬勃发展及对外传播能力的显著提升，将有助于向世界展现中华文明的历史底蕴与独特魅力，加深世界各国和各国人民对中国的理解；二是上海的国际化特质使其能够容纳并推广不同文化背景的观念和实践，这种包容性有助于增进不同文明之间的相互理解与和谐共生；三是通过举办各类节、展、赛事活动，上海能为不同国家和地区之间的文化交流互动提供平台，在文明交流互鉴中尊重和维护全球文明多样性。

事实上，上海建设社会主义国际文化大都市的实践经验，已经为中国同国际社会一道落实全球文明倡议提供了重要的参照和指引。上海一直重视激发政府部门、私营企业、民间组织和公民个人在文明交流互鉴中的主体作用，并着力提升青年群体和妇女群体在民间交往中的参与度，努力使每个个体成为人文交流合作的桥梁。上海一直致力于打造不同领域的人文交流品牌项目，持续为科技、文化、教育、卫生、体育、旅游、智库等领域的交流对

[①] 《携手同行现代化之路——在中国共产党与世界政党高层对话会上的主旨讲话》，https://www.gov.cn/xinwen/2023-03/15/content_5746950.htm，最后访问日期：2024年7月27日。

话创造条件，努力构建不同领域协同联动的文明交流格局。上海在继续做好做强文明交流传播传统渠道的同时，不断利用新媒体新技术创新文明交流对话的路径和形式，努力探索推动文明文化交流融入民众日常生活。可以说，上海建设社会主义国际文化大都市不仅是城市发展战略，更是全球文明互鉴和共同进步的重要实践。

（二）以建设习近平文化思想最佳实践地为目标，开创社会主义国际文化大都市建设新局面

在2023年10月举行的全国宣传思想文化工作会议上，习近平文化思想首次提出。这一重要思想，为在新时代继续推动文化繁荣、建设文化强国、建设中华民族现代文明提供了科学的行动指南。随后召开的上海市宣传思想文化工作会议明确提出，要以将上海建设成为习近平文化思想最佳实践地为目标，打造文化自信自强的上海样本。[1] 这一目标任务与上海城市文化战略相互形塑，相互赋能，为上海城市建设锚定了新的方向。2023年12月，习近平总书记考察上海时，对文化建设做了突出强调。[2] 这对上海建设社会主义国际文化大都市提出了新的要求，也提供了新的机遇。2024年及今后一段时间，上海将着眼习近平文化思想最佳实践地建设目标，把打造具有世界影响力的上海文化品牌作为主攻方向，奋力开创社会主义国际文化大都市建设新局面。

将上海建设成为习近平文化思想最佳实践地，不仅源于其深厚的历史文化底蕴和现代化国际化的城市形象，更源于其在文化产业发展、文化软实力提升和全球影响力方面所展现出的显著优势和巨大潜力。上海是中国历史文化名城，上海滩的百年开埠历史、多元文化的融合以及与西方文化的交流，

---

[1]《陈吉宁：打造文化自信自强的上海样本　建设习近平文化思想最佳实践地——上海市宣传思想文化工作会议举行　全力以赴举旗帜聚民心育新人兴文化展形象》，《新民晚报》2023年10月26日，第2版。

[2]《建设习近平文化思想最佳实践地——市宣传思想文化工作会议要求开创国际文化大都市建设新局面》，《新民晚报》2024年1月20日，第4版。

使得上海在文化多样性和开放包容性方面具有独特的优势。上海是中国经济的重要引擎和现代化城市的代表，具有先进的经济结构和高度的城市化发展水平，其现代化进程充分体现了文化自信和创新发展的理念。上海文创产业的蓬勃发展不仅促进了本地文化的传播和创新，也使上海成为全国乃至全球文创产业的重要中心之一，从而为习近平文化思想的实践提供了丰富的实践基础和示范效应。作为一座国际化大都市，通过举办国际性节、展、赛事活动，上海能够有效扩展和提升中华文化的国际影响力，从而为习近平文化思想的传播提供广阔的平台。

结合具体实践看，习近平文化思想强调坚定文化自信，在上海这样一个历史文化底蕴深厚、现代文化多元繁荣的国际化大都市建设习近平文化思想最佳实践地，将增强民众对中华优秀传统文化、中国特色哲学社会科学知识体系等的认同感和自信心，进而增强上海在国际文化交流中的话语权和影响力。习近平文化思想倡导开放包容的文化态度，通过打造习近平文化思想最佳实践地，上海将吸引更多来自全球的文化资源在此汇聚，促进不同文明之间的交流与融合，推动建设更具世界影响力的社会主义国际文化大都市这一战略目标的实现。习近平文化思想注重文化治理现代化，通过实践习近平文化思想，上海将推动文化治理体系和治理能力的现代化，提高文化事业的质量和效益，为建设社会主义国际文化大都市提供制度保障和运行机制。总体而言，建设习近平文化思想最佳实践地为上海建设社会主义国际文化大都市提供了新的机遇，这不仅是上海提升城市文化软实力和国际影响力的战略选择，更是推动文化治理现代化、促进全球文化交流互鉴的重要路径。

B.8
上海支持人民币国际化的举措

耿亚莹*

摘　要： 在人民币国际化的进程中，上海一直是"领头羊"，这得益于上海以人民币金融资产交易、定价为特色的国际金融中心定位。经过多年发展，上海各类金融要素市场和基础设施较为齐备，市场规模、交易规模、机构规模、人才规模庞大，金融市场广度和深度不断拓展，金融产品丰富度和金融开放程度全国靠前。上海在资本市场互联互通、国际油气交易和定价中心建设以及拓展数字人民币应用场景方面取得了丰硕成果，为人民币跨境循环提供了重要的资金集散枢纽，为人民币国际化提供了坚实的市场支撑。

关键词： 人民币国际化　国际金融中心　上海

在人民币国际化的进程中，上海一直是"领头羊"。2023年，上海跨境人民币收付金额合计23万亿元，保持全国第一。① 上海跨境人民币资金结算量占全国四成以上，其中证券投资项下跨境人民币结算量占全国六成，显示出上海作为人民币跨境循环的重要资金集散枢纽地位。②

上海作为人民币国际化的重要策源地，有以下特点。一是更多经济主体采用人民币作为其跨境贸易结算货币。2023年，上海新增7478家企业使用

---

* 耿亚莹，经济学博士，中国社会科学院亚太与全球战略研究院助理研究员，主要研究方向为国际金融。
① 黄一灵：《央行上海总部：预计2024年全年上海信贷仍将保持合理增长》，https://www.cs.com.cn/xwzx/hg/202401/t20240131_6388367.html，最后访问日期：2024年7月19日。
② 《2024年度人民币国际化白皮书》，https://www.sohu.com/a/785056428_121615308，最后访问日期：2024年7月19日。

人民币跨境结算，其中贸易结算项下的主体占99%，表明越来越多的企业愿意选择本币结算来应对汇率波动风险、降低汇兑成本。二是外贸新业态呈现良好发展态势。2023年，上海各商业银行和注册在上海的支付机构为跨境电商提供的跨境人民币结算同比增加45.4%；新型离岸贸易跨境人民币结算同比增加188.8%。三是服务"走出去"及非居民企业的能力稳步提升。2023年，上海各商业银行为"走出去"和非居民企业开立的NRA账户同比增加30%，办理的国际结算和跨境结算同比分别增加24%和97%。上海各商业银行发放的境外人民币贷款同比增加106%。同时，大宗商品领域人民币结算取得可喜的进展，以贵金属、铁矿石、油、气以及粮食为代表的大宗商品贸易额获得数倍的增长。四是吸引更多境外投资者投资人民币资产。2023年人民币跨境结算量中，70%以上与上海金融市场对外开放吸引境外投资者投资人民币资产有关。①

上海能成为人民币跨境循环的重要资金集散枢纽，得益于上海以人民币金融资产交易、定价为特色的国际金融中心定位。2009年，国务院发布《国务院关于推进上海加快发展现代服务业和先进制造业建设国际金融中心和国际航运中心的意见》，总体目标是到2020年，基本建成与中国经济实力以及人民币国际地位相适应的国际金融中心。2021年，上海市政府印发《上海国际金融中心建设"十四五"规划》，提出"两中心、两枢纽、两高地"六个目标，对未来五年上海国际金融中心建设提出了明确的发展方向和重点任务举措。经过多年发展，上海作为连接中国同世界各地的重要桥梁和窗口，积极为国家试制度、探新路、补短板，产生了较强的金融资源集聚效应并拥有较强的金融资源配置能力。上海国际金融中心的竞争力和影响力明显增强，不断掌握重点金融产品的定价权，也不断提升对重大国际金融规则、标准制定的话语权。

上海国际金融中心建设与人民币国际化协同联动，共同发展。经过多年

---

① 范子萌：《央行上海总部：人民币国际化与上海国际金融中心建设联动效应稳固提升》，https://news.cnstock.com/news, bwkx-202401-5185225.htm，最后访问日期：2024年7月19日。

发展，上海已成为全球金融要素市场和基础设施最齐备的城市之一，市场规模、交易规模、机构规模、人才规模庞大，各类金融市场和相关的基础设施建设相对完备，金融市场广度和深度不断拓展，金融产品丰富度和金融开放程度全国靠前。上海不断提高其在全球范围内的金融集聚能力、金融资源配置能力和金融领域辐射能力，不断巩固其在人民币金融资产配置和风险管理中的中心地位，正逐步形成包括交易、清算、结算、支付等在内的完整的金融生态链。上海通过不断提升跨境投融资便利化水平，持续扩大金融市场双向开放，不断增强人民币资产定价能力，发挥国际金融中心建设对人民币国际化的牵引带动作用。上海建设全球性人民币产品创新、交易、定价、清算和业务中心，在人民币跨境流出和回流中发挥着枢纽作用，为人民币国际化提供了坚实的市场支撑。本报告重点介绍了上海在支持人民币国际化进程中的三项重要举措：资本市场互联互通、国际油气交易和定价中心建设、拓展数字人民币应用场景。

一 资本市场互联互通

（一）沪港通

沪港股票市场交易互联互通机制，简称"沪港通"，是指上海证券交易所和香港联合交易所建立技术连接，使得两地投资者可以通过本地市场的交易所与结算所参与对方交易所特定上市股票的交易及进行结算交收。自2014年11月17日启动以来，沪港通成交量稳定增长，已经成为两地投资者参与对方交易市场的主流交易模式。

沪港通开通以来，在两地证监会的指导下，沪港交易所和相关各方紧密协作，不断完善互联互通制度规则，统筹推进互联互通机制优化，取消总额度限制、扩大每日额度、扩充标的品种和证券范围、引入北向投资者识别码和南向投资者识别码制度、优化交易日历等一系列优化举措相继落实落地。2023年以来，互联互通机制迎来重大优化。2023年3月3日，上交所、深交所和港交所宣布，港股通、沪股通和深股通的股票目标范围将进一步扩大。此次扩大后，符合纳入条件的沪股通股票共 1193 只，市值合计 51.11 万亿元，市值覆盖率为 90.94%，较之前沪股通股票数量、市值和市值覆盖率分别增加 598 只、8.74 万亿元和 15.56 个百分点。[1] 2024 年 4 月 19 日，中国证监会宣布，放宽沪深港通下股票 ETF（交易型开放式指数基金）合资格产品范围，上交所、深交所和港交所公布了新的沪深港通 ETF 纳入标准。2024 年 7 月 22 日，沪深港通 ETF 扩容生效，85 只 ETF 正式纳入北向的沪股通和深股通，其中 59 只是在上交所上市的 ETF，26 只是在深交所上市的 ETF，6 只港交所上市的 ETF 纳入南向港股通。[2] 互联互通投资标的范围的进一步扩大，能够丰富两地投资者的配置选择，提升资本市场的活跃度。

沪港通相较于合格境外机构投资者（QFII）、合格境内机构投资者（QDII）、人民币合格境外机构投资者（RQFII）等一系列措施，具有明显的优势。第一，沪港通是境内外资本市场的双向开放。QFII、QDII 和 RQFII，都是境内资本市场的单向开放。QFII、RQFII 使境外投资者能够投资我国境内资本市场，QDII 使境内投资者能够投资境外资本市场，但是两条渠道都是单向的，不能相互联通。沪港通则建立了上交所和港交所连接的通道，实现了境内外资本市场的双向开放，标志着中国资本市场开放从"引进来"或"走出去"的单向开放阶段逐步走向互联互通的双向开放阶段。第二，沪港通受众更广，门槛更低。沪港通对投资者的限定很少，机构投资者和具有一定资产的个人投资者都可参与，而 QFII、RQFII 和 QDII 只限定于合格的机构投资者。第三，沪港通的额度管理制度使得实际可用的潜在额度远远大于上限。在试点初期，沪股通总额度为 3000 亿元，港股通总额度为 2500 亿元。从额度规模上来说，沪股通额度与 QFII 和 RQFII 相当，但是额度管

---

[1] 张淑贤：《1193 只股票，市值 51.11 万亿！更多沪市股票纳入沪股通标的》，https://stcn.com/article/detail/807891.html，最后访问日期：2024 年 7 月 19 日。

[2] 马春阳：《沪深港通 ETF 扩容丰富投资者选择》，http://finance.ce.cn/jjpd/jjpdgd/202407/24/t20240724_39079759.shtml，最后访问日期：2024 年 7 月 24 日。

理制度存在较大的差异。沪港通的额度采用"先到先得"和"实时盯市"的制度。"先到先得"是指投资者无须申请额度，只要总额度没有用完，投资者就可以买入。"实时盯市"则让额度使用更为灵活。沪港通额度以买盘卖盘总额轧差进行计算，投资者在卖出沪港通个股之后，额度能够立刻空余出来。这使得沪港通实际可用的潜在额度远远大于上限，能够为两地交易所带来更多活跃资金。相比之下，QFII额度是由国家外汇管理局批准单个投资者的投资额度，每个QFII排他性地独占一定额度。因此，沪港通的额度使用率要高于QFII和RQFII。第四，沪港通本金无锁定期。QFII和RQFII资金进入存在锁定期安排，QFII锁定期为3个月，RQFII锁定期为12个月，锁定期增加了投资者的资金成本和汇兑风险。而沪港通本金无锁定期，大大降低了资金的时间成本，鼓励资金流入。

（二）沪伦通

上海证券交易所与伦敦证券交易所互联互通机制，简称"沪伦通"，是指符合条件的两地上市公司，依照对方市场的法律法规，发行存托凭证并在对方市场上市交易。同时，通过存托凭证与基础证券之间的跨境转换机制安排，实现两地市场的互联互通。沪伦通包括东、西两个业务方向。沪伦通是继沪港通之后，中国内地资本市场对外开放的又一重大举措，打通了全世界最大的资本市场之一与领先的国际化市场之间的通道。

早在2015年，中英即对沪伦通的开展进行可行性研究。在第七、八次中英经济财金对话中，中英双方就沪伦两地市场互联互通问题开展可行性研讨，基本确定沪伦两交易所分别选派券商担任做市商，而交易在上海清算所进行清结算的模式，中英金融基础设施网络建设得以加强。在第九次中英经济财金对话中，中英双方就沪伦通的相关操作制度、监管框架、启动时间等进行了研究讨论，并确定以存托凭证互相挂牌的形式进行互通。2018年，沪伦通开通进入快车道，相关监管规定的业务规则相继落地。中国证监会公布了《关于上海证券交易所与伦敦证券交易所互联互通存托凭证业务的监管规定（试行）》（简称《监管规定》），为中国存托凭证发行审核制度、中国存托凭证跨境转换制度安排、中国存托凭证持续监管要求、境内上市公司境外发行全球存托凭证的监管安排等相关事项提供了法律和制度依据，是沪伦通的核心制度。上交所配合中国证监会的总体设计，发布了一系列相关配套业务规则，涵盖了存托凭证的上市交易、审核流程、跨境转换和做市业务等相关内容。中国证监会的《监管规定》和上交所的配套文件构成了沪伦通的基本框架，标志着沪伦通进入实质性阶段。2019年6月17日，沪伦通正式启动。华泰证券成为沪伦通的首个全球存托凭证项目，也是首家发行全球存托凭证的A股上市公司。2022年2月11日，中国证监会发布文件，对外将全球存托凭证发行目的地从英国拓展至瑞士、德国等欧洲主要市场，由此，沪伦通进阶为中欧通。

沪伦通和沪港通作为境内市场与境外市场的互联互通模式，却是两种不同的类型。沪港通是建立在内地和香港市场的高度关联性上的模式创新，两地投资者互相到对方市场直接买卖股票，实现资金在两地间的联通，最大限度地不改变投资者行为习惯，同时保持两地的制度不变，然而，不同于内地与香港市场的高度关联性，上海与伦敦市场在时区、市场特点、交易制度、语言等多个层面存在较大的差异。一方面，上海与伦敦市场交易制度差异较大。上交所实行"T+1"交易机制，有10%的每日涨跌停限制。伦交所则实行"T+0"交易机制和"T+2"交割机制，不设每日涨跌停板限制。另一方面，上海与伦敦市场交易时间完全错开。上海与伦敦市场位于不同时区，且交易时间长度不同，导致两个市场的交易时间没有重叠，无法同时交易。上海与伦敦市场交易制度和交易时间的差异，使得沪伦通无法简单复制沪港通的模式，必须在交易机制上进行创新。沪伦通利用存托凭证与基础股票间的跨境转换机制，有效连接两地市场，很好地解决了交易规则和时差两大难题。形象地说，沪港通是两地的投资者通过实时行情到对方市场买卖股票，两市场的交易具有同步性，是"投资者跨境，但证券产品不跨境"。沪伦通是将对方市场的股票转换成存托凭证到本地市场挂牌交易，通过标的股票与存托凭证之间价格的联动性实现两地投资者的非同步交易，是"证券产品跨境，但投资者不跨境"。

(三)互联互通机制的影响

沪港通和沪伦通实现了境内外资本市场的双向开放。沪伦通又进一步在沪港通的基础上,实现了从投资者"走出去"到中国企业"走出去"的重大转变。因此,沪港通与沪伦通是中国境内市场与境外市场互联互通的重要通道,是中国资本市场双向开放持续推进的重要探索。互联互通机制在现有资本账户尚未完全开放的情况下,构建了资本市场双向开放的桥梁,标志着中国资本市场开放从"引进来"或"走出去"的单向开放阶段逐步走向互联互通的双向开放阶段,在拓宽双向跨境投融资渠道、推动人民币国际化、助力上海国际金融中心建设等层面产生了重大影响。

一是拓宽双向跨境投融资渠道。从境内投融资者的角度看,境内投资者对于全球资产配置的需求与日俱增,互联互通使得合格的境内投资者能够投资境外市场,有利于构建收益更高、风险更低的投资组合,进行全球化的资产配置,分享境外发达市场稳定的投资收益。互联互通也让合格的境内融资者能够拓宽融资渠道,开拓和增加长期低成本资金来源,降低融资成本,提高流动性。同时,境外融资也有助于加快境内企业的国际化步伐,利用全球资本,获得新增战略机构投资者。从境外机构的角度看,互联互通为境外机构提供了参与中国境内资本市场的渠道,有助于提升境外机构对A股的投资兴趣,提升外资中A股的配置比例,改善A股的投资者结构。

二是推动人民币国际化。目前,人民币作为投资货币和储备货币的职能难以实现。在这一情况下,互联互通机制能够打通境外人民币资金回流渠道,实现离岸资金沉淀和回流增值的良性循环。首先,沪港通机制下跨境资金流动都以人民币进行。其次,沪港通营造了香港离岸人民币市场良好的双向投资环境,为境内资金投资境外市场提供了机会,为中国在岸投资者开启了新的离岸投资渠道。随着港股通的范围日益扩大,沪港通将促进内地与香港之间的资金双向流动,进一步促进香港人民币结算与人民币产品的发展。最后,沪港通连接了内地市场和香港市场,而香港作为全球金融中心,辐射全球各地的投资者，因而沪港通被视为以香港为窗口的为全球开放的A股投资便利通道，香港成为连接内地市场与世界市场的桥梁。海外投资者可以通过香港对内地的股票进行直接投资，大幅拓宽了离岸人民币的投资途径。

三是助力上海国际金融中心建设。互联互通项目是上交所作为执行主体承接并完成的具有国际影响力的创新项目，助力中国资本市场在基础性制度建设方面的完善，改变了上交所本土化市场的定位，推动上交所向国际化市场迈出重要一步。上交所近年来通过互联互通、股权合作等制度创新模式，与全球主要国际金融市场直联，给上交所的技术系统、交易组织、市场服务带来了新的挑战，促使其不断改革创新，在全球化融合中不断增强自身的风险防控能力。"透明的监管、干净的市场、开放的信息交流"等理念在与港交所和伦交所等国际金融市场的交流中日益成熟。互联互通模式将上海打造为全球金融一体化网络中的重要空间节点，进一步推进了上海国际金融中心建设。

二 国际油气交易和定价中心建设

（一）上海国际油气交易和定价中心建设

油气是全球最重要的大宗商品，上海高度重视国际油气交易和定价中心建设，以上海石油天然气交易中心和上海期货交易所为主体，打造集期货、现货、场外衍生品于一体的、有国际影响力的、交易规模居于世界前列的、现代化的油气贸易平台。

1.上海石油天然气交易中心

作为油气现货交易平台，上海石油天然气交易中心自正式运行以来，按照"先气后油、先现货后中远期、先国内后国际"的发展思路，持续创新交易模式，优化交易规则，增加交易品种，扩大交易规模，增强交易功能。在油气现货交易方面，2023年，上海石油天然气交易中心天然气双边交易量达到1214.46亿立方米，稳居亚太天然气第一现货交易中心地位。①在交易功能方面，自成立以来，上海石油天然气交易中心积极开展业务创新，先后上线天然气、LNG、成品油等交易品种，推出进口LNG窗口一站通、储气库、LNG罐容、运力交易等创新产品。特别是2020年8月，上线了具备竞价、招投标、拼单等功能的国际LNG交易系统，打通跨境人民币结算流程，为境内外市场参与者提供多元化交易渠道选择和专业化服务。

上海石油天然气交易中心积极探索创新并快速推进油气贸易人民币结算交易进程，建设成为具有国际影响力的油气定价中心。2023年3月28日，上海石油天然气交易中心平台完成国内首单以人民币结算的进口LNG采购交易，标志着我国在油气贸易领域的跨境人民币结算交易探索迈出实质性的一步。2023年4月14日，上海石油天然气交易中心平台完成我国与海合会国家首单LNG跨境人民币结算交易，打通了中国同海合会成员国在油气贸易领域人民币结算交易的直接通道。2023年8月22日，上海石油天然气交易中心平台完成以人民币结算的国际LNG销售交易，这是上海石油天然气交易中心成交的首单以人民币结算的国际LNG对境外销售交易。2023年10月17日，上海石油天然气交易中心国际LNG交易平台达成人民币结算的国际LNG交易，显示出LNG领域的人民币跨境结算交易逐渐走向常态。2023年10月27日，上海石油天然气交易中心达成我国首单国际原油跨境数字人民币结算交易。在这次交易中，上海石油天然气交易中心将国际油气贸易人民币结算业务从LNG拓展到原油，进一步扩大人民币国际油气贸易覆盖面。同时，这次交易也是数字人民币在油气贸易领域跨境结算的首次突破，丰富了跨境贸易支付手段，有助于加速数字人民币在全球贸易中的推广，标志着交易中心在探索优质便捷的人民币跨境结算服务方面又迈出了关键一步。②

2. 上海国际能源交易中心

上海国际能源交易中心具体承担国际原油期货平台的筹建工作。2018

---

① 查隽亚：《在国际舞台上发出中国声音！2023年上海石油天然气交易中心交出璀璨答卷》，https：//www.shpgx.com/html/gsxw/20240123/5870.html，最后访问日期：2024年7月19日。

② 查隽亚：《在国际舞台上发出中国声音！2023年上海石油天然气交易中心交出璀璨答卷》，https：//www.shpgx.com/html/gsxw/20240123/5870.html，最后访问日期：2024年7月19日。

年3月26日，原油期货在上海国际能源交易中心正式挂牌交易，成为中国期货市场全面对外开放的起点。中国原油期货上市以来，交易量稳中有升。2023年，上海原油期货日均成交20.47万手，日均持仓6.51万手，累计成交金额达28.78万亿元，[①]已超过迪拜商品交易所的阿曼原油期货，成为仅次于美国西得克萨斯中间基原油（WTI原油）和英国布伦特原油（Brent原油）期货的全球第三大原油期货。

（二）上海国际油气交易和定价中心建设的意义

上海开展油气贸易人民币结算和人民币计价原油期货的有益尝试，对于打破石油美元体系，推进人民币国际化具有重要意义。

一是有利于推进人民币国际化进程，提升人民币国际影响力。油气贸易以人民币结算，能够提升人民币在大宗商品交易中的占比，进一步拓展人民币国际结算的广度。原油期货以人民币计价结算，标志着人民币在大宗产品的计价方面实现了重要突破，强化了人民币在能源商品定价中的作用。原油期货能够帮助中国获取一定的原油定价权，可以促进"石油人民币"形成一个正反馈的金融环流体系，引领人民币成为全球经济贸易体系的定价之锚。

二是有利于服务国家能源安全新战略，提升我国油气贸易供应链安全水平和韧性，提升进口能源供应链稳定性。中国原油进口的主要来源国中，局部地区的地缘政治风险可能会影响中国的能源安全。人民币在石油贸易支付结算中的应用，能够减少跨境石油贸易对美元清算系统的依赖，维持石油进口通道稳定。

三是有利于建设国际油气交易和定价中心，形成中国参与的油气贸易新规则和定价体系。中国是全球第一大原油进口国、第二大原油消费国和第三大天然气消费国。2023年，中国原油进口总量为5.6亿吨，平均单月进口

[①]《联通千行百业 服务实体经济——上海原油期货市场高质量运行侧记》，http://news.cnpc.com.cn/system/2024/06/26/030135521.shtml，最后访问日期：2024年7月19日。

量为4702.43万吨，原油对外依存度上升至72.99%，创下历史新高。[①]然而，与原油消费大国地位不匹配的是，中国在原油定价方面缺乏相应的话语权，只能被动接受国际原油期货价格的变化，使得现有的原油定价机制无法准确反映国内原油市场的真实供需情况。由于话语权的缺失，目前亚洲缺少一个有影响力、被市场接受的原油期货基准价格，亚洲地区进口原油存在"亚洲溢价"现象。原油价格的溢价导致天然气等能源价格也出现了溢价。中国原油期货上市交易，更能真实反映我国以及亚太地区的原油供求关系，有助于中国深度参与国际价格形成过程，降低因不同油价形成机制差异而产生的额外支出，提升中国和亚太地区在国际能源市场领域的话语权和定价权，有望形成亚洲的原油定价基准。

三 拓展数字人民币应用场景

（一）各国央行积极探索数字货币

数字货币成为全球"去美元化"的新生力量。当前，有超过90%的国家正在积极探索央行数字货币，并且其中54%的国家计划6年内推出。[②]日本、俄罗斯、巴西等实施了央行数字货币的试点计划。[③]同时，探索实现各国央行数字货币之间的互联互通，主要有两种方案。

一种是创建一个多边央行数字货币（multi-CBDC）平台，让多个中央银行可以发行和交换各自的央行数字货币。当前比较有代表性的是多边央行数字货币桥（mBridge）项目。mBridge项目采用了单平台、直接访问的央行数字货币模型，可以托管多个央行数字货币的通用技术基础设施。在这个平台上，国内和国际金融机构可以直接持有和交易央行数字货币。

[①] 国家统计局。

[②] A. Kosse, I. Mattei, "Gaining Momentum-Results of the 2021 BIS Survey on Central Bank Digital Currencies", BIS Papers, 2022.

[③] 耿亚莹、谭小芬：《国际货币体系变革与人民币国际化》，《国际金融》2023年第8期。

另一种是区域之内的国家打造共同的数字货币。比如，金砖国家计划创建一个共同的数字货币。在2017年的金砖国家领导人第九次会晤上，金砖国家金融委员会（The BRICS Finance Committee）讨论了用金砖国家加密数字货币替代美元进行结算的可能性。在2018年的金砖国家领导人第十次会晤上，金砖国家的开发银行签署了有关合作研究区块链和发展数字经济的协议，同意形成联合研究工作组，开展区块链技术在金融领域，尤其是在金融基础设施领域应用的相关研究。2019年的金砖国家领导人第十一次会晤进一步强调了在区块链和数字经济上合作的优先级。

可以看出，目前全球各主要经济体都在积极探索和创新法定数字货币的应用场景，肯定了数字货币在"去美元化"中的重要作用。数字货币能够从金融实力的角度，对美元在国际货币体系中的主导地位产生影响。金融实力被分为以下三个阶段。

第一是杠杆实力，即创造金融债权的能力。美元一直在全球储备货币中占据主导地位，而美国制裁俄罗斯外汇储备的行为，让各国质疑将美元作为储备货币的安全性。各国央行开始寻找中性的储备资产，而对某些国家来说，比特币等去中心化的加密货币是一个选择。此外，区块链技术带来的资产标记化增强了这些国家的借贷能力，减少其对美元资本市场的依赖。花旗银行曾估计，到2030年，大约4万亿美元的现实资产会被标记化。[①] 区块链技术能创造去中介化、高效率、包容性访问和高流动性的利基资本市场。典型例子为萨尔瓦多计划发行比特币"火山债券"，为比特币采矿基础设施和"比特币之城"提供资金。

第二是基础设施能力，即为金融交易提供服务的能力。美国曾通过控制全球性的金融基础设施，对他国进行制裁。区块链和数字货币为各国提供了一个更高效、低成本、更安全的替代方案。当前，大部分的跨境结算通过代理银行网络进行。在跨境结算中份额更高的货币，在交易中需要的金融媒介更少，交易链条更短，能让交易更快捷更划算。尤其是2008年全球金融危

---

① Citigroup,"Money, Tokens, and Games", Citi GPS: Global Perspectives & Solutions, 2023.

机之后，更少的银行参与跨境结算，代理银行关系减少，这让新兴经济体的跨境交易更难进行，交易成本也更高。但是，代理银行关系减少带来的负面影响可能被两方面的发展抵消。一个是金融科技企业和大型科技企业进入市场，提供更为便利、低价、快捷的支付方案，以绕过传统的金融服务提供商，规避传统银行监管。新兴经济体，尤其是非洲国家，纷纷使用加密货币进行跨境交易。另一个是多边央行数字货币平台的构建能降低跨境支付的成本，并且让即时结算成为可能。当前，多国在争夺金融领域的新赛道，将自己打造为下一代数字资产基础设施的中心。比如，2022年10月公布的《有关香港虚拟资产发展的政策宣言》，旨在为包括交易所、交易所交易基金、标记化资产和稳定币在内的虚拟资产提供一个充满活力的生态系统。[1] 2023年5月，欧盟理事会通过了《加密资产市场监管法案》，将欧洲定位为对加密资产服务提供商有吸引力的地区。[2] 新加坡也在尝试将自己构建为可信赖的数字资产中心。

第三是执行能力，即执行金融合约的能力。在美元体系下，西方金融中心和国际金融组织拥有执行能力。但是基于可编程的智能合约，价值、规范和条件能被编程进基于区块链的金融基础设施，这让国家拥有执行和监管的权力。同时，执行权力的共享能够增进国家之间的互信，互信的增进能进一步提升新的金融基础设施对各国的吸引力。

（二）上海积极拓展数字人民币应用场景

中国是最早研究央行数字货币的国家之一，而上海在打造具备区域特色和可复制性的金融科技产业创新发展模式上具有独特的优势。从金融科技发展程度看，上海的全球金融科技中心发展指数排名全国第一、全球第三；从市场基础看，上海金融基础设施和要素市场齐聚，目前有外汇交易中心、上

---

[1] 《香港特区政府：促进香港虚拟资产行业可持续和负责任发展》，http：//m.news.cn/2022-10/31/c_1129090517.htm，最后访问日期：2024年7月19日。
[2] 任重：《外媒：欧盟批准首套加密货币监管规则，预计2024年7月实施》，https：//world.huanqiu.com/article/4Cw7Amc1YWc，最后访问日期：2024年7月19日。

证所、上期所、中金所等，各大金融市场和多个交易所的规模体量居于全国前列；从行业环境看，上海吸引众多国内外知名金融服务商、金融科技独角兽企业、细分领域龙头科技企业集聚；从技术优势看，大数据、云计算、区块链、人工智能等前沿技术领域的创新优势，为金融科技发展提供强大的技术支撑。因此，上海在数字人民币的实践方面走在全国前列。截至2023年12月，上海已经落实数字人民币试点应用场景超过140万个。

2023年12月29日，上海市人民政府办公厅印发《上海市促进在线新经济健康发展的若干政策措施》，明确支持在线新经济企业与数字人民币试点运营机构合作，拓展数字人民币与互联网新技术、新模式的融合应用。2024年2月27日，中国人民银行与上海市在沪举行工作座谈会，中国人民银行党委书记、行长潘功胜指出，要加大与上海在科技金融、绿色金融等方面的工作对接和推进力度，支持上海深化数字人民币试点，探索创新场景应用测试。2024年6月20日，在上海浦东新区举行的"共赢浦东 共创未来——2024浦东新区促进贸易高质量发展大会"上，加快推进高标准制度型开放、促进货物贸易保稳提质、加快服务贸易创新发展、推动大宗商品高质量发展、构建跨境电商创新生态等八项促进浦东外贸高质量发展的工作举措出炉。其中，在"加快服务贸易创新发展"这一具体举措中，浦东新区要求发展数字服务、数字技术等数字贸易新业态，拓展数字人民币在国际贸易结算中的应用场景。

四　上海支持人民币国际化的未来展望

强大的国际金融中心是金融强国的关键核心要素之一。建设上海国际金融中心，是深入参与全球竞争的必然选择，是维护金融安全的必要之举，是服务国家高质量发展的内在要求，是展现中国特色金融发展成果的重要窗口。经过多年的发展，上海已成为全球金融要素市场和基础设施最齐备的城市之一，集聚了门类齐全的金融市场，汇集了金融产品登记、托管、结算、清算等众多金融基础设施。市场定价功能不断提升，推出"上海金""上海油""上海铜""上海胶"等一系列"上海价格"。上海国际金融中心建设对人民币国际化发挥了牵引带动作用，为人民币国际化提供了坚实的市场支撑。上海资本市场互联互通、国际油气交易和定价中心建设以及拓展数字人民币应用场景三项重要举措取得了显著成绩。未来，上海应当在这三个方面持续发力，在先发领域锻长板，在相对后发领域补短板，谱写支持人民币国际化和促进国际金融中心建设的新篇章。

第一，在资本市场互联互通方面，要持续完善沪港通机制，扩大交易标的范围、优化交易日历安排，稳步提高外资参与A股的便利性。积极支持符合条件的、具有专业和特色化优势的境外优质主体参与境内资本市场。支持内地企业更加便捷高效地赴港上市，让内地企业到境外上市的过程更加透明，结果也更加可预期。在深化互联互通机制的基础上，在维护国家利益、保障国家安全的前提下，从金融管道式开放向制度型开放转变，在更大范围、更广领域、更高层次上推进金融高水平制度型对外开放。

第二，在国际油气交易和定价中心建设方面，上海应当发挥各类金融市场活跃、临港新片区政策高地两大综合优势，发挥上海石油天然气交易中心、上海国际能源交易中心两大国家级平台的龙头作用，打造有国际影响力、交易规模居于世界前列、现代化的油气交易和定价中心。一方面，要依托临港新片区，积极推进国际油气贸易业务。上海石油天然气交易中心要发挥临港新片区的政策优势和区位优势，打造成为专业化、国际化的能源交易平台、信息交互平台、金融服务平台、改革助推平台、合作交流平台，成为上游与下游、供方与需方、国内与国际的重要桥梁。另一方面，探索构建油气市场体系和定价体系。现代油气市场体系和定价体系是包含现货、期货和衍生品的多层次市场体系，上海石油天然气交易中心应当与上海国际能源交易中心及各类金融要素市场紧密对接，加强现货市场与期货市场的建设与联动，打造现代能源交易与定价体系。

第三，在拓展数字人民币应用场景方面，首先，开展金融科技创新监管试点，积极推动人工智能大模型、区块链、云计算等技术的研发应用，不断丰富金融科技创新应用场景，有序实施金融科技领域重大试点，提升上海金融科技研发应用水平。其次，拓展数字人民币应用场景。上海应当结合国际金融中心和超大城市定位，在跨境支付、跨区域支付、金融业务、航贸数字化等领域积极探索数字人民币应用场景，覆盖线下与线上消费、交通出行、政务民生等各领域。最后，强化数字金融产业集聚。上海应当发挥重点区域金融资源和科技资源集聚的优势，着力优化上海金融科技"两城、一带、一港"空间布局，打造金融科技产业集聚生态。推动金融要素市场和金融基础设施科技子公司落户上海，吸引头部金融机构在沪设立金融科技子公司，将上海发展成国内最重要的金融科技企业集聚地。

地区和国别报告

B.9 以高水平开放促进数字化转型
——基于上海与东南亚国家合作的视角

张琳 东艳[*]

摘　要： 中国经济已由高速增长阶段向高质量发展阶段转变，在构建开放型经济新体制的背景下，加速推进数字化转型具有重要的战略意义和现实意义。本报告从国际化的研究视角出发，将国家治理、产业政策以及国际规则等宏观因素与企业微观因素相结合，提出了以高水平开放促进制造业数字化转型的统一的分析框架。依托各自良好的数字产业基础和对接高标准国际经贸规则，上海市与东南亚国家通过政策引导与企业实践的双重驱动，在数字口岸建设、数据新基建、现代农业、数字平台互联互通等多个领域积累了数字化转型合作的成功经验。未来，上海市和东南亚国家应注重数字政策的包容性、开放性与协调；进一步促进双向投资，加速制造业、服务业等多领域

---

[*] 张琳，经济学博士，中国社会科学院世界经济与政治研究所助理研究员，*China & World Economy* 编辑，主要研究方向为世界经济；东艳，经济学博士，中国社会科学院世界经济与政治研究所研究员，主要研究方向为世界经济。

的数字化转型合作；加强上海与东南亚国家在数字经济领域的人才培养合作；在智慧城市、政府治理等多个创新领域，形成更多的合作增长点，以推动上海与东南亚国家在数字经济领域的深度融合。本报告论述了数字化转型对发展新质生产力、实现中国式现代化的重要作用，以期为上海与东南亚国家的开放合作、中国产业结构升级以及企业数字化转型等领域的研究提供有益的参考。

关键词： 数字化转型　高标准经贸规则　上海　东南亚国家

随着信息技术的迅猛发展，数字化转型已成为一国经济和企业发展的核心动力，是中国发展新质生产力的重要内涵。本报告重点探讨在开放型经济体制的背景下，以高水平开放促进数字化转型的重要意义及其实现路径，并聚焦上海和东南亚国家合作的具体实践，分析数字化转型对发展新质生产力、实现中国式现代化的重要作用，以期为上海与东南亚国家的开放合作、中国产业结构升级以及企业数字化转型等领域的研究提供有益的参考，并提出相关的政策建议。

一　高水平开放促进制造业数字化转型分析框架

（一）数字化转型的定义及其意义

数字化转型（digital transformation）是不断深化应用云计算、大数据、物联网、人工智能、区块链等新一代信息技术，激发数据要素创新驱动潜能，打造提升信息时代生存和发展能力，加速业务优化升级和创新转型，改造提升传统动能，培育发展新动能，创造、传递并获取新价值，实现转型升

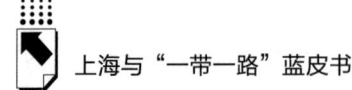

级和创新发展的过程。① 习近平总书记指出："新质生产力是创新起主导作用，摆脱传统经济增长方式、生产力发展路径，具有高科技、高效能、高质量特征，符合新发展理念的先进生产力质态。它由技术革命性突破、生产要素创新性配置、产业深度转型升级而催生，以劳动者、劳动资料、劳动对象及其优化组合的跃升为基本内涵，以全要素生产率大幅提升为核心标志，特点是创新，关键在质优，本质是先进生产力。"② 新质生产力区别于传统生产力的重点在于，前者涵盖数据、知识和智能等新的生产要素。从根本上说，实现企业的数字化转型是发展新质生产力的重要内涵和应有之义。从企业和产业的层面，可以将这种高质量发展称为数字化转型；而从各产业链间上下游的关联、各个经济部门间相互作用的宏观视角，则可称其为发展新质生产力。

我国经济已由高速增长阶段转向高质量发展阶段，正处在转变发展方式、优化经济结构、转化增长动力的攻关期。必须坚持质量第一、效益优先，推动经济发展质量变革、效率变革、动力变革，提高全要素生产率。③ 现阶段，实现企业的数字化转型具有重要的战略意义和现实意义。第一，数字化转型有利于提升企业的市场竞争力。数字化转型能使企业优化资源配置、提高运营效率、增强市场响应能力。通过数据分析，企业可以更精准地了解客户需求，提供个性化服务，提高客户满意度和忠诚度。此外，自动化和智能化技术的应用能够显著降低成本，提高生产效率，增强企业的竞争力。第二，数字化转型有利于实现产业结构升级。在国家层面，数字化转型是推动产业结构升级的关键驱动力。传统产业通过数字化改造，可以实现智能制造、精准营销并优化供应链，提升整体效益。同时，数字化技术的普及促进

---

① 中关村信息技术和实体经济融合发展联盟：《团体标准 T/AIITRE 10001—2020〈数字化转型参考架构〉》，https://qxb-img-osscache.qixin.com/standards/5a26bec5b288c86feb584eba9a2939d0.pdf，最后访问日期：2024 年 8 月 23 日。
② 《习近平：发展新质生产力是推动高质量发展的内在要求和重要着力点》，https://www.gov.cn/yaowen/liebiao/202405/content_ 6954761.htm，最后访问日期：2024 年 8 月 23 日。
③ 《习近平：开创我国高质量发展新局面》，https://www.gov.cn/yaowen/liebiao/202406/content_ 6957469.htm，最后访问日期：2024 年 8 月 23 日。

了新兴产业的发展，如电子商务、金融科技、线上教育和智能医疗等，形成新的经济增长点，推动经济高质量发展。第三，数字化转型有利于促进创新，创造新的就业机会。数字化转型为创新和创业提供了广阔的空间。数字技术的普及降低了创业门槛，使更多创新型企业能够快速崛起。同时，数字化转型催生了新的商业模式，如共享经济、平台经济等，极大地丰富了市场生态。

（二）对接高标准经贸规则对数字化转型的促进作用

在开放型经济新体制下，对接高标准经贸规则，加强国际合作，可以更好地推动数字化转型。首先，高水平开放有助于促进技术交流。通过引进国际先进技术和管理经验，加强与国际规则的对接，有助于促进中国与合作伙伴间的技术交流与项目合作。其次，高水平开放有助于实现营商环境的优化。开放和透明的市场环境使企业在数字化转型过程中能够获得更多的资源和支持；与国际规则接轨有助于吸引更多外资和高科技企业进入本国市场，有利于中国企业更好地利用国际技术、国际人才促进数字化转型。最后，高水平开放有助于推动技术标准化建设。统一的技术标准和规范能够减少企业在跨国经营中的障碍，提升全球市场竞争力，同时有助于保护知识产权，促进技术创新。已有研究指出，建立自由贸易试验区、设立跨境电商综试区，以及实行"走出去"对外直接投资等开放举措可以通过信息传导、风险应对、条件创造、降低交易成本等多种机制，赋能企业的数字化转型。[①] 也有研究指出，在开放程度高（如贸易网络发达）的情况下，数字化转型更好的企业，创新能力更高。[②]

（三）开放与数字化转型的综合分析框架

党的二十大报告指出，加快发展数字经济，促进数字经济和实体经济深

[①] 孙江永、李凤琴：《自由贸易试验区赋能企业数字化转型：理论逻辑与实践路径》，《世界经济研究》2024年第7期；徐保昌、李涵、闫文影：《跨境电商综试区设立能否赋能企业数字化转型？》，《国际贸易》2024年第5期；于津平、夏文豪：《对外直接投资推动企业数字化转型了吗——来自中国上市公司的经验证据》，《国际经贸探索》2024年第5期。

[②] 王鑫颖：《贸易网络、数字化转型与企业创新》，《技术经济与管理研究》2024年第6期。

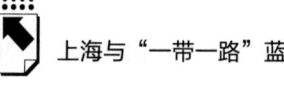

度融合，打造具有国际竞争力的数字产业集群。根据已有文献和理论，本报告梳理了影响数字化转型的四大重要因素，即地区经济发展水平和经济环境、数字基础设施、高标准经贸规则与技术规则的对接、以创新专利衡量的企业技术能力和创新能力。值得注意的是，已有文献大多从企业微观经营管理的视角出发，分析企业规模、高管人员、金融约束等公司治理层面因素的影响。本报告从国际化的研究视角出发，立足于探索如何更好地促进上海与东南亚国家数字经济合作的研究目的，将国家治理、产业政策以及国际规则等宏观因素与微观因素相结合，纳入统一的分析框架。

第一，地区经济发展水平和经济环境。地区的经济发展水平直接影响企业的数字化转型能力。经济发达地区通常具备较高的资金投入能力，能够支持企业进行大规模的技术研发和数字化基础设施建设；经济发达地区的市场需求较大，营商环境更佳，企业可以通过多种渠道赋能数字化转型，更好地满足客户的个性化需求。此外，经济发达地区往往会出台更为积极的政策来支持企业的数字化转型，如提供财政补贴、税收优惠和技术支持。

第二，数字基础设施。高质量的网络基础设施是企业数字化转型的基础。其中，包括高速互联网、5G网络等网络设施，高速网络能够支持企业进行大数据处理、云计算和物联网应用，从而提升运营效率和服务水平。此外，存储和处理大量数据的数据中心也是数字基础设施的重要组成部分。数据中心的建设和维护需要完善的硬件设施，同样是促进数字化转型的重要支撑。

第三，高标准经贸规则与技术规则的对接。规则是数字经济发展和数字化转型过程中最为重要的制度性因素。企业在数字化转型过程中需遵守相关的法律法规和行业标准。这些规则不仅涉及数据隐私和信息安全，还包括知识产权保护、环境保护等方面。技术规则的兼容性是确保不同系统和设备能够互操作的关键，标准化可以降低技术实施的复杂性和成本，促进技术扩散和应用，比如统一的接口标准和通信协议能够提高设备之间的兼容性和互联互通性。在国际化视角和地区合作的维度下，构建严格开放的治理体系和相互兼容的技术规则，是实现数字化转型的前提保障。

第四，以创新专利衡量的企业技术能力和创新能力。拥有大量核心专利技术的企业在数字化转型中具有明显的优势，这些技术可以作为企业竞争的核心资产，为企业提供持续的技术支持和创新动力。同时，开放式创新和知识产权保护机制等制度，均有助于促进技术进步和数字化转型。

下面，本报告将分别对上海市和东南亚国家各自在实行高标准数字经济规则、提升数字经济开放度等领域的政策和措施进行梳理，并利用翔实的数据分析制造业数字化转型已取得的进展，基于以上影响因素的分析框架，分析下一步上海市和东南亚国家数字化转型的发展潜力与机遇。

二　上海的数字经济开放与数字化转型

（一）上海对接高标准数字经贸规则

随着数字经济在全球经济发展和产业变革中的影响力不断上升，数字技术引发的跨境研发设计、全球产业链和国际物流服务等环节的新变革，极大地提升了企业对数据跨境流动和数字技术的需求。实行高水平对外开放，对接高标准数字经贸规则是上海实现高质量发展、实现中国式现代化不可或缺的重要一环。

上海拥有全国领先的数字经济产业。上海拥有全国领先的集成电路和人工智能产业集群。《2022—2023 上海产业国际竞争力报告》指出，2020~2022 年，上海集成电路产业规模不断扩大，从 2020 年的 2071 亿元扩大至 2022 年的 3000 亿元，年均增长率为 20.36%。[①] 上海市产业集聚程度持续上升。截至 2023 年 2 月，上海集成电路产业集聚企业数量达 1130 家，近 5 年集聚企业数量增速在 29% 左右。人工智能产业生态圈加速形成，张江人工智能岛成为全国首个人工智能创新应用先导区，截至 2023 年底，张江高新

---

① 《上海社会科学院报告：上海集成电路产业规模快速扩张，近三年年均增长率超过 20%》，https://finance.eastmoney.com/a/202311112901776083.html，最后访问日期：2024 年 8 月 22 日。

区已备案上线大模型21款，占全国备案上线数的1/5。①上海的数字服务贸易规模不断扩大，数字贸易实现进出口311.7亿美元，同比增长7.4%，进出口额稳步增长。

在持续推动高科技产业升级的同时，上海正深度融合数字经济与传统行业，加速产业数字化转型的进程，以增强整体产业的竞争力。以药店零售业为例，上海华氏大药房有限公司在推进零售药店数字化转型的过程中，特别实施了"数字化药仓项目"。该项目利用现代信息技术和自动化设备，创建了一个24小时不间断运营的自助购药系统，极大地提升了顾客购药的便捷性和药店的运营效率。数字药房配备了自动化设备。②上汽乘用车在数字化转型方面也采取了一系列创新措施，以提升生产效率、产品质量和用户体验。在供应链方面，上汽乘用车构建了供应链智联平台，打通了从项目立项到审核管理和问题管理的全链路，加强了对产品开发进度、质量、风险的过程监控，缩短了产品开发周期。此外，上汽乘用车利用AR等新技术设计产品，优化了用户体验，并且利用"数字化营销透明订单"，使用户可以通过手机App实时了解车辆制造过程，重塑了用户购车体验。③

2024年，上海市人民政府印发《上海市落实〈全面对接国际高标准经贸规则推进中国（上海）自由贸易试验区高水平制度型开放总体方案〉的实施方案》（以下简称《方案》），强调与国际规范接轨，并提出加快构建兼容性强、交互便捷的跨境数据交换系统，明确应率先实施高标准数字贸易规则，规范并促进数据跨境流动，以国际标准促进数据的高效流动。《方案》对于上海加速国际贸易中心建设、实现贸易结构优化与高质量发展具

---

① 《【区域】张江高新区加快建设世界领先科技园区》，https：//m.thepaper.cn/newsDetail_forward_27390323，最后访问日期：2024年8月22日。
② 刘峰：《美团买药合作华氏大药房打造的"24小时智慧药房"落地上海》，https：//www.dsb.cn/218134.html，最后访问日期：2024年9月3日。
③ 《2021年度上海市企业质量管理领域数字化转型十佳案例名单出炉，上汽乘用车入选成汽车行业唯一》，https：//www.saicmotor.com/m/xwzx/xwk/2021/55953.shtml，最后访问日期：2024年9月3日；《2021世界智能制造大会重磅发布，上汽乘用车荣膺国家级"智能制造标杆企业"！》https：//www.saicmotor.com/chinese/xwzx/xwk/2021/56477.shtml，最后访问日期：2024年9月3日。

有深远意义。上海正在推行双轮驱动、双管齐下，既推动贸易活动的数字化，也促进数字产品与服务的贸易化。其中包括推广电子提单、电子仓单等数字化工具的应用，加快数据交易所的建设以探索多元化数据交易模式，以及创新数据跨境流动机制，利用区块链技术提升数据交易的安全性与效率，促进全球数据资源的联通共享。在对接《数字经济伙伴关系协定》（DEPA）方面，上海自贸区成为对接国际数字经济规则的桥头堡，通过实施高水平制度型开放方案，不仅在数字贸易自由化、数据流动便利性上取得突破，还重点推动了国际数字技术标准的采纳与推广；在数据跨境管理、数字服务贸易便利化、强化知识产权保护等领域取得了实质性进展。

总之，上海在对接高标准数字经贸规则方面的努力，体现在对城市经济潜能的深度挖掘与整合上。根据《上海市数字经济发展"十四五"规划》，到2025年，上海数字经济规模预计将达到3万亿元，占全市GDP比重超过60%，标志着上海正在全球数字经济发展浪潮中稳步前行。

（二）上海数字化转型取得的进展

在加速推进数字经济高质量发展、实现数字技术和实体经济深度融合的过程中，上海作为改革开放的排头兵与创新发展的先行者，其企业数字化转型的进程备受瞩目。本部分以上海市上市公司为主要研究对象，结合上海市数字基础设施的发展情况，分析研究典型企业和上海地区的数字化转型所取得的进展。

首先，本报告根据中国研究数据服务平台（Chinese Research Data Service Platform，CNRDS），选择2007~2022年中国A股市场上市公司的年报作为基本样本，通过词频统计方法，深入挖掘年报中与数字化转型相关的关键词频次及相关句子的数量，用来衡量上海市企业的数字化转型程度。此外，本报告还将上海市企业的数据与全国总体情况进行比较。从上市公司数量看，上海市上市企业数增长迅速，由2007年的143家增长为2022年的423家。在行业方面，2022年上海市所有上市公司的行业分布以高附加值行业为主，前三大行业分别是软件和信息技术服务业，计算机、通信和其他电子设备制

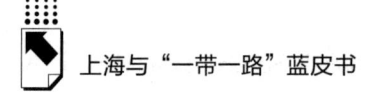

造业，专用设备制造业，三个行业的上市公司数量占上海市上市公司总数的 26.48%。

图 1 直观展示了 2007~2022 年全国和上海市上市公司在其年报中提及的数字化转型相关词频与句频的变化情况，二者皆呈波动上升趋势。这一趋势有力证明了上海市上市公司对数字化转型议题的关注度不断提高，体现了其在拥抱技术创新、推动产业升级方面的前瞻性思维与积极行动。

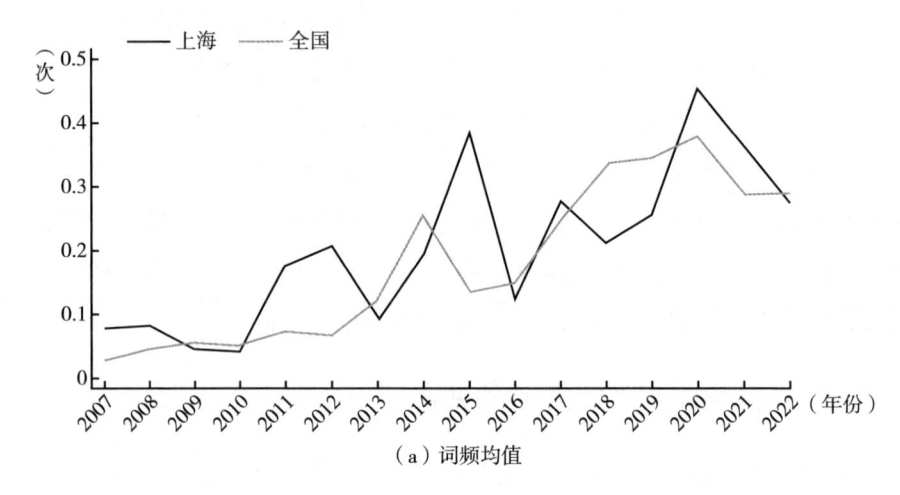

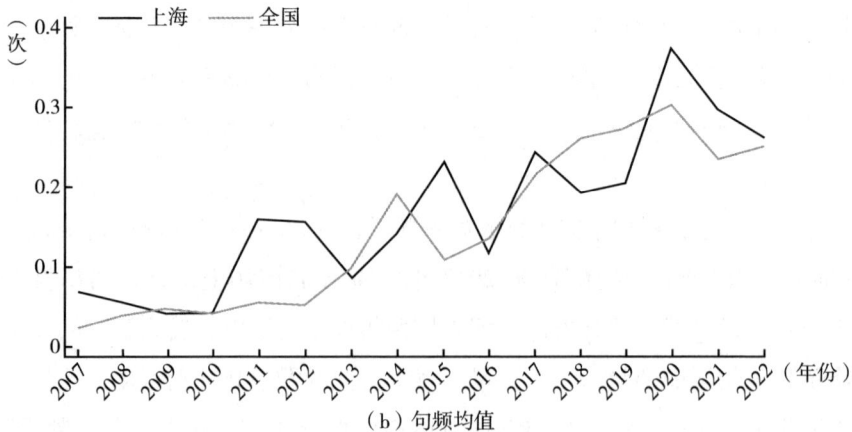

（a）词频均值

（b）句频均值

图 1　2007~2022 年全国和上海上市公司年报中数字化转型相关词频、句频均值

资料来源：笔者根据中国研究数据服务平台数据制作。

上海市上市公司对数字化转型的关注呈现超过全国平均水平的态势。不论是年报中与数字化转型相关的词出现的频次，还是这些词嵌入句段的数量，其增长的趋势均彰显了上海上市公司在数字化转型领域的领先水平。尽管2021~2022年上海上市公司年报中数字化转型相关词的频次有小幅的下降，但其总体水平依然稳定在高位，反映了数字化转型作为核心战略要素在上市公司规划中的重要地位。这两大指标明确显示，上海上市公司在实施数字化转型方面积累了显著的优势。进一步来看，上海上市公司与全国上市公司的数字化转型相关词频的波动趋势大体一致，但在一些特定年份，如2015年，相比于全国平均水平，上海上市企业更加关注数字化转型，这是其在促进企业数字化转型方面的积极探索与政府积极引导的直接体现。此外，《上海市数字经济发展"十四五"规划》也提到，到2023年，上海全市规模以上企业数字化转型比例将达到70%，并特别关注"3+6"重点产业体系，旨在通过数字化转型实现全行业的提质、降本、增效。

其次，本报告还收集了上海上市公司年报数据中的数字化无形资产价值，关注数据化无形资产占公司总体无形资产的比例。结果如图2所示。相较于2007年，2022年上海上市公司数字化无形资产占比显著提升，且2007~2022年持续超过全国平均水平，这一趋势对上海市推进新型基础设施建设、发展数字经济等提供了有力的支撑，也体现了上海制造业企业主动拥抱数字化变革的活力与成效。从政策层面来看，上海依托自贸区及临港新片区等制度创新高地，推出一系列旨在优化数字营商环境、促进数据要素流动、加强知识产权保护的举措，为数字化转型创造了良好的外部条件。同时，通过实施"3+6"重点产业体系布局，上海正加速推进集成电路、生物医药、人工智能三大先导产业与六大重点产业集群的数字化融合，进一步巩固其在数字经济领域的领跑地位。

值得注意的是，尽管上海上市公司在数字化转型的道路上已取得显著成就，但观测结果显示，其数字化无形资产占比的增速在近年来趋向平稳，这表明未来上海上市公司仍需持续深化企业创新，探索新的数字化应用场景与商业模式，不断增强在数字经济发展中的竞争优势。

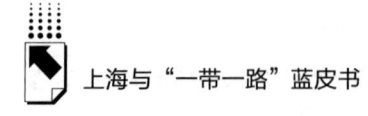

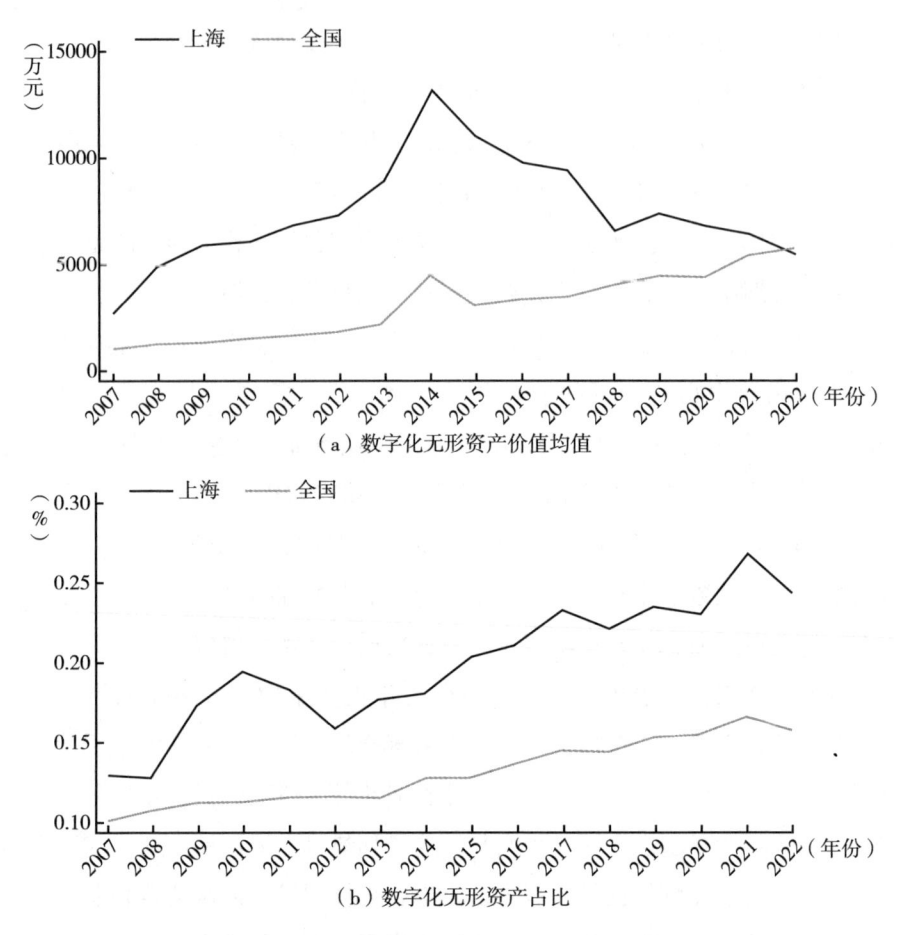

图 2　2007~2022 年全国和上海上市公司数字化无形资产价值均值及数字化无形资产占比

资料来源：笔者根据中国研究数据服务平台数据制作。

最后，除了对上市公司行为进行分析，本报告还选择了算力和网络通信作为观测指标，分析了上海市数字转型总体基础设施的情况。

数字基础设施建设是数字经济时代的关键基石，上海推动数字经济高质量发展和企业数字化转型离不开数字基础设施的支撑。作为长三角国家算力枢纽节点的核心，上海正全力推进"东数西算"工程与区域算力调度的示范应用。依据中国信息通信研究院《中国算力发展指数白皮书（2023 年）》，单位算力服务发展指数提升可以带来 0.64 万元的人均数字经济产出增长，以及566.4亿元数字经济规模的增长。① 上海算力指数跃居全国首位，综合算力指数居全国第二位，人均数字经济产出超过35万元，展现了其在数字基础设施建设上取得的显著成就。根据《中国综合算力评价白皮书（2023年）》，上海在综合算力领域保持领先地位，在综合算力规模上依旧领跑全国，实际在用算力已超过13EFLOPS（FLOPS，即每秒执行的浮点运算次数），同时在建算力规模也达到了7EFLOPS以上，算力基础设施的建设有力地支撑了上海企业和城市数字化转型的发展。② 依托上海超算中心建设并运营的上海市人工智能公共算力服务平台在2023年2月举行的上海算力网络论坛上正式揭牌投用，该平台是首批全国已经建成的算力调度平台之一，这对于地方性的算力统筹布局，以及"东数西算"整体算力的统筹调度都发挥了重要作用。③

《2023年上海市国民经济和社会发展统计公报》显示，2023年上海的城市信息化建设实现了突飞猛进的发展。在网络通信能力方面，上海千兆光网接入能力已覆盖961万户家庭。互联网省际出口带宽66671Gbps，比上年末增加9870.7Gbps；互联网国际出口带宽9513.48Gbps，比上年末增加256.16Gbps。累计建设超7.8万个5G室外基站、37万个室内小站，实现全市域5G网络基本覆盖，为智慧城市建设和各行业数字化转型提供了坚实的网络支撑。④

综上所述，上海在推动上市企业数字化转型方面体现出卓有成效的进展，进行了前瞻性布局，通过政策引导与企业实践的双重驱动，不仅提升了自身经济的韧性和竞争力，也为全国其他地区的数字化转型提供了宝贵经验

---

① 中国信息通信研究院：《中国算力发展指数白皮书（2023年）》，http://www.caict.ac.cn/kxyj/qwfb/bps/202309/P020240326630458153765.pdf，最后访问日期：2024年8月22日。
② 中国信息通信研究院：《中国综合算力评价白皮书（2023年）》，http://www.caict.ac.cn/english/research/whitepapers/202311/P020231102480519430858.pdf，最后访问日期：2024年8月22日。
③ 沈文敏：《上海成立公共算力服务平台》，http://society.people.com.cn/GB/n1/2023/0224/c1008-32630335.html，最后访问日期：2024年8月22日。
④ 《2023年上海市国民经济和社会发展统计公报》，https://tjj.sh.gov.cn/tjgb/20240321/f66c5b25ce604a1f9af755941d5f454a.html，最后访问日期：2024年8月22日。

和示范效应。面对未来，上海应继续加强国际合作，对接国际高标准经贸规则，积极参与《数字经济伙伴关系协定》等国际合作框架，以期在全球数字经济版图中占据更加主动和核心的位置。

（三）下一步发展的有利条件

上海市在数字化转型的进程中具有显著的优势，这得益于其坚实的经济基础、完善的产业结构、高度开放的市场体系。这些因素不仅为上海奠定了在国内外市场中的领先地位，也为其持续推动数字化转型创造了有利条件。展望未来，上海将依托这些优势，进一步深化数字化转型，为城市经济的高质量发展注入新的动力。

一是信息技术投资占GDP比重较高，数字化基础设施较为完备。上海发展战略研究所构建的2023年国际大都市产业数字化水平评价指标体系测度显示，2022年上海信息技术相关的新型基础设施投资额占GDP比重高达7.87%。同时，上海的数字化基础设施在5G网络部署上也保持了国际前沿水平，根据测度数据，2022年上海的5G发展综合得分为29.26分，仅次于伦敦（31.71分）。[①]

二是上海数字研发能力优势显著。2023年，上海每万人口高价值发明专利拥有量达到50.2件。[②] 这一数据体现出上海在技术创新和知识产权保护方面的持续努力，上海市建设国际科技创新中心已形成基本框架。高价值发明专利的快速增长，反映出上海在数字经济关键领域，如人工智能、集成电路、生物医药等行业的研发投入和创新成果转化取得了实质性的突破。这得益于上海市政府对研发机构的大力扶持、对高新技术企业的优惠政策激励、对产学研用协同创新体系的不断完善。通过构建开放包容的创新生态，上海吸引了大量高层次科研人才，促进了创新型企业的集聚，进一步强化了

[①] 盛维、张洁：《上海战略所丨20座国际大都市产业数字化测评，上海排第6位》，https：//www.thepaper.cn/newsDetail_forward_26138902，最后访问日期：2024年8月22日。

[②] 《上海：每万人口高价值发明专利拥有量达50.2件》，https：//www.gov.cn/lianbo/difang/202403/content_6941950.htm，最后访问日期：2024年8月22日。

其在全球创新网络中的节点地位。此外,这一成就还为上海培育战略性新兴产业、推动传统产业数字化转型提供了强有力的科技支撑,加速了经济结构的优化升级,为实现高质量发展奠定了坚实的基础。上海在世界知识产权组织(WIPO)《2023年全球创新指数报告》"最佳科技集群"中的排名提升至第5位(与苏州合并为同一科技集群)。[1]

三是上海在推动数字化产业革新与转型升级方面优势显著。上海依托其优越的商业环境,成功吸引了淘天、京东、拼多多、网易等诸多顶尖电商平台的入驻,这些企业横跨消费、产业、生鲜及私域等多个电商细分领域,呈现蓬勃发展的态势,共同塑造了上海独有的电商产业生态优势。与此同时,上海在制造业数字化转型的探索中亦处于领先地位,尤其是在工业机器人的应用上。2022年第二季度,上海首次发布机器人密度指数,规模以上企业机器人密度达260台/万人,是世界机器人密度平均水平的两倍多,而在汽车、高端装备等重点产业,机器人密度更是高达383台/万人。[2] 2024年4月,上海重点产业规模以上工业企业机器人密度达每万人426台,居世界领先水平。[3] 上海在智能制造及自动化集成方面已取得显著成效。综上所述,上海不仅在构建多元化、高效的电子商务生态圈方面成绩斐然,而且在推动制造业向智能化、自动化转型的进程中亦表现出强劲的动力与显著的国际竞争优势,为全球城市的数字化转型提供了典范案例。

三 东南亚国家的数字贸易开放与数字化转型

近年来,随着区域经济一体化合作不断加强,东南亚地区数字经济快速

---

[1] 陈悦:《上海首次跻身全球"最佳科技集群"前五名,6年上升了14位》,https://www.thepaper.cn/newsDetail_forward_24692069,最后访问日期:2024年8月22日。
[2] 李晔:《上海工业机器人去年产量占全国1/5,首批标杆企业与典型场景入围名单出炉,未来3年工业机器人密度有望再提升》,https://www.shanghai.gov.cn/nw4411/20230119/81bd8611f4a549e182a06579661fd92c.html,最后访问日期:2024年8月25日。
[3] 姚玉洁、龚雯:《关注上海高质量发展:从机器人密度看企业向"新"发展》,https://m.thepaper.cn/detail/27477615,最后访问日期:2024年8月25日。

发展，数字化转型进程日益加快，区域数字一体化程度不断加深。根据谷歌、淡马锡和贝恩公司发布的报告，尽管现阶段全球宏观经济增速放缓，但东南亚地区商品交易总额（GMV）继续呈上升趋势，预计到2030年，东南亚数字经济收入有望达到6000亿美元，成为区域经济发展的重要推进器。[1]

（一）东南亚国家数字经济总体政策与数字化转型

自东盟1997年通过《东盟2020年愿景》以来，东南亚各国一直致力于数字化转型。2000年，《电子东盟框架协议》（e-ASEAN Framework Agreement，eAFA）通过，成为之后20年指导东盟数字技术合作的基础性文件。2018年，《东盟数字一体化框架》（ASEAN Digital Integration Framework，DIF）[2]作为指导区域数字经济发展的纲领性文件发布。此后4年中，《东盟数字一体化框架行动计划2019—2025》（ASEAN Digital Integration Framework Action Plan 2019-2025，DIFAP 2019-2025）[3]、《东盟全面复苏框架》（ASEAN Comphensive Recovery Framework，ACRF）[4]、《东盟数字总体规划2025》（ASEAN Digital Master Plan 2025）[5]、《斯里巴加湾路线图：加快东盟经济复苏与数字经济一体化的东盟数字转型议程》、《东盟电子商务协定实施工作计划》[6]五个指导性文件陆续推出，在新冠疫情的影响下努力发展数字经济以对冲全球低迷的经济走势，全面推动东盟成员国数字化转型进程落地。2021年10月，《东盟第四次工业革命综合战略》发布，提出东盟数字共同体的愿景，达成技术

---

[1] "e-Conomy SEA 2023"，https://www.bain.com/insights/e-conomy-sea-2023/.
[2] "ASEAN Digital Integration Framework Action Plan（DIFAP）2019-2025"，https://asean.org/wp-content/uploads/2018/02/AECC18-ASEAN-DIFAP_Endorsed.pdf.
[3] "ASEAN Digital Integration Framework Action Plan（DIFAP）2019-2025"，https://asean.org/wp-content/uploads/2018/02/AECC18-ASEAN-DIFAP_Endorsed.pdf.
[4] "ASEAN Comphensive Recovery Framework"，https://asean.org/wp-content/uploads/2020/11/2-FINAL-ACRF_adopted-37th-ASEAN-Summit_12112020.pdf.
[5] "ASEAN Digital Masterplan 2025"，https://asean.org/wp-content/uploads/2021/08/ASEAN-Digital-Masterplan-2025.pdf.
[6] "Work Plan on the Implementation of ASEAN Agreement on Electronic Commerce"，https://asean.org/book/work-plan-on-the-implementation-of-asean-agreement-on-electronic-commerce/.

治理与网络安全、数字经济和社会数字化转型三大目标。2023年，东盟继续深化合作方案，《东盟数字经济框架协议》(ASEAN Digital Economy Framework Agreement)开始谈判，以期通过数字贸易、跨境数字交流、电子商务金融系统等方面的全面协议，加速达成东盟成员国全面数字化转型的目标。

除东盟总体的数字化转型发展战略外，东南亚各主要经济体均在国家宏观层面进行了数字经济政策和数字化转型的部署，通过数字技术增强本国经济和社会发展能力。印度尼西亚（"工业4.0"路线图）、新加坡（ITM 2025和"智慧国家"）、马来西亚（《马来西亚国家工业4.0政策》和数字经济蓝图）、越南（数字化转型计划）、泰国（投资促进战略2023—2027年）等国家的实践均体现了这一方向。表1归纳总结了数字经济具有代表性的东南亚国家（包括印度尼西亚、新加坡、马来西亚、越南和泰国）在其政策领域的重点内容。

表1 东南亚主要国家数字经济政策

领域	印度尼西亚	新加坡	马来西亚	越南	泰国
数字基础设施	√	√	√	√	√
数字产业		√			√
数字政府	√	√		√	
电子商务	√		√		
数字人才	√	√	√		

资料来源：笔者根据各国政策总结。

（二）东南亚各主要经济体的数字化转型：政策与实践

1. 印度尼西亚

在过去十年中，印度尼西亚数字产品和服务的消费和生产显著增长。截至2023年，印度尼西亚互联网总人口达2.15亿人，互联网覆盖率达78.2%，社交媒体注册用户达1.390亿人，占总人口的49.9%。2023年数字经济价值达1100亿美元，在东南亚地区的占比超过40%，高于东南亚国家平均水平，是东南亚数字经济规模最大的国家。①

首先，印度尼西亚数字经济的蓬勃发展源于其数字化基础设施特别是移动通信和互联网的总体发展。国际电信联盟的统计数据显示，印度尼西亚2010年移动宽带接入量为4500万户，2020年增长至2.44亿户；固定宽带接入量从2010年的200万户增长至2020年的1100万户。在佐科任期内，印度尼西亚政府继续加大对数字基础设施建设的投入力度，显著增加了ICT产业公共支出分配预算。② 2021年，印度尼西亚出台《2021—2024年印度尼西亚数字路线图》，提出数字化转型战略领域、重点领域和战略方向，发展ICT基础设施以支持数字化转型被确定为国家中期计划中的一个主要项目。2019~2023年，印度尼西亚新增通信基站8000多个，扩展联网范围，为3T地区（弱势地区、前沿地区和最外围地区）广泛提供互联网接入服务。此外，印度尼西亚正在建设的电信设备测试中心（BBPPT）落成后将成为东盟最大的ICT设备测试中心。

其次，数字政府与数字治理也是印度尼西亚数字化转型的重点领域。2018年，印度尼西亚发布第95号总统令，制定电子政务系统总体规划。2020年，印度尼西亚发布的《国家数字转型议程》再次强调制定战略部门数字化转型路线图、加快数据整合和建设国家数据中心（PDN）的重要性。印度尼西亚政府的发展目标是使所有公共政务服务都能通过互联网获取。为此，印度尼西亚在雅加达以最高标准建立起国家数据中心，将其用作电子政府系统（SPBE）的基础设施，计划打造涵盖100多个政府机构、48个地方政府、90个国有企业等的全方位电子政务系统。印度尼西亚政府还推出"100个智慧城市"计划，推动地方政府利用数字技术和物联网提升公共服务水平和决策治理效率。

最后，印度尼西亚重视数字研发投资，尤其是对数字化人才的投资与培养。一方面，印度尼西亚政府推出覆盖2200万人口的数字扫盲计划，加快

---

① "e-Conomy SEA 2023"，https：//www.bain.com/insights/e-conomy-sea-2023/.
② T. Anas, E. Cahyawati, "Trategic Investment Policies for Digital Transformation", *Journal of Southeast Asian Economies*，2023，40（1）：96-126.

提升农村地区人口的数字素养，缩小数字鸿沟。通过全国数字素养运动和数字人才奖学金等方式鼓励数字领域人才创新。另一方面，印度尼西亚通过特定的激励政策，如2020年颁布的《创造就业综合法》取消数字领域的外国股权限制，促进印度尼西亚国内超过6400万家小微企业积极吸收外资，向数字化行业转型。据估算，至2024年底印度尼西亚将有3000万家中小微企业充分参与数字经济转型进程。①

2. 新加坡

新加坡的数字经济发展在东南亚以及全球均处于领先地位。根据《2023新加坡数字经济报告》，2022年数字经济相关产业在新加坡GDP中的占比超过17%，约为775亿美元。其中信息和通信部门（I&C）直接经济贡献达5.4%，其他产业数字化转型带来的经济增长占比11.9%，平均年增长率为13.5%。②

首先，从数字基础设施方面来看，由于优越的地理位置和发达的经济，加之各项积极政策和总体规划，新加坡的数字基础设施已很完善。2021年，新加坡资讯通信媒体发展局（Infocomm Media Development Authority，IMDA）发布的数据显示，新加坡居民互联网接入率已达98%，有92%的个人能够使用互联网。此外，新加坡已经是亚洲的海底容量中心，拥有大约30条国际海底电缆，加之数据中心投资和激励政策，已吸引包括亚马逊、微软、IBM、谷歌在内的全球各大互联网巨头在新加坡设立数据中心和云服务站，极大地提升了新加坡数字经济的活力和可持续性。③

其次，从数字技术方面来看，新加坡产业的数字化升级与高技术采用率

---

① 《中小企业与合作社部长对印尼3000万家中小微企业参与数字生态系统表示乐观》，http：//id.mofcom.gov.cn/article/mytz/sbmy/202204/20220403302339.shtml，最后访问日期：2024年8月25日。

② Infocomm Media Development Authority & Lee Kuan Yew School of Public Policy, National University of Singapore, "Singapore Digital Economy Report 2023", https：//www.imda.gov.sg/-/media/imda/files/infocomm-media-landscape/research-and-statistics/sgde-report/singapore-digital-economy-report-2023.pdf.

③ 王勤：《东盟国家数字基础设施建设的现状与前景》，《南亚东南亚研究》2022年第5期。

有紧密关系。根据 IMDA 发布的《企业信息通信使用年度调查》，企业技术采用率（至少含一项数字技术比例）从 2018 年的 78% 上升到 2022 年的 93%，技术采用强度（数字技术的平均数量）从 2018 年的 1.7 增加到 2022 年的 2.1。[1] 值得注意的是，与建筑、房地产、运输和仓储等行业相比，金融和保险以及专业服务等行业更广泛地采用了数字技术，如云计算、数据分析和人工智能等各种技术。为使更多中小企业能够充分发挥数字经济的潜力，2017 年新加坡政府推出中小企业数字化转型项目（SMEs Go Digital Programme）。2023 年，新加坡进一步绘制数字企业蓝图，进一步提高中小企业生产力和创新能力，促进数字经济稳步发展。

最后，从数字人才创新方面来看，新加坡政府致力于培养技术高、竞争力强的数字人才。自 2015 年起，新加坡政府极力推动"技能创前程"（Skills Future），以促进全民参与并提升生产力。2015~2022 年，IMDA 发起的技术培训已使超过 13000 人得到技术培训并走上新的工作岗位，有接近 2 万人接受了网络安全、人工智能和数据分析等新兴领域的技术技能培训，使更多的新加坡公民能够学习和使用数字技能，从而有更多的机会就业、改善生活。[2] 作为技术中心和资金与人才的区域门户，新加坡可以发挥催化作用，推动东南亚数字经济下一阶段的可持续增长。

3. 马来西亚

自 2016 年起，马来西亚政府出台了一系列强调数字经济发展的政策和计划。其中包括《国家电子商务战略路线图》（2016 年）、《马来西亚国家工业 4.0 政策》（2018 年）、《第四次产业革命国家政策》（2021 年）和数字经济蓝图（2021 年）。这些政策由国家数字经济和第四次工业革命委员会协调推进，数字投资办公室（DIO）、投资发展局（MIDA）、数字经济公司

---

[1] "MCI Response to PQ on Tangible Outcomes of Grants Provided under SMEs Go Digital", https://www.mddi.gov.sg/media-centre/parliamentary-questions/pq-on-tangible-outcomes-of-grants-smes-go-digital/.

[2] J. Erh, "Singapore's Digital Transformation Journey", *Journal of Southeast Asian Economies*, 2023, 40 (1): 4-31.

(MDEC)等机构支持实施。

首先，在数字基础设施方面，2019年马来西亚提出国家光纤互联互通计划（NFCP）。这一计划是2010~2018年马来西亚国内实施的国家宽带倡议（NBI）的延续，旨在通过在5年内向数字基础设施建设提供120亿美元的投资继续提升马来西亚的宽带接入量和质量。2020年，马来西亚政府宣布向民众提供价值相当于1.38亿美元的免费互联网服务，并额外投入9200万美元，扩大网络覆盖范围。2021年，马来西亚政府推出了十年数字经济蓝图"数字马来西亚"，提出通过公私合作方式投资建设5G、超大规模数据中心等数字基础设施改善数字经济生态，在5年内催化5000家初创企业带动数字经济发展。[1]

其次，马来西亚重视吸引数字经济新业态的企业投资，积极吸引外国科技巨头在马设立数据中心。2023年8月，马来西亚国家能源公司宣布设立"绿色通道"，简化数据中心入驻流程，为运营商提供高效、环保的解决方案。目前已吸引谷歌、微软、阿里巴巴等国际知名互联网企业投资设立大型数据中心。根据预测，马来西亚数据中心市场规模将从2022年的13.13亿美元增长到2028年的22.52亿美元，复合增长率约为9.4%。[2]

最后，从开放政策来看，马来西亚政府一直积极支持电子商务行业发展。数字自由贸易区（DFTZ）和数字经济蓝图等激励性政策为马来西亚电子商务企业蓬勃发展提供了有利环境。2021年，马来西亚国家数字经济和第四次工业革命委员会批准了国家电子商务战略路线图2.0，以促进电子商务的发展，加强政策实施和监管，改善电子商务生态。例如，eTRADE计划为当地中小微企业提供资金和技术培训援助，以提高其电子商务能力。预计到2029年，马来西亚电子商务市场规模将达到209.3亿美元。[3]

---

[1] C. Lee, "Strategic Policies for Digital Economic Transformation", *Journal of Southeast Asian Economies*, 2023, 40（1）: 32-63.

[2] "e-Conomy SEA 2023", https://www.bain.com/insights/e-conomy-sea-2023/.

[3] "Malaysia E-commerce Market Size & Share Analysis—Growth Trend & Forcast（2024-2029）", https://www.mordorintelligence.com/industry-reports/malaysia-ecommerce-market.

4. 泰国

泰国数字化转型依托一个更加长远的规划。2016年，泰国成立"数字经济和社会部"，推广并实施为期20年的"数字泰国发展计划"，也称"泰国4.0"战略。该计划分为三个阶段：第一阶段发力数字基础建设，第二阶段发展数字包容，第三阶段到2037年实现全面数字化转型。在三个阶段之后，继续利用数字技术发展，争取用10~20年的时间推动泰国迈向发达国家行列。① 在这一发展计划的实施过程中，重点在于借助数字技术改造传统产业，加快传统产业转型升级，如通过数字赋能，加速推进传统农业、手工业向智能化作业、高附加值产业转型，实现各领域向数字化经济社会的转型。

此外，泰国同样重视并持续推进数字基础设施建设。2018年，泰国政府推出全国宽带网络Connected Net Pacharat，旨在为超过2.4万个位于村庄的贫困家庭提供廉价且易获得的高速互联网。② 2020年5月，泰国成立国家5G发展工作组（Board of 5G），制定5G发展路线图，并加强机构之间的合作，整合相关资源。③ 截至2021年底，5G网络已覆盖泰国76%的人口，5G网络使用者大约为430万人。④ 这为泰国数字化转型提供了优良的发展基础。

5. 越南

推动数字化转型、发展数字经济是当前越南的主要经济发展目标之一。2019年，越共中央政治局第52-NQ/TW号决议指出，发展数字经济是未来几年越南国家数字化转型的重要支柱、重点任务和发展战略，确定了完善法律体系的关键优先任务和解决方案。2020年，越南发布《2025年实现国家

---

① J. Jongwanich, "Readiness of Thailand Towards the Digital Economy", Journal of Southeast Asian Economies, 2023, 40 (1): 64-95.
② "Thailand Board of Investment: Thailand's Digital Economy: Setting the Pace in ASEAN", https://www.boi.go.th/upload/content/TIR_September2018_5bbc1a2deb947.pdf.
③ 《泰国数字经济深具发展潜力 为外商投资打造良好产业环境》，http://www.fecn.net/mobile/3/2021/0809/0809252884252884.html，最后访问日期：2024年8月25日。
④ "GSMA: Roadmaps for Awarding 5G Spectrum: A Focus on Thailand", https://www.gsma.com/connectivity-for-good/spectrum/wp-content/uploads/2022/09/spec_thailand_mini_roadmap_07_22.pdf.

数字化转型计划及2030年发展方向》，旨在构建数字政府、数字经济和数字社会，打造具有全球竞争力的数字企业。2021年，越共十三大报告明确提出："快速可持续发展主要依靠科技、创新和数字化转型。"[1] 同年，越南政府成立国家数字化转型委员会，并设定基于数字政府、数字经济和数字社会三大支柱的发展指标。另外，越南已将每年10月10日定为国家数字化转型日。近年来，越南国家、企业和全体社会对数字化转型的认识不断提高。

加强数字基础设施建设和数字治理是越南目前数字化转型的重点领域。2020年发布的《2025年实现国家数字化转型计划及2030年发展方向》提出2025年光纤网络基础设施将覆盖全国80%以上的家庭和100%的社区，国内50%以上的人口将使用电子支付方式的目标。[2] 2021年，越南总理范明政批准电子政府发展战略（eCDS），在2021~2025年内设置发展数字政府和数字技术企业的双重目标，通过掌握和开发核心技术，利用开放平台服务数字政府，形成应用生态系统。2024年4月，越南政府发布《越南国家数字化转型委员会2024年行动计划》，优先发展目标为各部门和地方行政信息系统全部与公共服务监测和度量系统联通，信息报告系统需全部与中央政府信息报告系统联通。[3] 此外，政府未来需完成53项必要公共服务，保证至少40%的成年人使用线上公共服务，国家电网覆盖的村寨需全部安装移动宽带。

四　促进上海与东南亚国家数字化转型合作的政策建议

上海与东南亚国家的数字化转型合作已经取得了显著的成效。如2024

---

[1] "The 13th National Party Congress Resolution"，https：//tapchicongsan.org.vn/web/english/focus/detail/-/asset_publisher/FMhwM2oQCZEZ/content/the-13th-national-party-congress-resolution#.

[2] 王岩、张雅冬：《东南亚数字基础设施建设方兴未艾》，载王勤主编《东南亚地区发展报告（2021~2022）》，社会科学文献出版社，2022。

[3] 《越南发布〈越南国家数字化转型委员会2024年行动计划〉》，https：//www.investgo.cn/article/gb/gbdt/202404/717965.html，最后访问日期：2024年8月22日。

年7月10日，新加坡劲升逻辑与上海亿通国际股份有限公司、上海市数字证书认证中心有限公司签署了合作意向书，三方将在数字身份、电子签名、贸易单证数字化等领域展开深入合作，以推动沪新贸易数字化的高质量发展。① 劲升逻辑还与上海亿通国际股份有限公司和上海亚太示范电子口岸网络（APMEN）签署了合作意向书，旨在推进口岸数字化转型，打造数字口岸、智慧口岸，以人工智能自动化的贸易合规解决方案，通过单一平台帮助提高贸易企业的合规性、效率和生产力。合作的试点用户将是中远海运集装箱运输公司，通过劲升逻辑和上海国际贸易单一窗口平台实现"一单两报"的效果，将实现与越南、马来西亚和新加坡的跨境物流合规信息的联通与交互。② 上海左岸芯慧电子科技有限公司（以下简称"左岸芯慧"）与泰国在智慧农业领域的合作，特别是在圣女果种植项目上的合作，是一个典型的数字化转型案例。在泰国圣女果种植物联网技术应用示范项目中，左岸芯慧与泰国农业部合作，利用其核心产品云智能水肥一体机、智能数字传感器以及智慧农业云平台，为泰国的现代农业领域提供技术支持。③ 此外，上海临港新片区管委会与马来西亚Cyberview Sdn. Bhd.、Skyvast Sdn. Bhd. 华势天际公司、上海临港新片区跨境数据科技有限公司签署了关于"数字双城"项目的合作备忘录。在合作备忘录的框架下，临港新片区将依托"数字丝绸之路"框架，重点围绕数字经济、协同创新、经贸规则规制对接等方面开展合作，推动两地乃至更广泛区域的合作与发展。合作还计划加强数据新基建，推动双城基础设施、功能平台的互联互通，为数据产业的全球合作奠定基础。④

---

① 《劲升逻辑携手亿通国际与上海CA，共推沪新贸易数字化新篇章》，https://biz.ifeng.com/c/8b6ONHPgZUO，最后访问日期：2024年9月3日。

② 《直击进博会｜劲升逻辑与中国企业合作共赢，助力跨境贸易业务发展!》，https://mp.weixin.qq.com/s/aMqVBo1CFBa9cAm4vN8_uQ，最后访问日期：2024年9月3日。

③ 《泰国农业部圣女果种植物联网技术应用示范项目成功验收》，http://www.zaxh.cn/article/130，最后访问日期：2024年9月3日。

④ 《临港新片区携手马来西亚赛城启动"数字双城"项目，打造全球数据创新合作新样板》，https://www.lingang.gov.cn/html/website/lg/index/news/list/p18106140274364948 50.html，最后访问日期：2024年9月7日。

为进一步促进上海与东南亚国家在数字经济领域的合作，推动企业数字化转型，本报告提出了以下四个关键的政策方向：提高数字政策的包容性、开放性与协调性；进一步促进双向投资，加速制造业、服务业等多领域的数字化转型合作；加强上海与东南亚国家在数字经济领域的人才培养合作；在智慧城市、政府治理等创新领域，形成更多的合作增长点，推动上海与东南亚国家在数字经济领域的深度融合。

提高数字政策的包容性、开放性与协调性。上海与东南亚国家应在数字经济领域实现政策协调与开放，确保双方在数据流动、市场准入、技术标准等方面达成一致，进一步减少企业在跨境业务中面临的制度性壁垒，为数字经济的合作提供坚实的基础。上海应充分发挥开放桥头堡的作用，以产业需求为导向，在金融服务、数据跨境流动、商务人员出入境等方面，实施"一揽子"高标准数字经贸规则，营造稳定公平透明可预期的营商环境。新加坡是《数字经济伙伴关系协定》的重要成员国；上海可与新加坡重点推进人工智能、中小企业等创新领域的合作，结成"数字友好"姊妹城市；上海可牵头通过组织国际会议、行业协会等，搭建对话平台，与新加坡、印度尼西亚、马来西亚等国共同参与国际标准制定，增强在全球数字经济领域的影响力。

进一步促进双向投资，加速制造业、服务业等多领域的数字化转型合作。上海在利用数字技术赋能传统制造业产业升级等领域拥有丰富的实践经验和众多成功的案例，拥有较强的数字技术定制化服务能力以及相关人才的储备。在多年来中国与东南亚国家开展投资与产业合作的基础上，上海应当先行先试，进一步鼓励企业"走出去"，加强与东南亚国家之间的合作，除扩大投资规模之外，更应当鼓励在位企业的数字化升级，通过数字化赋能，加速企业数字化转型。通过汽车协会、纺织协会等行业协会或商会，建立企业对接平台，增强企业数字化转型的意识，在数字化技术、生产性配套服务等方面为双方企业提供便利。同时，鼓励双向投资与合作，可考虑通过设立中国与东南亚国家数字产业合作基金的方式，吸引东南亚国家先进的数字企业优先入驻中国（上海）自由贸易试验区，夯实合作基础。

加强上海与东南亚国家在数字经济领域的人才培养合作。现在面向东南亚的国际化人才培养以语言、贸易和商务为主，以数字技术、电子商务、数字应用为主要内容的教育合作与人才培养仍存在不足。首先，上海可利用其高等教育优势，与东南亚国家的大学合作，开设数字经济相关的联合学位项目，培养具有国际视野的数字技术人才；还可以通过短期培训、在线课程等形式，针对企业需求进行定制化人才培养。其次，应当利用中国与新加坡等国便利的签证制度，推动人才之间的交流与互访。促进上海与新加坡、吉隆坡、马尼拉等城市之间的双向人才交流计划，鼓励学生和专业人士参与互访和实习项目；在数字产业基础较好的东南亚市场，如马来西亚、泰国等国家推广上海的数字技术培训项目，帮助其劳动力掌握云计算、大数据、人工智能等新兴技术的应用。

在智慧城市、政府治理等创新领域，形成更多的合作增长点，推动上海与东南亚国家在数字经济领域的深度融合。首先，聚焦智慧城市、电子政务、数字基础设施等领域，建立数字经济龙头示范项目，借鉴天津中新生态城等的成功经验和发展模式，打造双方合作的标杆和推广案例。其次，由当地政府牵头、双方企业共同参与，分享政府治理和智慧城市等数字化转型的经验，探讨合作新模式。最后，推动上海与东南亚国家在公共服务领域的合作，特别是在智慧医疗、在线教育、数字交通等方面。通过共享数据、技术和资源，提高公共服务的质量和效率，增强区域内居民的获得感和幸福感。

B.10
上海服务"一带一路"规则标准创新及推动与东南亚国家的协同发展研究

李天国 许康棋[*]

摘 要： 制定和推广适用于"一带一路"共建国家的标准和规则，不仅能提升经济合作效率，促进对外经济关系，也有助于大力发展新质生产力，扩大中国的高水平对外开放，推动经济结构转型升级。上海在服务"一带一路"建设的过程中，通过规则标准创新推动与东南亚国家的协同发展。2023年，上海立足自身区位优势和技术优势，在东南亚国家基础设施建设、经济贸易以及金融规则标准创新方面取得了诸多成果。未来，上海有必要继续支持企业开展国际规则标准创新，将原有科研优势转化为规则标准创新优势，并且对标国际先进规则标准，完善国际标准跟踪转化机制。此外，有必要针对东南亚市场的需求特点、行业发展趋势和标准规范要求推动规则标准创新；通过高新技术人才交流合作机制，推动更加开放包容、互惠共享的国际科技合作战略。

关键词： 上海 "一带一路" 东南亚

规则标准创新是上海服务"一带一路"建设并与东南亚国家协同发展的重要路径之一。制定和推广适用于"一带一路"共建国家（简称"共建国家"）的统一标准和规则，不仅可以降低贸易壁垒，还可以提升经济合作效率，从而促进对外经济关系。这种规则标准创新不仅涵盖经贸标准和技

---

[*] 李天国，经济学博士，中国社会科学院亚太与全球战略研究院新兴经济体研究室副主任、副研究员，主要研究方向为国际经济学、新兴经济体、朝韩经济；许康棋，中国社会科学院大学国际政治经济学院硕士研究生，主要研究方向为世界经济。

术标准，还涉及金融等领域的规则创新。习近平总书记提出的"新质生产力"概念强调了生产关系的创新，包括产业结构的优化升级、技术创新的推动，更重要的是推动制度机制创新，构建更加灵活、高效的经济运行机制。上海服务"一带一路"规则标准创新不仅是为了适应与东南亚国家的国际合作需求，也是为了推动国内经济结构转型升级，促进经济发展模式的转变，是发展新质生产力的有效途径之一。上海服务"一带一路"规则标准创新应按照中国式现代化的建设要求，注重提振企业活力，推动标准供给从政府主导向政府、市场并重转变；坚持发展新质生产力，推动规则标准运用由基础设施建设向经贸制度、技术、金融服务等多领域转变。

一 "一带一路"规则标准创新在东南亚国家取得的主要进展

（一）中国与东南亚国家间的政策与制度沟通

2023年，中国与东南亚国家加强政策沟通，与多数东南亚国家签订了双边或多边的政府层面的合作协议，其中包括很多规则标准方面的对接项目和合作制度安排。这些合作协议将成为中国与东南亚国家开展规则标准创新的政策基石，对于上海开展服务"一带一路"规则标准创新和与东南亚国家协同发展具有重大的政策指导意义。

2023年1月5日，中菲两国于北京发布《中华人民共和国和菲律宾共和国联合声明》。在对接农业标准领域，签署了《中华人民共和国海关总署与菲律宾农业部关于菲律宾鲜食榴莲输华植物检疫要求的议定书》等合作文件。在海洋规则合作领域，重申了遵循《南海各方行为宣言》，建立中菲海洋司直接沟通机制，为中国与东盟共同开发南海打下合作的规则基础。

2023年10月，第三届"一带一路"国际合作高峰论坛互联互通高级别论坛上，中国与东南亚国家签署多个合作协定，进一步推进中国政府与东南亚国家政府层面的合作政策与制度沟通。中国同包括老挝、印度尼西亚等国在内的 26 个国家共同发起的《深化互联互通合作北京倡议》的第五条提出，要进一步提升规则标准等"软联通"水平，特别是要完善双多边互联互通政策协商和对话机制。①

在论坛期间，中国和柬埔寨发表《中华人民共和国政府和柬埔寨王国政府联合公报》，提出深化两国检验检疫合作，包括深化动植物检疫和食品安全监管合作，加快商签柬优势农食产品输华检疫准入议定书；继续通过"中国—柬埔寨职业教育合作联盟"的框架，加强中国与柬埔寨之间职业教育的合作交流，争取早日实现中柬互认职业技能等级标准。

此外，中国与老挝共同发布了《中国共产党和老挝人民革命党关于构建中老命运共同体行动计划（2024—2028年）》，提出推进中老铁路建设及沿线开发，加速中老铁路与泰国铁路之间的统一标准轨联通，以实现中老泰的联通发展；适时启动商签新的《中老经贸合作五年规划》，积极探讨中老口岸创新管理查验模式，加快动植物检疫（SPS）磋商，提升口岸通关便利性；加强生态环保理念和法规标准的研讨交流。

2023年12月13日，在国家主席习近平访问越南期间，两国首脑在越南河内发布《中华人民共和国和越南社会主义共和国关于进一步深化和提升全面战略合作伙伴关系、构建具有战略意义的中越命运共同体的联合声明》。该声明提到，要推动中越跨境标准轨铁路联通，研究推进越南老街—河内—海防标准轨铁路建设，适时开展同登—河内、芒街—下龙—海防标准轨铁路研究。双方同意加强标准化领域合作，确保中越两国商品和产品特别是农产品协同标准，为两国贸易合作提供便利条件。②

---

① 《深化互联互通合作北京倡议》，https://www.mfa.gov.cn/chn/gxh/tyb/gdxw/202310/P020231019680038336850.pdf，最后访问日期：2024年5月20日。
② 《中华人民共和国和越南社会主义共和国关于进一步深化和提升全面战略合作伙伴关系、构建具有战略意义的中越命运共同体的联合声明》，https://www.gov.cn/yaowen/liebiao/202312/content_6920159.htm，最后访问日期：2024年5月20日。

（二）中国与东南亚国家的基础设施领域规则标准对接

2023年12月25日，澜沧江—湄公河合作第四次领导人会议发布的《澜沧江—湄公河合作五年行动计划（2023—2027）》提出将共同开展《澜沧江—湄公河商船检验技术规则》的修订工作，以提高船舶的安全性、环保性和经济性，加强澜沧江—湄公河水上交通的安全性和可持续性，促进区域航运一体化进程。同时，为打造澜湄流域经济发展带和打通"国际陆海贸易新通道"，将加强标准化交流合作，并在合格评定领域强化信息交流。中国计量科学研究院立足各国实情，为参与合作的东南亚国家确定了计量援助方案。在中国的协助下，澜沧江—湄公河流域的五个国家建立并完善了空间、热力学等近10个领域急需的国家计量标准器具。截至2023年12月20日，国家标准化管理委员会联合共建国家共同推动制定国际标准，促进基础设施互联互通。针对公路、桥梁、隧道工程建设领域，发布了92项外文版国家标准，内容涵盖设计、施工、质量检评等方面，以便共建国家了解中国标准。与缅甸、印度尼西亚等国家合作，在铁路、不停车收费系统、油气管道等领域，共同完善标准体系，提升共建国家基础设施的质量和安全水平。[1] 2023年以来，国家标准化管理委员会发布的相关外文版国家标准有应用于马来西亚机车，规范轨道交通牵引电传动系统的使用条件、系统构成、技术要求、检验方法和检验规则的GB/T 37863.2—2021[2]；应用于中国与东盟国家间互联铁路的铁路行车组织词汇标准GB/T 8568—2013[3]等。发布外文版国家标准，有助于消除中国规则标准在国际联通中的语言障碍，对于推广中国创新规则标准具有重要意义。

---

[1] 《发挥市场监管职能作用 服务高水平对外开放》，https://www.samr.gov.cn/xw/xwfbt/art/2023/art_2245298e5c1b42939ba61f1fe4f0bbed.html，最后访问日期：2024年5月20日。

[2] 《轨道交通 牵引电传动系统 第2部分：机车、动车组》，https://std.samr.gov.cn/gfs/search/gfsDetailed?id=E9667F2F48D1DE5DE05397BE0A0A4B5E，最后访问日期：2024年5月20日。

[3] 《铁路行车组织词汇》，https://std.samr.gov.cn/gfs/search/gfsDetailed?id=F03EFC0FE8A08495E05397BE0A0AF981，最后访问日期：2024年5月20日。

（三）中国与东南亚国家的经贸领域规则标准对接

2023年1月19日，国务院批复同意设立中国—印度尼西亚、中国—菲律宾经贸创新发展示范园区。批复内容的第二点提出以习近平新时代中国特色社会主义思想为指导，对标高标准国际经贸规则，开展体制机制创新。2023年4月1日，中国和新加坡签署《中华人民共和国商务部和新加坡贸易与工业部关于宣布实质性完成中国—新加坡自由贸易协定升级后续谈判的谅解备忘录》。该备忘录的发布意味着中国第一次在对外承诺服务和投资开放时，采取了负面清单制度。该备忘录新增加了电信规则章节，并以负面清单方式做出跨境服务贸易和投资的开放承诺，为中国和新加坡两国企业的贸易和投资活动创造更加广阔的合作空间。

2023年6月29日，国务院发布《关于在有条件的自由贸易试验区和自由贸易港试点对接国际高标准推进制度型开放的若干措施》，在符合条件的自由贸易试验区和自由贸易港试点对接国际高标准经贸规则。[①] 该文件提出了33项具体措施。其中有关经贸领域标准对接的措施包括给予关税优惠时，放宽原产地证书认定的细节标准；完善境外评定机构合格资质的认定标准；完善数字贸易的源代码规则标准和消费者保护制度等。中国率先在有条件的自由贸易试验区和自由贸易港试点开展包括东南亚国家在内的国际经贸规则标准对接，将经贸协定的内容逐步落地。

在农业贸易领域，国家标准化管理委员会推动农业产业标准质量认证国际互认，在东南亚国家建立农业标准化示范区。发挥技术标准化优势，在农业标准化示范区内种植农作物，获得了农作物产量增加15%以上的效果。国家标准化管理委员会与共建国家实现了450余项标准互认，签署了54份合作协议。此外，国家标准化管理委员会成立"一带一路"共建国家标准

[①] 《关于在有条件的自由贸易试验区和自由贸易港试点对接国际高标准推进制度型开放的若干措施》，https://www.gov.cn/zhengce/content/202306/content_6889026.htm，最后访问日期：2023年12月29日。

信息平台，为用户提供了59个国家、6个国际和区域标准化组织的标准化题录信息检索服务。[1]

二 "一带一路"背景下上海与东南亚国家规则与标准的创新

（一）上海与东南亚国家基础设施建设领域的规则标准对接

上海国有企业在中国实施的"走出去"战略中，通过参与东南亚国家的工程项目，带动了与当地之间的规则标准创新，助力共建国家的基础设施建设。[2]

在交通领域，上海建工集团承建的柬埔寨桔井湄公河大桥及接线公路项目在2023年1月举行开工典礼，该工程坚持贯彻中国速度和上海标准，连接桔井省湄公河东西两岸。该工程推广的上海标准将为当地居民带来交通的便利，使人员、物资往来更加通畅，使"一带一路"倡议愈加深入民心。[3] 在电气领域，上海电气参与的马来西亚沙捞越州500千伏超高压输电工程项目于2023年1月全线成功送电。该工程基于中国电力系统标准建设，成为东南亚地区电压等级最高的输电线路。这也意味着中国电气标准为马来西亚政府正在推行的能源环保政策提供了技术助力。超高压输电能够将偏远地区的大规模可再生能源（如风能、太阳能、水能）高效地输送到负荷中心，推动马来西亚可再生能源的开发和利用，助力能源转型和低碳发展。在大型机械设备领域，2023年12月上海隧道工程股份有限公司自主生产的2台盾

---

[1] 《市场监管总局召开第四季度例行新闻发布会》，https://www.samr.gov.cn/xw/xwfbt/art/2023/art_2245298e5c1b42939ba61f1fe4f0bbed.html，最后访问日期：2023年12月20日。
[2] 《共建"一带一路"，上海国企以中国技术、中国标准助力海外基础设施建设》，https://www.shanghai.gov.cn/nw31406/20231101/84b42e0d01a3418184d10859d1b9a35c.html，最后访问日期：2024年1月31日。
[3] 《上海建工承建柬埔寨桔井湄公河大桥开工》，https://m.chinanews.com/wap/detail/sp/cj/shipin/cns-d/2023/01-03/news9926855.shtml，最后访问日期，2024年8月1日。

构顺利通过新加坡验收，提供了来自中国的高水平新技术标准和装备方案。[1]

2023年4月27日，上海工程建设标准国际化促进中心审查通过了外文版标准《超高层建筑设计通用标准》。该标准以中文版标准为基础，对接兼容国际标准，并明确了国内外标准的差异，具有较强的实用性。该外文版标准编制经验吸取于上海建科在共建国家的项目，能有效服务于中国在共建国家的基础设施建设。

（二）上海与东南亚国家在经贸领域的规则标准对接

目前，上海在有效地利用已经生效的《区域全面经济伙伴关系协定》（RCEP），开展与东南亚国家的经贸领域规则标准对接。2023年3月14日，上海市黄浦区人民政府印发《黄浦区提信心扩需求稳增长促发展行动方案》[2]，指出黄浦区支持企业用好RCEP等自贸协定，指导企业加强运用关税减让、原产地累积规则、简化通关程序等互惠措施的能力。

2023年7月10日，国家发展改革委印发《关于推动虹桥国际开放枢纽进一步提升能级的若干政策措施》，其中包括支持上海市虹桥商务区率先与相关国家合作试点国际高标准电子商务规则。[3] 该政策有利于推动虹桥商务区加速对标RCEP、CPTPP等国际经贸高标准规则，率先与东南亚国家开展更高层次的经贸标准合作。2023年8月7日，上海市商务委员会印发《2023年上海口岸数字化转型重点工作安排》，体现了上海市对外贸易规则标准的数字化创新。该安排旨在推进上海国际贸易"单一窗口"跨境互助

---

[1] 《上海国资》，https://www.gzw.sh.gov.cn/shgzw_zxzx_xxjb/20231213/d377048a625843e8826cb4841b41fb5b.html，最后访问日期：2024年1月31日。
[2] 《黄浦区提信心扩需求稳增长促发展行动方案》，http://service.shanghai.gov.cn/XingZhengWenDangKuJyh/XZGFDetails.aspx?docid=230317102427Ngt44Ohm1nF8CpL3tzx，最后访问日期：2024年3月20日。
[3] 《国家发展改革委关于印发〈关于推动虹桥国际开放枢纽进一步提升能级的若干政策措施〉的通知》，https://www.ndrc.gov.cn/xxgk/zcfb/tz/202308/t20230816_1359864.html，最后访问日期：2023年8月16日。

通关平台建设，探索推进与APEC、RCEP、"一带一路"有关经济体的单一窗口等进行对接。

中国（上海）自由贸易试验区的"一带一路"技术交流国际合作中心下设东南亚分中心，获得了泰国电力局关于照明电器能效认证的结果采信，并获取了新加坡、越南等国家政府部门的部分准入采信。该中心专门为企业提供面向东南亚国家规则标准的培训。该举措能帮助企业完成出口认证，使共建国家的经贸往来更加紧密。2023年11月26日，国务院印发《全面对接国际高标准经贸规则推进中国（上海）自由贸易试验区高水平制度型开放总体方案》①，在国家层面为中国（上海）自由贸易试验区对接国际高水平经贸标准提供有利的政策条件。2024年2月3日，上海市人民政府印发《上海市落实〈全面对接国际高标准经贸规则推进中国（上海）自由贸易试验区高水平制度型开放总体方案〉的实施方案》（以下简称《方案》）。《方案》提出117项具体措施，主动对接"边境后"规则。《方案》中提到通过3年时间，率先在上海实行国际高标准经贸规则制度和监管体系，使数字经济规则充分对标国际通用规则，提高参与国际规则制定的能力。《方案》围绕数字经济规则标准合作提出加快建设跨境数据交换系统，采用开放标准，增强系统兼容性。这将提升数据交换的效率和准确性，为国际贸易便利化提供支持。同时，上海率先推动高标准数字贸易规则的制定，例如，第39条"制定重要数据目录"和第42条"根据《数据安全管理认证实施规则》要求，落实数据安全管理认证制度，形成符合个人信息保护要求的标准和最佳实践"。这些措施将进一步强化数据安全管理，确保数据跨境流动的安全性和合规性，提升中国在国际数字贸易领域中的领导地位，推动全球数字经济的合作与发展。

除加强技术合作政策支持外，《方案》为营造中国（上海）自由贸易试验区良好的规则标准合作环境提出了一系列措施。对外方面，《方案》向境

---

① 《全面对接国际高标准经贸规则推进中国（上海）自由贸易试验区高水平制度型开放总体方案》，https://www.gov.cn/gongbao/2023/issue_10886/202312/content_6921387.html，最后访问日期：2024年3月20日。

外主体参与上海规则标准制定亮起绿灯，支持境外利益相关方在遵守法律和公平的基础上，参与中国（上海）自由贸易试验区团体标准等相关标准的制修订工作。对内方面，《方案》提出就出海企业应对各国不同标准遇阻问题提供各类协助，包括提升企业电子发票国际标准应用能力。在政府部门人才培养方面，《方案》提出要加强规则标准人才队伍建设，针对对标国际高标准经贸规则重点和难点领域的工作需要，招揽相关专业人才，提高队伍专业水平。上述众多措施，为上海企业开展一系列国际规则标准创新活动提供了有力的政策支持。

（三）上海与东南亚国家在金融领域的规则标准对接

在"一带一路"倡议提出之后，中国与东南亚国家的双边贸易额和项目合作数量逐年增长，产生了旺盛的国际投资、融资、信贷等金融需求，也对国际金融监管提出新要求。在与东南亚国家金融领域的规则标准对接过程中，上海将继续扮演"先行者"角色，探索金融国际标准创新，为中国进一步扩大金融开放积累经验。

2023年5月4日，绿色技术银行曼谷中心在泰国曼谷正式成立。[①] 这是绿色技术银行第一个海外分行，面向东南亚各国提供服务。该机构的技术提供方主要来自上海的企业和科研单位，由上海市科学技术委员会牵头技术合作。2023年上海服务海外的绿色技术合同金额为10.45亿元，同比增长151%。[②] 未来，绿色技术银行曼谷中心将作用于与东南亚国家共享先进的绿色技术以及相关标准，成为国际技术交流、合作的平台，通过带动以先进上海绿色技术标准为内核的新质生产力走出国门，促进东南亚国家生产力水平的提高，同时保护生态环境。

2023年6月8日，国家金融监督管理总局与上海市共同公布《关于加

[①] 《绿色技术银行曼谷中心揭牌成立》，https://www.imsilkroad.com/news/p/506154.html，最后访问日期：2024年3月20日。

[②] 《上海市科委：2023年上海绿色技术交易额达777亿元》，http://www.chinanews.com.cn/cj/2024/06-05/10229090.shtml，最后访问日期：2024年6月21日。

快推进上海国际再保险中心建设的实施细则》，深化了再保险产品供给和创新能力。2023年8月14日，国家金融监督管理总局批复7家保险企业设立上海再保险运营中心。上海再保险"国际板"启动了一系列的标准创新以对接国际再保险规则。在业务规则制定方面，创新发布登记、交易、保费统计、差异化监管等4项业务规则，推动了再保险金融数据标准化以便利国际业务发展。该中心的设立进一步提高了上海市金融开放水平和数字化能力，为上海拓展了国际再保险业务，向包括"一带一路"建设项目等在内的跨境项目提供风险保障支持。同时，上海市企业面向东南亚国家的合作项目将获得更有力的金融支持，从而有利于进一步扩大上海与东南亚国家的合作规模。①

2024年2月3日，上海市人民政府印发《上海市落实〈全面对接国际高标准经贸规则推进中国（上海）自由贸易试验区高水平制度型开放总体方案〉的实施方案》，在金融方面的措施如下。一是支持商业机构等推进电子支付系统对接国际先进标准。由中国人民银行上海总部和国家金融监督管理总局上海监管局负责相关事宜。该举措有望为上海市和东南亚国家人员的国际贸易、投资、旅游提供便捷、安全的支付手段，并提高资金周转的效率。二是支持国际再保险对接国际规则体系。在临港新片区打造国际再保险功能区，探索建立与国际接轨的再保险"国际板"规则体系。这项举措使国内再保险公司得以利用全球先进的经验和技术，提高自身的风险评估和管理水平，增强应对国际市场波动等风险的能力。三是提升自由贸易账户系统功能。主要通过优化账户规则，提供跨境债券、跨境融资、跨境并购等金融服务，使资金在中国（上海）自由贸易试验区与境外之间有序地自由流通，而国际资金有序自由流通有助于进一步巩固上海的国际金融中心地位。

---

① 《关于加快推进上海国际再保险中心建设的实施细则》，https://www.cbirc.gov.cn/branch/shanghai/view/pages/common/ItemDetail.html?docId=1112240&itemId=4188，最后访问日期：2024年3月20日。

三 机遇、挑战与对策建议

（一）上海服务"一带一路"规则标准创新的新机遇

首先，《区域全面经济伙伴关系协定》的全面生效将进一步促进中国与东南亚地区之间的经贸合作和贸易便利化。《区域全面经济伙伴关系协定》的全面生效将为上海市与东南亚国家之间的贸易和产业合作提供更广阔的市场和更便利的贸易环境，为双方加强规则标准对接和合作提供充足的动力。此外，《全面与进步跨太平洋伙伴关系协定》和《数字经济伙伴关系协定》也对相关经贸合作提出了更高的对标要求，包括更高的贸易便利度、资本自由流通度、数据信息跨境自由流通度等。综合看来，上海与东南亚国家在规则标准创新方面具有广阔的合作空间。

其次，以国务院发布政策支持推进中国（上海）自由贸易试验区全面对接国际高标准经贸规则为重要契机，更多高标准的经贸规则标准有望率先在中国（上海）自由贸易试验区得到落地和试点。这将大大加强上海与东盟国家之间的经贸往来，双方进出口贸易额有望取得新突破。在金融和数字经济领域，也有望展开更多更新的规则合作，推动资本和数据有序自由地跨境流动。

最后，数字经济将成为未来上海服务"一带一路"规则标准创新的发力点。在制造业领域，数字化智能制造是新质生产力的重要组成部分。新质生产力的发展离不开传统产业的数字化转型，即将传统产业的生产、管理、营销等环节进行数字化、网络化、智能化改造。数据跨境流动和个人信息安全等相关内容也越来越需要相应的规则安排。随着数字经济和数字贸易的不断发展，规则标准创新工作将扩展到数字领域的标准规范建设。中国已签订生效的RCEP包含部分电子商务、数字信息跨境传输等内容，中国还于2021年11月正式申请加入《数字经济伙伴关系协定》。目前，中国正积极推动《数字经济伙伴关系协定》的谈判，国内各地也在研究如何对接DEPA

数字标准。上海在2023年7月22日发布了《立足数字经济新赛道推动数据要素产业创新发展行动方案（2023—2025年）》[①]，体现了上海对数字经济新赛道的重视。上海是中国的经济中心和数字经济发展的重要节点城市，与东南亚国家在数字经济领域的合作潜力巨大，可以共同研究制定和推广符合共同利益的数字经济规则标准。上海市应对标DEPA核心内容，加强金融科技创新，推动数字化支付、跨境金融服务、供应链金融等方面的国际标准对接，并鼓励探索新规则，加强与新加坡之间的数字经济合作关系。上海与东南亚国家可以发挥各自比较优势，共同探索数字技术在工业、农业、服务业、金融业等多个领域的应用，推动生产方式和商业模式的革新。

（二）上海服务"一带一路"规则标准创新遇到的挑战

1. 东南亚区域差异性造成的复杂性

东南亚国家的文化背景和语言环境较为复杂，区域内有使用1000多种语言的群体。[②] 上海服务"一带一路"建设的过程中，与东南亚国家的规则与标准对接存在沟通障碍和理解误差，具有复杂性和难度。东南亚国家信仰的宗教也较为多元。这意味着上海在服务"一带一路"规则标准创新时，必须考虑周全，均衡各方意见。此外，东南亚国家内部经济发展水平参差不齐，意味着上海在服务"软联通"的过程中，不仅要考虑经济效益，更要兼顾公平。区域差异性既包括文化差异，也包括法律与社会制度的差异。东南亚各国的法律体系、监管机制和社会制度各不相同。这种差异性可能导致规则标准对接的难度加大。例如，在上海开展产品进出口规则标准"软联通"时，需要注意协调东南亚地区各国标准认证。

2. 大国竞争对区域经济合作的影响

近年来，美国再次将东南亚作为战略重心，积极施加影响力。2022

---

① 《上海市人民政府办公厅关于印发〈立足数字经济新赛道推动数据要素产业创新发展行动方案（2023—2025年）〉的通知》，https：//www.shanghai.gov.cn/202316 bgtwj/20230829/5472ef31541a49c9b84bac918e27b540.html，最后访问日期：2024年3月20日。

② 《理解东南亚：在差异与统一、传统与现代、高楼与棚屋之间》，https：//www.thepaper.cn/newsDetail_forward_14238401，最后访问日期，2024年7月29日。

年2月，美国拜登政府出台《美国印太战略》，其中提出加强与东盟的合作关系，试图对中国从经济、政治、军事等领域进行全面围堵。上海与东南亚国家开展规则标准"软联通"时，不可避免会受到政治因素的阻碍。在经贸规则标准领域，对一些产业的关税减让遭到一些东南亚国家利益集团的反对；在基础设施建设领域，大型工程项目可能受到一些东南亚国家内部基于国家安全的审查。大国竞争将影响上海与东南亚各国实现"软联通"合作。

3. 具体规则标准的对接问题

在具体技术规则标准的对接中，要综合各国原有规则标准，需注意遵循当地传统与习俗，做好跨文化沟通与相关规范。以建筑设计标准规范为例，各国建筑行业的资格认证、环保、安全等领域的规则均有所不同。建筑企业在进入东南亚市场时需要全面了解当地的情况，制定符合当地实际的策略。例如，越南对沿海地区建筑抗风抗浪功能提出了额外要求；马来西亚、印度尼西亚由于地处热带，出于舒适性考虑，特别关注建筑的通风和采光功能；越南和老挝则在建筑设计规范中，强调保护传统建筑和文化遗产的重要性。综上可见，在建筑设计标准规范领域，各国出于国情所出台的规定均具有不同的特点。在相关建设项目的实施过程中，需要统筹规划具体的规则标准细则，在统一的规则标准体系下，对部分特殊条目采取"一国一策"的措施。如何在尊重各方特色文化与传统的前提下，制定符合东南亚国家国情的规则标准，是推动规则标准"软联通"的难点之一。

（三）对策建议

上海作为中国的金融中心城市，在对外开放、对标国际规则标准方面有历史优势和现实优势。在服务"一带一路"建设的过程中，上海需要前瞻性地统筹谋划布局，积极探索新方法与新路径。

1. 进一步支持上海企业推动国际规则标准创新

鼓励本地的优质高科技企业积极参与国际规则标准制定。标准化以制定、发布和实施统一的标准，设立规则并共同遵守，来获得现实效益。因此，在现实交易环境中诞生的规则标准创新需求最具有活力和动力。在产品制造和基础设施建设领域，上海企业可以先进的、富有竞争力的技术积累为基础，推广上海方案和上海标准。上海可以为出海企业的知识产权保护提供法律支持，为出海企业的合法权利保驾护航。上海要支持本地企业自主开展与东南亚国家的规则标准谈判，对能够落实细则并创新规则标准的企业进行奖励。

2. 对标国际先进标准，完善国际标准跟踪转化机制

成立专门的标准研究机构或团队，负责跟踪国际标准动态，收集和整理相关信息。与国际标准化组织、国际行业协会等建立合作关系。规则标准的应用是规则标准创新最大的助推器，加大在产业和市场中对标准转化成果的推广应用力度，让市场力量促进先进规则标准在本地区的落地和应用。

3. 针对东南亚市场的需求特点、行业发展趋势和标准规范要求推动规则标准创新

建立定期的市场调研机制，深入了解东南亚市场的需求特点、行业发展趋势和标准规范要求。加强与东南亚国家政府、标准化机构、行业协会等的合作交流，共同研究和制定符合东南亚市场需求的标准。结合东南亚产业经济与技术结构，推进热带水果等相关特色产品的贸易规则标准的制定与推广。充分利用中国（上海）自由贸易试验区的平台角色，立足国际金融中心的优势，适时建立面向东南亚国家的国家金融与数字经济标准化合作交流中心。该中心可以围绕金融和数字经济等领域，面向东南亚国家开展规则标准的对接。在合作方式上，可以积极与新加坡建立合作机制，可以设立国际金融和数字经济规则标准合作论坛，从学术和相关产业等多个维度开展有关金融、数字经济规则标准的交流合作活动。通过国际规则标准的创新，扩大上海在国际金融与数字经济领域的影响力，同时为中国加入《数字经济伙伴关系协定》提供规则实践经验和国际合作基础。

4. 将科研优势转化为规则标准创新优势

发挥上海市相关社会组织与科研机构的优势，加强对国际标准的应用研究和专业培训。2023年，上海东华大学主导制定的国际标准《纺织品亚麻纤维组成成分的检测方法》被国际标准化组织正式发布实施。此外，上海中医药大学与国际标准化组织/中医药技术委员会（ISO/TC 249）合作发布中医国际标准。上海有必要继续加强产学研合作，积极引导科研院所和高校与企业合作开展科研项目，将科研成果与市场需求相结合，推动规则标准创新与市场需求的对接。对于关键行业技术领域，可建立专门的标准研究机构或实验室，重点研究行业标准、国际标准和新兴技术领域标准的创新，为上海市的标准制定提供技术支撑和智力支持。同时可依托上述机构，长期培养国内外具备规则标准创新能力和实践经验的专业人才。

5.通过高新技术人才交流合作机制，推动开放包容、互惠共享的国际科技合作战略

不断优化升级中国（上海）自由贸易试验区的入境免签政策，特别是研究探讨延长外籍专家的免签入境时间，将免签事由扩展至商贸、医疗、会展等，为技术人才的交流提供更加便利的条件。加强高新技术人才的交流，对长期合作的技术标准人才发放长期签证，加强国际规则标准人才的交流与培训，提升规则标准的推广与对接能力。同时，要持续升级配套服务，不断优化外语服务环境，提升境外人员消费支付便利度，全力打造科技人才交流和技术成果共享平台。

实践报告

B.11
上海服务"一带一路"建设数据报告（2023）

李晓静　陈文彦*

摘　要： 本文首先回顾了2023年上海深化"一带一路"贸易投资合作的新进展，接着采用综合指数法构建了上海服务"一带一路"建设贸易投资指数，系统考察了2013年以来上海与"一带一路"沿线63个国家的贸易联通和投资合作情况，并重点总结了2023年的变化情况。结果显示：2023年上海服务"一带一路"建设贸易投资指数下降明显，贸易联通指数和投资合作指数呈现相反走势；2023年仅独联体和蒙古国的贸易投资指数显著提升，独联体和蒙古国、西亚北非和中亚的贸易联通指数上升，六大区域的投资合作指数均下降。另外，本文还选取江苏、浙江、北京等8个省（区、市），对比分析上海与其服务"一带一路"建设的成效。对比发现：上海在

---

* 李晓静，经济学博士，中共上海市委党校上海发展研究院助理研究员，主要研究方向为数字经济、对外开放；陈文彦，上海研究院科研处主管，中级经济师，主要研究方向为城市与区域发展。

与"一带一路"共建国家的进出口贸易总额中排名第四，出口贸易额占比和进口贸易额占比与北京和广西均存在一定差距；2023年上海与其他8个省（区、市）向"一带一路"共建国家投资的企业数量和项目数量均大幅减少。未来，上海应促进新质生产力与共建"一带一路"高质量发展双向赋能、加强规则"软联通"和基础设施"硬联通"、扎实推动企业"走出去"。

关键词： "一带一路" 贸易联通 投资合作

一 2023年上海深化"一带一路"贸易投资合作的新进展

（一）积极办好第六届中国国际进口博览会

第六届中国国际进口博览会于2023年11月5日顺利开幕。经过前期充分准备，该届进博会取得了诸多突破性成绩：世界500强和行业龙头企业数量为历届之最；创新孵化专区参展的创新项目超过前两届总和；开展"零碳进博 零塑办博2.0"行动，首次实现百分之百绿电办展；按年计意向成交金额比上届增长6.7%，创历史新高。[①] 进博会持续举办并越办越好，已经受到"一带一路"共建国家的广泛关注。数据显示，第六届进博会国家展的72个参展方中有64个是"一带一路"共建国家，超过1500家来自"一带一路"共建国家的企业签约进博会企业展，展览面积较上届增长约30%。[②] 进博会吸引国外参展商走进中国的同时，也对中国企业"走出去"起到了积极作用。受国际大环境影响，近年来中国企业"走出去"更加谨

---

① 周蕊、谢希瑶：《784.1亿美元！第六届进博会按年计意向成交创新高》，https://baijiahao.baidu.com/s?id=1782170753616923525&wfr=spider&for=pc，最后访问日期：2024年8月1日。
② 陈爱平等：《第六届进博会｜进博会助力做大共建"一带一路"大蛋糕》，https://baijiahao.baidu.com/s?id=1782177299467940184&wfr=spider&for=pc，最后访问日期：2024年8月1日。

慎，但借助进博会平台，不少中国企业在"一带一路"共建国家找到了新的发展机会，这也是进博会溢出效应的另一种体现。

（二）努力创建"丝路电商"合作先行区

为更好地服务共建"一带一路"、积极推动电子商务国际合作，2023年10月，上海提出《关于在上海市创建"丝路电商"合作先行区的方案》（以下简称《方案》）并顺利获批。按照《方案》，未来上海将围绕扩大电子商务领域开放、营造先行先试环境、大力推进国际和区域交流合作等三大任务精准发力，最终形成"四个一批"。截至目前，"丝路电商"合作先行区建设已初见成效。一是形成了一批示范引领的制度型开放成果。如对接高标准国际经贸规则、拓展国际数据服务、开展跨境互助通关项目试点等一批制度型开放探索措施落地见效。二是集聚了一批有国际竞争力的电子商务经营主体。截至2024年2月，上海千亿级电子商务平台达到10家，百亿级平台累计达17家。[1] 三是打造了一批各具特色的区域载体。2023年12月，浦东新区和虹桥国际中央商务区分别制定了《浦东新区推进"丝路电商"合作先行区建设行动方案》《虹桥国际中央商务区关于全力推进"丝路电商"合作先行区的三年行动方案（2023年—2025年）》。四是建成了一批促进"丝路电商"伙伴国共同发展的公共服务平台。如挂牌成立"丝路电商"合作研修中心、"丝路电商"数字技术应用中心，筹备成立"丝路电商"国际智库联盟。[2]

（三）精心策划国别商品文化缤纷月活动

作为上海"五五购物节"标杆活动之一，2023上海"进口嗨购节"国别商品文化缤纷月集中推出了27场以国别类进口商品、文化风情为主题的特色

---

[1] 缪琦：《年内100个跨境数据产品挂牌，上海明确"丝路电商"合作先行区目标》，https://www.yicai.com/news/101991560.html，最后访问日期：2024年8月1日。

[2] 唐奇云：《上海"丝路电商"合作先行区创建开局良好　形成一批示范引领的制度型开放成果》，https://www.cnr.cn/shanghai/tt/20240508/t20240508_526697922.shtml，最后访问日期：2024年8月1日。

活动。2023年是"一带一路"倡议提出十周年，上海百联集团股份有限公司推出了"一带一路"物产节，以优惠的价格为消费者带来俄罗斯、意大利与泰国等国家食品；跨境电商综合服务平台马珂博逻与上海的夜经济地标FOUND158分别举办以拉美国家为主的"一带一路"好物市集与"一带一路"十周年美食集市。[①] 与此同时，其他重点平台与企业也纷纷推出了精彩活动。如上海自由贸易试验区红酒交易中心举办"品味上酒经典　感受欧陆风华"等活动，让消费者体验红酒文化；外高桥集团举办"畅young全球汇"市集，市民足不出"沪"就可以体验国别文化，购买全球各地的知名品牌。

（四）增强上海国际友城港吸引力

上海国际友城港是上海打造的国际友城资源和进博会资源深度融合的创新平台，旨在进一步扩大进博会溢出效应，更好推动上海与国际友城在经贸领域的务实合作。为增强上海国际友城港吸引力，2023年上海积极举办了上海国际友城港"魅力古巴"推介周活动，以此展销古巴产品，推介古巴生物医药与旅游产业。第六届进博会期间，上海国际友城港展区还举行了美酒品鉴活动，一饮一啜间，讲述着"丝路美酒"的故事。依托上海国际友城港平台，上海通过不定期的国别文化交流、商贸对接、商品展销等活动，不断促进进博会和国际友城在融合发展上的协同联动。

二　上海服务"一带一路"建设贸易投资指数分析

（一）指标构建过程

1. 指标构成

本文致力于考察2013~2023年上海服务"一带一路"建设贸易投资发展情况，并着重分析2023年的突出变化。在充分考虑"一带一路"沿线经

---

① 张瀚森：《要闻 | 2023上海"进口嗨购节"·国别商品文化缤纷月正式启动》，https://mp.weixin.qq.com/s/idQkZb7Rc1Vrw51zmRuZdQ，最后访问日期：2024年8月1日。

济社会发展特点、数据可得性并参考借鉴相关研究成果的基础上，基于"一带一路"沿线63个国家构建了包含2个层次指标的上海服务"一带一路"建设贸易投资指数指标体系（见表1）。其中，一级指标2个（贸易联通、投资合作），二级指标6个，均为客观指标。具体来看，贸易联通下设3个指标，分别为：上海与"一带一路"沿线63个国家的进出口贸易总额、上海从沿线63个国家的进口贸易额以及上海对沿线63个国家的出口贸易额。投资合作下设3个指标，分别为：上海对"一带一路"沿线63个国家的投资项目数量、投资金额和投资行业数量。①

表1 上海服务"一带一路"建设贸易投资指数指标体系

	一级指标	二级指标
贸易投资指数	贸易联通	进出口贸易总额
		进口贸易额
		出口贸易额
	投资合作	投资项目数量
		投资金额
		投资行业数量

注：该指标体系构建的总指数为贸易投资指数，一级指标两个维度亦分别形成分指数，即贸易联通指数和投资合作指数。

资料来源：笔者根据上海海关、国泰安经济金融研究数据库（CSMAR数据库）相关资料整理所得，以下相关图表均相同。

2. 指标处理与测算

上海服务"一带一路"建设贸易投资指数属于多指标综合评价指数。在完

---

① 由于在公开渠道无法查询到10年来上海对"一带一路"共建国家的投资情况，所以本文从上市公司数据着手，由此来考察上海对"一带一路"共建国家的投资情况。国泰安经济金融研究数据库中的海外直接投资库披露了上市公司海外关联公司的信息，包括注册地址、持股比例、注册资本等指标。具体而言：第一，根据上市公司基本信息，筛选出注册地在上海的企业；第二，根据企业的投资目的地、所属行业等，测算出上海企业每年向"一带一路"沿线63个国家的投资项目数量和投资行业数量；第三，根据关联公司的注册资本及上市公司的持股比例，计算得到企业的投资金额。需要指出的是，由于企业在海外不同目的地的投资货币类型不统一，本文按照国际清算银行的年度汇率统一换算成美元，以便后续计算。

成指标体系构建之后,接下来需要对数据进行两方面的处理:一是对不同类型指标进行标准化处理;二是确定指标权重系数,并将不同指标进行加权合成。

(1) 数据标准化

由于不同指标在单位、数量级等方面均存在差异,所以指标处理的第一步即指标的无量纲化处理。无量纲化处理即对不同指标进行标准化和正规化处理,通过一定的数学变换将性质各异的指标转换为可以进行比较的相对数,常用的方法包括功效系数法、标准化处理法、阈值法等。其中标准化处理法计算过程简洁高效、适用性较广,本文采用此方法对各项指标进行处理,标准化公式如下:

$$x_{ij} = \frac{X_{ij} - \min(X_{ij})}{\max(X_{ij}) - \min(X_{ij})}$$

其中,x_{ij}是i国家j指标的标准化值,X_{ij}是i国家j指标的原始值,$\max(X_{ij})$和$\min(X_{ij})$分别代表所有国家j指标的最大值和最小值。标准化之后,指标取值区间为[0,1]。

(2) 构建综合指数

首先,对不同指标进行权重分配。本文采用等权重法,将贸易联通和投资合作两个一级指标的权重均设为1/2,再将一级指标的权重平均分配给下设的二级指标。接着,采用综合指数法,将多个指标"合成"为一个整体性的综合评价值。具体而言,上海服务"一带一路"建设贸易投资指数一级指标的值等于二级指标的标准化值与权重之积的和,再对一级指标进行类似处理,即可得到贸易投资指数。需要说明的是,本文测算所得的贸易投资指数属于排序评价,反映的是上海与不同国家在贸易和投资方面的相对亲密度,而非绝对水平。

(二)贸易投资指数测算结果分析

1. 总体情况分析

(1) 贸易投资指数2023年下降明显

2013~2022年,上海与"一带一路"沿线63个国家的贸易投资指数总体呈上升趋势,但2023年出现明显下降,从2022年的0.087下降至0.074

（见图1）。2023年，全球货物贸易总额较2022年减少1.3万亿美元，[①] 全球外国直接投资下降2%。[②] 与此同时，地缘政治冲突频发，世界格局加速演变，各国经济面临不同程度的困境，整体复苏乏力，均对上海与"一带一路"沿线63个国家的贸易和投资往来产生影响。

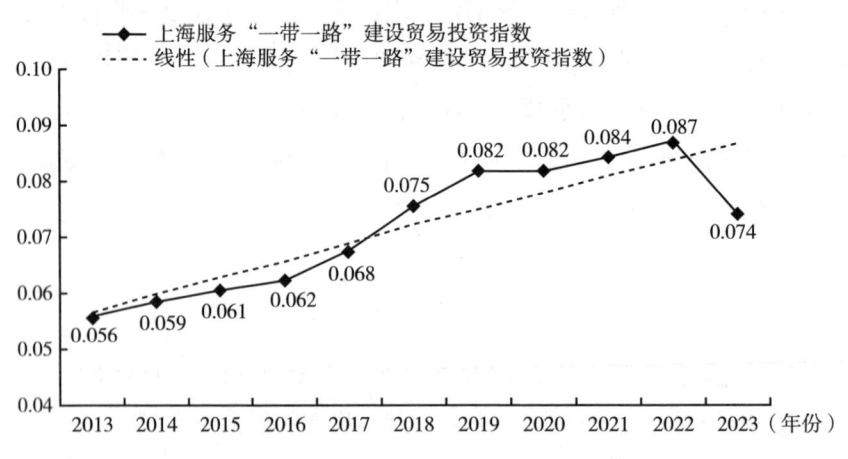

图1 2013~2023年上海服务"一带一路"建设贸易投资指数变化情况

（2）贸易联通指数和投资合作指数2023年呈现相反走势

2023年，上海与"一带一路"沿线63个国家的贸易联通指数从2022年的0.119上升至0.123，而投资合作指数则呈现相反趋势，同比下降55.36%，从2022年的0.056降至0.025，这也是2013年以来的最低水平（见图2）。可见，上海与"一带一路"沿线63个国家的贸易亲密度进一步提升，而投资亲密度则骤降，二者之间的差距扩大。

2. 分项指标分析

（1）贸易联通指数分项指标分析

从贸易联通指数的3个分项指标来看，2013年以来，上海与"一带一

[①]《联合国贸发会议发布最新版〈全球贸易更新〉》，http://chinawto.mofcom.gov.cn/article/ap/p/202404/20240403504423.shtml，最后访问日期：2024年8月1日。
[②] 赵昀：《2023年全球外国直接投资下降2%》，https://news.un.org/zh/story/2024/06/1129461，最后访问日期：2024年8月1日。

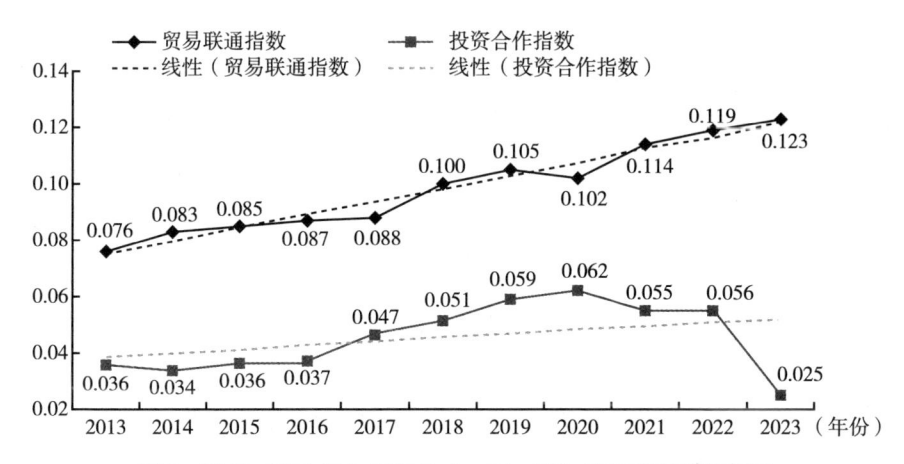

图 2 2013~2023 年上海服务"一带一路"建设贸易联通指数和投资合作指数变化情况

路"沿线63个国家在进口贸易额、出口贸易额和进出口贸易总额3个维度的联通度均呈总体上升趋势。2023年，出口贸易额联通度继续保持下滑趋势，进口贸易额和进出口贸易总额的联通度则进一步提升（见图3）。2023年，上海采取多项举措推进共建"一带一路"高质量发展，进博会、"丝路电商"合作先行区的进口促进效应不断显现，推动上海与"一带一路"沿线63个国家共享发展成果和市场机遇。

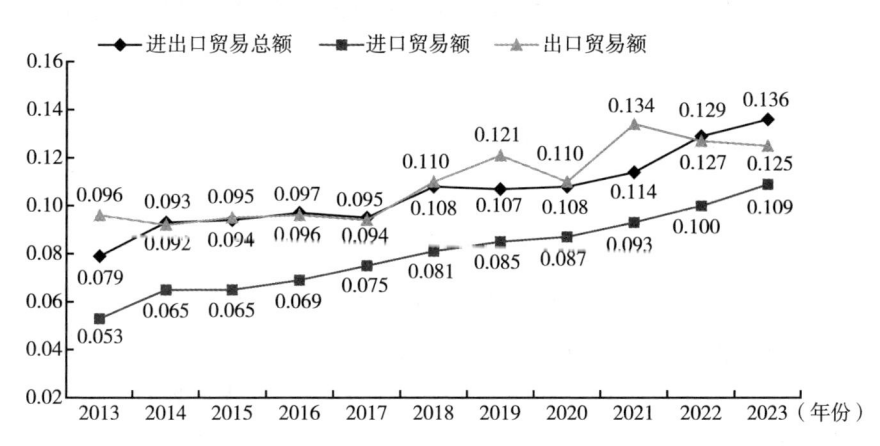

图 3 2013~2023 年上海服务"一带一路"建设贸易联通指数分项指标变化情况

（2）投资合作指数分项指标分析

2023年，上海对"一带一路"沿线63个国家的投资金额、投资项目数量和投资行业数量均呈下降态势，其中投资行业数量的降幅最大，达73.12%（见图4）。自"一带一路"倡议提出以来，上海不断完善共建"一带一路"桥头堡的政策设计，充分发挥上海在国内国际双循环战略中的链接功能，上海电气、华谊集团等企业承接的一大批重大工程项目在"一带一路"沿线63个国家落地生根。然而，受到全球地缘政治冲突加剧、逆全球化思潮抬头、全球供应链深刻调整、世界经济复苏乏力等多重因素影响，上海企业对"一带一路"沿线63个国家的投资积极性有所降低。

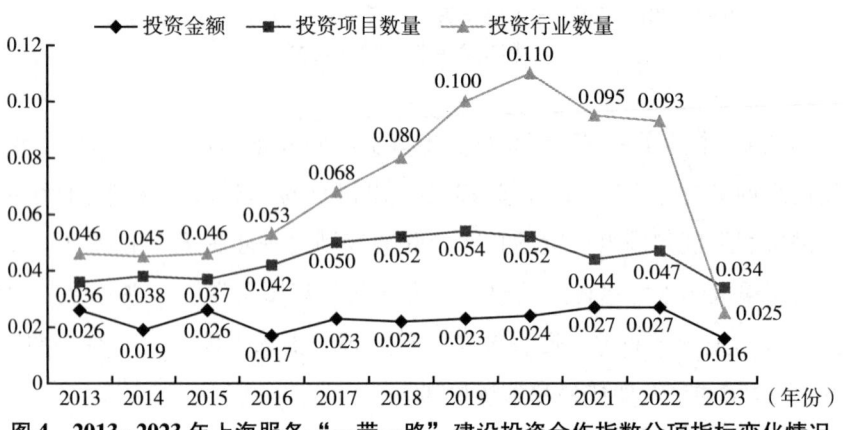

图4　2013~2023年上海服务"一带一路"建设投资合作指数分项指标变化情况

3.区域特征分析

（1）分区域贸易投资指数整体分析

2013~2023年上海服务"一带一路"六大区域（东南亚、独联体和蒙古国、南亚、西亚北非、中亚和中东欧）建设的贸易投资指数均呈现不同程度的总体上升趋势，但2023年仅独联体和蒙古国的贸易投资指数显著上升，西亚北非的贸易投资指数保持平稳，其他四个区域的贸易投资指数均下降明显。其中，中东欧和南亚两个区域的贸易投资指数同比下降比例均超过30%，东南亚和中亚的贸易投资指数同比分别下降15.22%和10.00%（见表2）。

表2　2013~2023年上海服务"一带一路"六大区域建设贸易投资指数情况

区域	2013年	2014年	2015年	2016年	2017年	2018年	2019年	2020年	2021年	2022年	2023年
东南亚	0.229	0.232	0.243	0.257	0.272	0.283	0.292	0.307	0.308	0.322	0.273
独联体和蒙古国	0.021	0.025	0.021	0.021	0.027	0.038	0.037	0.038	0.038	0.041	0.049
南亚	0.045	0.051	0.057	0.057	0.062	0.074	0.092	0.070	0.081	0.075	0.052
西亚北非	0.030	0.032	0.034	0.031	0.033	0.037	0.043	0.043	0.046	0.049	0.049
中亚	0.007	0.007	0.005	0.004	0.003	0.008	0.010	0.011	0.011	0.010	0.009
中东欧	0.014	0.015	0.015	0.015	0.019	0.026	0.031	0.031	0.031	0.034	0.022

（2）分区域贸易联通指数分析

2023年，上海服务"一带一路"六大区域建设的贸易联通指数变化趋势出现分化。其中，东南亚的贸易联通指数自2013年以来一直保持首位，2023年与2022年相比未发生变化。2023年，独联体和蒙古国的贸易联通指数同比上涨超过50%，上升至第二位。中亚的贸易联通指数虽然自2013年以来一直处于末位，但2023年同比增速最大，未来依然有较大的增长潜力等待被进一步挖掘。2023年，西亚北非同比增长4.35%。南亚和中东欧两个区域2023年的贸易联通指数虽然较2013年有所上升，但较上年均出现了不同程度的下降（见表3）。

表3　2013~2023年上海服务"一带一路"六大区域建设贸易联通指数情况

区域	2013年	2014年	2015年	2016年	2017年	2018年	2019年	2020年	2021年	2022年	2023年
东南亚	0.280	0.305	0.320	0.341	0.349	0.372	0.395	0.384	0.409	0.434	0.434
独联体和蒙古国	0.041	0.044	0.038	0.036	0.038	0.048	0.048	0.052	0.059	0.064	0.099
南亚	0.065	0.075	0.083	0.085	0.084	0.095	0.087	0.074	0.106	0.095	0.090
西亚北非	0.049	0.051	0.048	0.046	0.044	0.050	0.058	0.056	0.065	0.069	0.072
中亚	0.013	0.015	0.010	0.008	0.007	0.011	0.010	0.009	0.012	0.011	0.018
中东欧	0.022	0.025	0.024	0.024	0.025	0.036	0.039	0.041	0.043	0.047	0.044

(3) 分区域投资合作指数分析

与贸易联通指数的变化趋势不同，2023 年上海服务"一带一路"六大区域建设的投资合作指数均有所下降，独联体和蒙古国、中亚、中东欧的投资合作指数甚至降至 0.000。具体而言，东南亚的投资合作指数 2013~2023 年均值为 0.183，而 2023 年仅为 0.112，达到 2013 年以来的最低值，南亚的投资合作指数呈现出类似特征。2023 年，西亚北非的投资合作指数虽然比 2022 年下降 10.34%，但远高于 2013 年投资合作指数。可见，上海对六大区域的海外直接投资 2023 年下滑明显，与部分区域的投资合作甚至发生了暂时性中断（见表 4）。

表 4　2013~2023 年上海服务"一带一路"六大区域建设投资合作指数情况

区域	2013 年	2014 年	2015 年	2016 年	2017 年	2018 年	2019 年	2020 年	2021 年	2022 年	2023 年
东南亚	0.178	0.159	0.165	0.173	0.194	0.195	0.189	0.231	0.208	0.210	0.112
独联体和蒙古国	0.000	0.005	0.003	0.007	0.016	0.028	0.026	0.024	0.018	0.017	0.000
南亚	0.025	0.027	0.030	0.029	0.041	0.053	0.097	0.066	0.057	0.055	0.014
西亚北非	0.012	0.014	0.021	0.016	0.023	0.023	0.028	0.030	0.027	0.029	0.026
中亚	0.000	0.000	0.000	0.000	0.000	0.005	0.009	0.013	0.010	0.000	0.000
中东欧	0.006	0.005	0.005	0.006	0.013	0.016	0.023	0.022	0.020	0.021	0.000

4. 重点国家分析

(1) 2023 年贸易投资指数排名前 10 国家分析

2023 年，在贸易投资指数排名前 10 的国家中，有 6 个国家来自东南亚，2 个国家来自西亚北非，其余 2 个国家分别来自南亚、独联体和蒙古国，中东欧及中亚国家均未进入前 10。具体来看，2023 年排名前 10 国家的贸易投资指数除马来西亚外均高于 2013 年，说明自"一带一路"倡议提出以来，上海与大部分国家的贸易和投资亲密度有所提升。在入围的 6 个东南亚国家中，新加坡不仅自 2013 年以来一直排名第一，而且是 2023 年 6 个国家中唯一实现贸易投资指数正增长的国家，印度尼西亚和马来西亚的贸易投资指数则同比分别下降 28.02%和 25.04%。在其余国家中，2023 年上海对俄罗斯的贸易投资指数达到0.367，同比增长32.97%，以色列虽然排名相对靠后，但2023年贸易投资指数是2022年的2.25倍（见表5）。近年来，上海与俄罗斯、以色列的经贸合作稳步推进，进博会持续彰显的溢出效应进一步推动中国与两国的经贸合作走深走实。

表5　2023年贸易投资指数排名前10国家指数情况（2013~2023年）

区域	国家	2013年	2015年	2017年	2018年	2019年	2020年	2021年	2022年	2023年
东南亚	新加坡	0.840	0.898	0.965	0.912	0.809	0.775	0.875	0.901	0.938
东南亚	越南	0.206	0.301	0.341	0.379	0.498	0.617	0.604	0.561	0.444
东南亚	马来西亚	0.494	0.524	0.526	0.545	0.586	0.564	0.537	0.559	0.419
东南亚	泰国	0.385	0.339	0.409	0.457	0.446	0.418	0.449	0.468	0.399
独联体和蒙古国	俄罗斯	0.133	0.148	0.183	0.235	0.225	0.241	0.248	0.276	0.367
东南亚	印度尼西亚	0.193	0.188	0.266	0.311	0.322	0.479	0.372	0.489	0.352
南亚	印度	0.287	0.337	0.385	0.451	0.581	0.412	0.480	0.457	0.336
西亚北非	以色列	0.052	0.063	0.055	0.062	0.086	0.095	0.099	0.104	0.234
西亚北非	阿拉伯联合酋长国	0.114	0.133	0.118	0.127	0.171	0.170	0.172	0.192	0.138
东南亚	菲律宾	0.110	0.128	0.137	0.153	0.156	0.126	0.150	0.150	0.122

注：2014年和2016年数据留存备索。

（2）2023年贸易联通指数排名前10国家分析

2023年，在贸易联通指数排名前10的国家中，东南亚国家依然占6席，其余国家在各区域的分布情况与贸易投资指数类似，但西亚北非区域的以色列被土耳其替代。与贸易投资指数不同的是，多数国家的贸易联通指数在2023年呈现同比增长态势，而马来西亚、印度尼西亚、印度和菲律宾同比下滑。值得注意的是，上海与马来西亚的贸易联通度整体一直保持在较高水平，但2023年出现明显下滑，降至2013年以下水平。俄罗斯的排名相较于之前年份大幅上升，贸易联通指数2023年同比上涨超过50%。越南的贸易联通指数自2020年以来一直保持在0.8以上水平，2023年不降反升，达到0.887，是2013年的3.04倍（见表6）。

表6 2023年贸易联通指数排名前10国家指数情况（2013~2023年）

区域	国家	2013年	2015年	2017年	2018年	2019年	2020年	2021年	2022年	2023年
东南亚	越南	0.292	0.434	0.514	0.578	0.750	0.888	0.929	0.834	0.887
东南亚	新加坡	0.680	0.796	0.930	0.823	0.863	0.813	0.749	0.802	0.876
东南亚	马来西亚	0.865	0.839	0.808	0.872	0.917	0.851	0.830	0.877	0.837
独联体和蒙古国	俄罗斯	0.265	0.269	0.258	0.313	0.310	0.355	0.400	0.466	0.733
东南亚	印度尼西亚	0.280	0.321	0.381	0.432	0.462	0.450	0.569	0.784	0.704
东南亚	泰国	0.411	0.482	0.509	0.599	0.561	0.507	0.649	0.674	0.682
南亚	印度	0.406	0.506	0.513	0.570	0.509	0.421	0.623	0.577	0.563
西亚北非	阿拉伯联合酋长国	0.167	0.178	0.153	0.159	0.209	0.187	0.207	0.239	0.276
东南亚	菲律宾	0.220	0.256	0.273	0.306	0.289	0.230	0.262	0.264	0.244
西亚北非	土耳其	0.102	0.120	0.104	0.110	0.103	0.105	0.135	0.144	0.179

注：2014年和2016年数据留存备索。

（3）2023年投资合作指数排名前4国家分析

2023年，由于上海企业对"一带一路"沿线63个国家的投资项目数量显著减少，仅在4个国家开展了投资活动，因此各国排名情况较之前年份发生了较大变化。新加坡的投资合作指数一直保持较高水平，常年稳居第一，远高于其他国家。以色列是上海在中东地区的重要经贸伙伴，2023年以色列的投资合作指数不降反增，是2022年的3倍多。泰国和印度的投资合作指数相较于2022年均出现了不同程度的下降（见表7）。

表7 2023年投资合作指数排名前4国家指数情况（2013~2023年）

区域	国家	2013年	2015年	2017年	2018年	2019年	2020年	2021年	2022年	2023年
东南亚	新加坡	1.000	1.000	1.000	1.000	0.755	0.737	1.000	1.000	1.000
西亚北非	以色列	0.036	0.057	0.047	0.046	0.093	0.100	0.091	0.097	0.361
东南亚	泰国	0.359	0.195	0.310	0.315	0.331	0.329	0.250	0.261	0.115
南亚	印度	0.167	0.167	0.256	0.331	0.653	0.402	0.337	0.337	0.108

注：2014年和2016年数据留存备索。

三 主要省（区、市）服务"一带一路"建设成效对比分析

根据"一带一路"节点城市分布和各省（区、市）的地理位置，同时考虑到各省（区、市）的数据可得性，本部分选取江苏、浙江、北京、广西、河南、天津、重庆和陕西8个省（区、市），对比分析上海与上述8个省（区、市）服务"一带一路"建设的成效。

（一）贸易联通情况分析

2023年，江苏、浙江和北京3个省（市）与"一带一路"共建国家的进出口贸易总额超过上海，其余5个省（区、市）的进出口贸易总额不及上海。其中，江苏与"一带一路"共建国家的进出口贸易总额、进口贸易额和出口贸易额均居首位；浙江虽然进出口贸易总额明显高于上海，但从"一带一路"共建国家的进口贸易额不及出口贸易额的一半；北京与浙江相反，从"一带一路"共建国家的进口贸易额是出口贸易额的4.50倍；上海从"一带一路"共建国家的进口贸易额和对"一带一路"共建国家的出口贸易额相对较为均衡，进口贸易额高于出口贸易额。从贸易额占比来看，2023年上海与"一带一路"共建国家的进出口贸易总额占本市贸易总额比重为34.62%，从"一带一路"共建国家的进口贸易额占本市进口贸易总额的50.18%，而对"一带一路"共建国家的出口贸易额占比仅为23.69%。横向对比发现，上海与"一带一路"共建国家的进出口贸易总额和出口贸易额占比均低于其他8个省（区、市），进口贸易额占比仅低于广西、浙江和北京，广西的三项占比均排名第一。其中，上海的进出口贸易总额占比和进口贸易额占比与广西之间的差距分别约为37个百分点和9个百分点，而出口贸易额占比不及其他省（区、市）的1/2（见表8）。

表8　2023年9个省（区、市）对"一带一路"共建国家的贸易额及其占比情况

单位：亿元，%

省(区、市)	贸易额			占本省(区、市)贸易总额比重		
	进出口贸易总额	进口贸易额	出口贸易额	进出口贸易总额占比	进口贸易额占比	出口贸易额占比
江苏	52493.75	33719.13	18774.62	42.91	24.76	75.48
浙江	25514.34	7793.51	17720.83	52.07	58.46	49.69
北京	19218.05	15724.63	3493.42	52.70	51.61	58.22
上海	14581.56	8719.49	5862.07	34.62	50.18	23.69
广西	4939.00	2139.00	2800.00	71.29	58.77	84.93
河南	3565.40	1627.80	1937.60	43.97	30.83	68.52
天津	3195.82	1445.50	1750.32	39.92	33.05	48.20
重庆	3114.73	1268.94	1845.79	43.64	26.53	78.37
陕西	2098.08	515.89	1582.19	51.91	36.56	60.14

资料来源：笔者根据各省（区、市）的海关统计数据整理计算所得。

根据中华人民共和国海关总署数据，2023年中国与"一带一路"共建国家的进出口贸易总额为19.47万亿元，其中出口贸易额为10.73万亿元，进口贸易额为8.74万亿元。上海的进出口贸易总额、进口贸易额和出口贸易额占全国的比重分别为7.49%、9.98%和5.46%，三项指标占比均低于江苏，与浙江和北京相比各有千秋，而广西、河南、天津、重庆和陕西的三项占比均不到3%，远不及上海。上海的进出口贸易总额占比虽然低于浙江和北京，但进口贸易额占比略高于浙江，出口贸易额占比明显高于北京（见图5）。

（二）投资合作情况分析

2013~2022年，全国进行海外直接投资的企业数量逐年上升，2023年急剧下降，从2022年的2899家降至148家，9个省（区、市）的海外直接投资企业数量变化亦总体表现出类似趋势，2023年均呈现大幅下降趋势。2023年，上海的海外直接投资企业数量从2022年的274家下降至10家，同

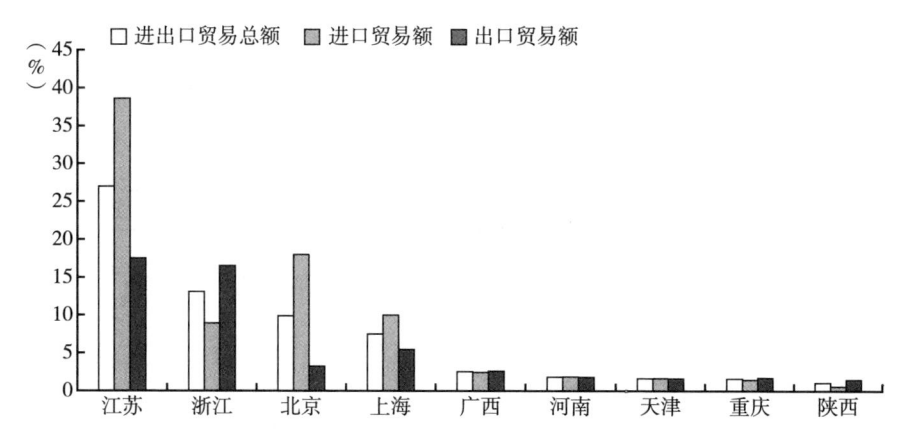

图 5　2023 年 9 个省（区、市）对"一带一路"共建国家的贸易额占全国比重

资料来源：笔者根据中华人民共和国海关总署和各省（区、市）的海关统计数据整理计算所得。

比下降 96.35%，这一下降比例既高于全国平均水平，也高于江苏、浙江、北京、河南和陕西。2013 年，上海、江苏、浙江、北京和河南的海外直接投资企业数量分别为 95、107、115、109 和 12 家，2022 年分别增加至 274、362、386、272 和 44 家，其中江苏、浙江和河南 3 个省的增速高于上海。受全球地缘政治冲突加剧、逆全球化思潮抬头、世界经济复苏乏力等影响，全球供应链发生深刻调整，国际投资有所放缓，全国及 9 个省（区、市）均无例外（见表 9）。

表 9　2013~2023 年全国及 9 个省（区、市）海外直接投资企业数量

单位：家

	2013 年	2014 年	2015 年	2016 年	2017 年	2018 年	2019 年	2020 年	2021 年	2022 年	2023 年
全国	981	1136	1333	1608	1971	2107	2279	2531	2702	2899	148
江苏	107	115	141	174	219	238	262	296	329	362	21
浙江	115	134	158	206	257	280	302	338	359	386	16
北京	109	122	141	170	200	210	230	254	264	272	14
上海	95	105	123	141	175	188	207	232	256	274	10
广西	7	6	9	11	13	13	13	15	15	16	—
河南	12	15	19	27	30	33	38	42	47	44	3

续表

	2013年	2014年	2015年	2016年	2017年	2018年	2019年	2020年	2021年	2022年	2023年
天津	15	17	18	23	27	27	30	32	36	39	1
重庆	9	9	13	14	20	23	23	26	24	25	—
陕西	10	10	11	14	16	16	19	19	21	25	3

资料来源：笔者根据CSMAR数据库数据整理计算所得，表10、表11同。

2013年以来，越来越多的中国企业开始了解"一带一路"共建国家并前往这些国家开展投资活动，各省（区、市）与"一带一路"共建国家的投资合作越来越密切。2013~2022年，全国及9个省（区、市）向"一带一路"共建国家投资的企业数量均总体呈上升趋势，陕西由于起点较低，10年间增加5倍，接着是浙江和江苏，二者增速明显高于其他省（区、市），而上海的增速仅高于北京。2023年，上海与其他8个省（区、市）向"一带一路"共建国家投资的企业数量均大幅减少，这与全国及全球的海外直接投资趋势类似（见表10）。

表10 2013~2023年全国及9个省（区、市）向"一带一路"共建国家投资的企业数量

单位：家

	2013年	2014年	2015年	2016年	2017年	2018年	2019年	2020年	2021年	2022年	2023年
全国	317	396	468	584	746	855	978	1122	1212	1362	87
江苏	43	49	63	81	102	116	127	144	158	188	10
浙江	37	46	53	73	97	116	145	172	185	207	12
北京	45	56	65	75	86	100	101	119	127	126	11
上海	37	44	51	58	75	80	91	102	114	129	7
广西	2	2	3	5	8	7	9	8	8	8	—
河南	5	6	7	10	11	13	13	17	20	19	3
天津	5	6	6	9	10	9	14	15	16	19	1
重庆	4	4	4	6	9	11	11	12	12	14	—
陕西	1	2	4	4	5	5	6	6	6	6	—

类似地，2023年上海与其他8个省（区、市）向"一带一路"共建国家投资的项目数量也大幅减少。具体而言：广西、重庆和陕西3个省

（区、市）的企业未对"一带一路"共建国家开展投资活动；上海2013年的投资项目数量与北京并列第一，之后一直低于北京，且2016年开始被江苏反超，2017年开始被浙江反超，2023年仅排名第四，不及北京的1/3；2023年上海的投资项目数量同比下降96.96%，在6个省（区、市）中降幅最大，紧随其后的是浙江、河南和江苏，北京的降幅不到90%（见表11）。

表11 2013~2023年全国及9个省（区、市）向"一带一路"共建国家投资的项目数量

单位：个

	2013年	2014年	2015年	2016年	2017年	2018年	2019年	2020年	2021年	2022年	2023年
全国	776	958	1187	1552	2203	2614	3202	3976	4440	4525	311
江苏	94	115	145	203	275	331	438	555	577	611	32
浙江	75	98	121	184	293	391	493	587	654	663	22
北京	127	164	213	247	334	385	406	513	528	499	55
上海	127	145	163	191	237	253	290	390	443	460	14
广西	4	5	7	9	14	13	18	23	25	23	—
河南	13	16	18	24	34	39	43	49	63	65	3
天津	16	24	26	32	42	38	51	55	51	56	4
重庆	13	6	6	9	26	30	37	36	33	37	—
陕西	2	3	6	6	10	13	16	22	26	28	—

四 上海深化"一带一路"贸易投资合作的对策建议

（一）统筹发展大局，促进新质生产力与共建"一带一路"高质量发展双向赋能

从外部环境看，上海发展新质生产力与推动共建"一带一路"高质量发展都面临较大的外部风险压力，要掌握未来发展主动权，亟须构建共担共享的互促路径。

第一，以培育和发展新质生产力为重点，赋能共建"一带一路"高质量发展。2023年12月，中央经济工作会议强调要以科技创新引领现代化产

业体系建设，特别是以颠覆性技术和前沿技术催生新产业、新模式、新动能，发展新质生产力。为加快发展新质生产力，围绕产业发展基础和优势，上海正在着力巩固传统产业优势地位，着力打造新兴产业创新高地，着力抢占未来产业发展先机。依托现有的上海产业发展框架，上海已与"一带一路"共建国家在建筑、航运、金融、通信等相关行业开展了一批科技创新合作项目。未来，随着产业高端化、智能化、绿色化和融合化发展水平的持续提升，上海需要进一步深化与"一带一路"共建国家的科技合作，放大科技创新的溢出效应。同时，借助上海当前正在大力推进的"丝路电商"合作先行区创建工作，对标国际高标准经贸规则，相关部门可鼓励有条件的区域与"一带一路"共建国家有效构建科技、产业、人才、信息、资本等融合发展的创新生态格局，促进贸易投资合作。

第二，以共建"一带一路"高质量发展为机遇，提高新质生产力发展成效。"一带一路"共建国家之间发展差异较大，上海新质生产力的培育和发展水平在不同领域存在不均衡的现象。为进一步提高新质生产力发展成效，一方面，上海可基于"一带一路"共建国家工业化、城镇化进程，加强制度创新，充分利用比较优势，以优势互补，不断突破产业发展瓶颈，促进产业结构升级，从而提高上海"科技创新"和"产业创新"水平，提高应对外部风险的能力；另一方面，从发展经验角度来说，"一带一路"共建国家在国际科创平台建设、国际科技组织运营、跨国企业创新突破等方面都有较为前沿的探索，上海可加强与"一带一路"共建国家的互动交流，学习有益模式，不断提高新质生产力发展成效。

（二）巩固经贸合作"基本盘"，加强规则"软联通"和基础设施"硬联通"

第一，推动跨境贸易规则联通。一方面，以"丝路电商"合作先行区建设为契机，上海可集聚一批具有国际竞争力的电子商务龙头企业，依托"丝路电商"国际智库联盟，与更多的"一带一路"共建国家进行电子商务发展规划对接和业务合作，在跨境电子商务规则、监管等方面推出一批制度创新成果，让"丝路电商"合作先行区建设惠及更多的国家和人民。另一方面，上海自由贸易试验区既是我国第一个挂牌成立的自由贸易试验区，又是首批对标国际高标准经贸规则的试点，承载着为更高水平制度型开放探路的重要使命。可对标 CPTPP、DEPA 等国际高标准经贸规则，在上海自由贸易试验区内开展个人隐私保护、数据跨境流动、跨境支付等制度供给试点，测试我国对国际高标准经贸规则条款的承受度，以及相关条款在"一带一路"共建国家的适用性，探索符合各国利益诉求、与国际通行规则对接的标准体系，增强上海对国际数据市场的影响力，提升中国在数字规则制定中的话语权。

第二，提升基础设施互联互通水平。根据前文数据分析，上海对"一带一路"共建国家的进出口贸易总额不及江苏、浙江和北京，且对"一带一路"共建国家的出口贸易额占比远不及其他 8 个省（区、市）。基础设施互联互通是共建"一带一路"高质量发展的重要任务，提升上海与"一带一路"共建国家的基础设施互联互通水平能大大促进贸易联通和投资合作。航空枢纽建设方面，上海机场与长三角主要城市的机场立足功能定位，加强规划和运行协同，拓展"空中丝路"的覆盖广度和深度，提升上海国际航空枢纽能级。铁路运输方面，持续优化现有的便利化措施，与相关企业和口岸加强协作和沟通，在扩大"中欧班列—上海号"运输量和覆盖范围的同时，更要注重运输的时效性和安全性，不断推进"中欧班列—上海号"提质增效。

第三，加快金融改革，完善跨境金融服务。借鉴国内国际实践经验，探索适合"一带一路"共建国家的人民币跨境金融服务的方式和产品，提供人民币交易、结算、投资等相关服务，破解和打通人民币跨境使用的难点和堵点，逐步推进人民币国际化。加快金融业对外开放，吸引更多来自"一带一路"共建国家的金融机构落户上海并开展人民币业务，支持"一带一路"共建国家资产在本国及我国进行"双币"交易，进一步拓宽人民币资金和资产的双向流动渠道。还要坚持底线思维，完善自由贸易账户框架下的跨境资金流动风险防范机制，强化宏观审慎管理。

（三）强化多方面支撑，扎实推动企业"走出去"

第一，持续提升"走出去"专业服务能力。企业"走出去"过程中，国内配套的专业服务如会计、审计、咨询、法律等尚不能提供足够支撑。2023年，国务院印发《关于在有条件的自由贸易试验区和自由贸易港试点对接国际高标准推进制度型开放的若干措施》，上海自由贸易试验区成为首批试点。可在上海自由贸易试验区探索本市专业服务机构与国际专业服务机构合作的新模式，在项目内控、纠纷调解、合规经营等方面为"走出去"企业提供更高水平、更具针对性的专业服务。同时，千方百计完善安全保障机制，探索分级分类的风险预警制度，完善海外投资保险制度，增强企业和员工前往"一带一路"共建国家投资的信心。

第二，强化"小而美"民生项目建设。党的二十届三中全会指出，要统筹推进重大标志性工程和"小而美"民生项目。上海作为共建"一带一路"的桥头堡，在环保、农业、新能源、卫生、教育等领域应加强与"一带一路"共建国家的投资合作，组织开展一批"小而美""见效快""惠民生"的项目，大力支持国有资本和民营资本创新合作方式，共同参与项目建设。通过一个个鲜活的案例，向国际社会传播共建"一带一路"的理念和成效，吸引更多的国家参与共建"一带一路"，为全球经济发展凝聚力量。

第三，鼓励重点领域的国际投资。以战略性新兴产业为代表的产业竞争日益成为国际竞争的焦点，国家及上海都出台多项政策支持高端装备制造、新能源汽车等领域的投资合作。上海是科技创新高地，应认真研判欧美国家在新能源、新材料、半导体等领域对华限制性措施的未来演变态势，以更大的力度支持本市企业在规则范围内与更多的发达国家企业同台竞技，再通过逆向技术溢出效应反哺国内，带动创新。同时，还要完善各类市场主体参与共建"一带一路"的通道，评估"一带一路"共建国家的需求潜力与偏好，合理配置产能、完善跨国战略布局，带动中国技术、中国产品和中国标准走向世界。

B.12
上海服务"一带一路"建设案例报告（2023）[*]

张鹏 侯思捷 陈文彦[**]

摘　要： 上海作为中国的经济中心，一直以开放和创新引领着全国经济发展。立足于上海作为共建"一带一路"重要节点城市的发展优势，近年来许多企业不断加快在海外市场落子布局，成为推动共建"一带一路"高质量发展走深走实的重要力量。本文根据"一带一路"倡议要求，结合上海实际，精心遴选了建筑、航运、航空、通信、金融等领域7家企业在2023年的最新实践案例，从公司基本情况、典型项目介绍、项目特点及成效等维度，力图多角度展示在共建"一带一路"中，上海企业在青年人才培养、基础设施建设、大型设备运输、国际航线互联互通、高品质通信服务供给、跨境金融建设等方面的新进展、新成就。

关键词： "一带一路"　企业　上海

2023年是"一带一路"倡议提出10周年，也是上海持续高质量参与共建"一带一路"的新起点。《上海市参与共建"一带一路"高质量发展2023年工作要点》提出，上海将围绕"五通"、合作新空间、风险防控、宣传推介等四大领域开展工作。① 根据此工作要点，结合对上海企业的实地调

---

[*] 文中数据除已有标注的外，其他均由案例公司提供。
[**] 张鹏，中国地方志工作办公室年鉴处副处长，主要研究方向为方志学、年鉴学；侯思捷，经济学博士，中国社会科学院财经战略研究院副研究员，主要研究方向为财税理论与政策；陈文彦，上海研究院科研处主管，中级经济师，主要研究方向为城市与区域发展。
① 陶玉：《【一带一路】共建"一带一路"，2023年上海准备这样干！》，https：//mp.weixin.qq.com/s/wEfxs1e8USbzIfLQ1TQHEg，最后访问日期：2024年7月27日。

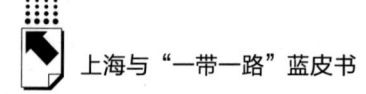

研，本文遴选了中国建筑第八工程局有限公司、中铁十五局集团有限公司、中波轮船股份公司、上海国际机场股份有限公司、中国东航集团有限公司、中国移动通信集团上海有限公司、交通银行股份有限公司等7家公司作为典型案例，[①] 以事实为依据，梳理、总结了上海国资国企在共建"一带一路"中的新进展、新成就。

一 中国建筑第八工程局有限公司：赋能"一带一路"共建国家青年人才培养

（一）公司基本情况

中国建筑第八工程局有限公司（以下简称"中建八局"）是全球最大的投资建设集团——中国建筑集团有限公司（以下简称"中建"）的子公司，业务涵盖基础设施建设、投资开发、房屋建筑等多个领域。在"一带一路"共建国家，中建八局参与承建了多个标志性项目，青年员工在其中发挥了不可替代的作用。例如，"非洲第一高楼"埃及新行政首都中央商务区标志塔项目的顺利建设，离不开一支由"85后"青年组成的国际化工程师团队的贡献；中建八局参与建设的中泰高铁，是世界范围内首次使用中国高铁设计标准并由所在国自行出资兴建的高速铁路项目，项目团队共有62人，其中青年员工（43人）是该项目建设的主力军。

在青年员工积极投身中建八局海外重大项目建设的同时，中建八局也一直积极关注青年人才的培养工作，并从"鲁班学院"建设、"产学研"深度融合等两个方面，促进"一带一路"共建国家青年人才成长、成才。

（二）典型项目介绍

1. 深入落实"鲁班工匠计划"品牌项目

2023年起，中建在全球范围内发起可持续战略品牌项目——"鲁班

---

① 本文中使用的基础材料，主要来源于笔者对各案例公司的实地调研。

工匠计划"。该计划通过"1+3+N"实施体系在全球范围内推行。具体来说,"1"指的是作为项目实施主体和执行机构的"鲁班学院";"3"指的是面向中建员工、高校学生人才、利益相关方开展的培训活动及搭建的对话平台;"N"指的是面向技术院校学生、中小企业管理人员、青少年儿童、女性工程师等不同重点人群提供的人才培训和文化交流活动。

为帮助埃及培养建造人才,2020年1月,中建埃及分公司就在埃及建立了第一所致力于工程管理人员技能提升的教育公益机构——"鲁班学院"。2023年,"鲁班工匠计划"正式推行后,"鲁班学院"打造了更为完善的课程体系,开设了技术质量、工程管理、商务合约等课程,并设置不同功能区开展实习教学、技术实训、岗前培训等。截至2024年7月,"鲁班学院"已开办培训班25期,累计培训人员超1万人次。

2.中建马来西亚有限公司与属地高校开展校企合作项目

近年来,中建马来西亚有限公司一直在大力推动与马来西亚高校的交流合作。迄今为止,通过校园招聘、学术文化交流、参观在建工程等形式,已经与马来西亚拉曼大学(UTAR)、管理与科学大学(MSU)、苏丹阿兹兰沙大学(USAS)等高校联合开展了校企活动20余场。

2016年末,中建马来西亚有限公司首次赴拉曼大学进行校园招聘,活动当场接收简历700余份。2019年8月,中建马来西亚有限公司与拉曼大学签订校企合作协议,实施"订单化"人才培养模式,致力于打造学校、企业、学生三方共赢的局面,促进学生入学如在岗、毕业即就业。为进一步推动中国建筑"鲁班学院"建设的落地落实,2023年五四青年节前夕,中建马来西亚有限公司与拉曼大学再度签订校企合作协议。按照合作内容,中建马来西亚有限公司将在拉曼大学建立"校企合作基地",拉曼大学将在中建马来西亚有限公司建立"人才实习就业基地",双方共同努力,为学生搭建多元的就业成长平台,促进马来西亚建筑人才培养和建筑行业发展。

（三）项目特点及成效

1. 深入实施"鲁班工匠计划"品牌项目，促进多层次全方位人才交流

中建八局按照中建的统一部署，深入推进"鲁班工匠计划"，在原有"鲁班学院"建设成果基础上，不断完善课程设置和人才培养体系，为"一带一路"共建国家带去了实实在在的超高层建筑施工经验、管理经验。通过"鲁班学院"，更多"一带一路"共建国家更加熟悉中国技术、了解中国工艺，促进了当地产业工人技术技能水平的提升、工作人员管理能力的提高。

2. 注重以"产学研"融合推进应用型人才培养

培养、用好海外高校人才不仅是"走出去"企业发展的需要，也是深入落实"一带一路"倡议的必然要求。作为重要的国际人才蓄水池，中建八局积极投身于海外高校人才培养工作中，以"产学研"深度融合模式，不断拓宽海外高校应用型人才的培养渠道，有效深化了中外在人才培养、技术创新等方面的合作交流。

3. 推动了"一带一路"共建国家对中国文化的认同

随着海外人才培养项目的深入推进，不同文化、不同教育背景的人才会聚到一起，共同参与到中国建筑项目的管理和技术创新工作中，亲眼"建"证了"一带一路"倡议在自己国家开花结果，加深了海外人才对中国文化的理解。此外，中建八局通过多维度的企业文化与属地国家文化互动与交流活动，增进了海外人才对中建八局企业文化的认同，增强了项目团队的向心力和凝聚力。

二 中铁十五局集团有限公司：以精品工程铺筑合作发展"连心"路

（一）公司基本情况

中铁十五局集团有限公司（以下简称"中铁十五局"）成立于1984

年，隶属于中国铁道建筑集团有限公司，是一家集设计、施工、科研于一体的国有建筑工程总承包企业，也是上海首家"四特级"企业（拥有铁路工程施工总承包特级、公路工程施工总承包特级、市政公用工程施工总承包特级、建筑工程施工总承包特级），下设15家全资子公司，员工总数约1.5万人，年施工能力达到800亿元以上。

中铁十五局积极推动共建"一带一路"，践行"海外优先"战略，贯彻"搭船出海、舰队出海、融合发展"的海外经营理念，海外业务板块涉及公路、铁路、桥梁、港口、水利等多个领域，范围覆盖老挝、吉尔吉斯斯坦、坦桑尼亚、阿尔及利亚等。作为共建"一带一路"的生力军，中铁十五局不断健全海外管理制度和政策支撑体系，积极推动中国标准与国际标准接轨融合，参建了坦桑尼亚马古富力大桥等一批重大项目。

（二）典型项目介绍

中老昆万铁路（以下简称"中老铁路"）是一条连接中国云南省昆明市与老挝万象市的电气化铁路，也是我国第一条以中方为主投资建设、双方共同运营，并与中国铁路网直接连通的跨国铁路。在中老铁路建设中，中铁十五局建设了老挝境内第一家标准化铁路混凝土轨枕生产企业——中铁十五局磨万铁路构件厂，这为中老铁路的顺利建设和运营提供了重要保障。

2019年8月，中铁十五局成功中标新建磨丁至万象线铁路工程轨枕采购项目。2019年9月，中铁十五局组织"中老铁路进场动员会"，抽调精干人员，开展项目上场的前期准备工作。2019年10月，中铁十五局沟通协调铺轨单位、当地政府、村民，完成土地清表工作，中铁十五局磨万铁路构件厂启动建设。2020年1月，中铁十五局磨万铁路构件厂建成投产。磨万铁路构件厂位于老挝万象市纳塞通县，承担中老铁路磨万段全线轨枕预制任务，包括全部轨枕和岔枕预制任务，其中包括合同内3种型号的普通轨枕801257根、8种型号的岔枕259组，合同外新增轨枕11136根。建厂完成后，中铁十五局磨万铁路构件厂聘用并培训老挝籍员工，经过磨合，项目双班生产达到了2300根的国内理想产能。2020年3月，凭借完善的质量管理体系、超高的工艺控制水平和优质的产品，中铁十五局磨万铁路构件厂一次性顺利通过中铁检验认证中心（CRCC）认证。2020年10月，项目提前48天顺利完成GZ01包件轨枕预制任务。2021年3月，新建磨丁至万象线铁路工程轨枕采购项目提前75天完成合同内两个包件轨枕预制任务。2021年4月，新增万象南站换装线及备料轨枕预制任务完成，中老铁路磨万段全线轨枕预制任务圆满完成。2021年12月，中老铁路顺利开通运营。2022年9月，中铁十五局在老挝相继中标中老铁路磨万段琅勃拉邦站、万荣站新建公寓楼房建工程项目。2023年4月，凭借良好的口碑和信誉，中铁十五局又中标中老铁路磨万段2023年度零小工程施工项目。2023年12月，新建磨丁至万象线铁路工程荣获2022~2023年度中国建设工程鲁班奖（境外工程）。

（三）项目特点及成效

1. 中老铁路轨枕项目在促进共建"一带一路"方面切实发挥了作用

首先，在设施联通方面，项目为中老铁路提供了高质量的轨枕，确保了铁路的安全稳定运行，有力地促进了中老两国交通基础设施的互联互通。这不仅使得人员和物资的流通更加高效、便捷，还有助于加强两国之间的经济联系和合作。其次，在民心相通方面，通过开办老挝籍员工培训班，培养了近300名老挝籍技术人才，提高了属地化用工比例，中老员工在共同生活与工作中密切合作，加深了中老两国人民之间的相互了解。

2. 中老铁路轨枕项目为"一带一路"共建国家带去了实实在在的好处

一方面，为老挝籍员工提供了就业岗位，大大提高了当地的就业率。这些就业机会不仅为当地居民带来了稳定的收入，还提升了他们的生活水平。另一方面，作为老挝境内第一家标准化铁路混凝土轨枕生产企业，中铁十五局磨万铁路构件厂填补了当地产业空白，拓宽了区域经济收入渠道，推动了当地经济发展。此外，该项目的建设还为老挝的基础设施建设提供了重要支持，推动老挝国家发展和竞争力的提升。

3. 中老铁路轨枕项目对产业发展产生了积极的推动作用

在项目建设中，中铁十五局采用了先进的技术和管理经验，为行业树立了标杆。这有助于推动铁路建设相关产业和行业的技术进步和创新发展，提高整个行业的发展水平。同时，与当地供应商的合作，带动了当地砂石料等相关产业的发展，促进了产业链的协同发展。这不仅有助于优化当地的产业结构，还为当地经济的可持续发展提供了有力支持。

4. 中老铁路轨枕项目展示了中国企业的实力和担当

中铁十五局凭借超高的建设速度、技术水平和强大的履约能力，高质量地完成了中老铁路轨枕项目。这向世界展示了中国企业在工程建设领域的卓越能力和专业素养，提升了中国在国际上的形象。同时，该项目也是中国积极推动共建"一带一路"的生动实践，体现了中国致力于与"一带一路"共建国家共同发展、实现互利共赢的决心和诚意，进一步增进了国际社会对中国的认可和信任。

三 中波轮船股份公司："海上丝绸之路"上全力保障大型设备运输

（一）公司基本情况

中波轮船股份公司（以下简称"中波公司"）成立于1951年6月15日，是新中国第一家中外合资企业、第一家远洋运输企业。新中国成立初期，在百废待兴的背景下，中波公司的成立有力冲破了当时西方国家对我国实行的经济封锁和海上禁运，开辟了我国至世界部分国家的海上通道。

2023年是中波公司成立72周年。70多年来，中波公司一直立足于自身发展实际，在"平等互利、协商一致"的对外合作中主动融入并服务国家重大发展。2021年，中波公司提出了"一体两翼"新发展格局，即以航运为主体，以长三角、中东欧两大区域物流平台建设为两翼，将中波公司打造成为专业化、领先型的航运物流综合服务商。2022年2月，中波公司中东欧物流平台建设正式启动。2022年8月，中波公司正式组建成立罗马尼亚

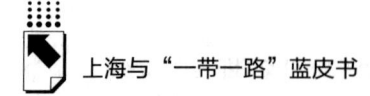

物流公司，将物流服务网点延伸至东南欧。2023年，公司正式执行旨在发挥中东欧区域区位优势、加强长三角与中东欧深度协同的《物流业务发展规划（2023—2025年）》。

（二）典型项目介绍

1. 第5艘6.2万载重吨多用途重吊船投入运营

为提高"一带一路"共建国家互联互通等设施的运力服务能级，中波公司一直与长三角地区船厂合作，订造新型重吊船。数据显示，2021~2022年，中波公司"泰兴"轮、"赫贝特"轮、"皮莱茨基"轮、"永兴"轮等4艘船舶相继投入运营，中波公司自有船舶规模达到32艘。2023年12月27日，"裕安"轮举行交船签字仪式，正式成为中波公司即将投入运营的第5艘6.2万载重吨多用途重吊船。

"裕安"轮船型6.2万载重吨，船长199.9米，型宽32.26米，型深19.3米，满载吃水13.5米，舷侧配备4台重吊。[①] 相较此前投入运营的4艘船舶，"裕安"轮第4重吊由起重能力80吨升级为150吨。并且，其进一步扩大了甲板有效装载面积，有效提升了仓容利用率和装载效率。在使用优势上，"裕安"轮结合大载重吨和箱型结构设计，具有良好的适货性和工程项目物资承运规模优势。

2. 承运中国出口北马其顿装机规模最大的风电项目设备

为助力"一带一路"共建国家新能源设施更新换代，近年来，中波公司相继为塞尔维亚斯梅代雷沃钢厂技转项目、阿塞拜疆308MWp光伏电站项目、乌兹别克斯坦锡尔河1500MW燃气联合循环独立电站项目等提供品牌服务和全程物流解决方案。

2023年11月3日，中波公司"太平洋"轮装载中国出口北马其顿装机规模最大的风电项目设备从江苏太仓码头驶向欧洲。该设备主要用于建设北

[①] 张晓鸣：《中波公司迎来第5艘6.2万载重吨多用途重吊船》，https://baijiahao.baidu.com/s?id=1786425918926613206&wfr=spider&for=pc，最后访问日期：2024年7月27日。

马其顿43.2MW风电项目，该项目是北马其顿政府在2025年前实现零煤炭目标的重要举措，是当地单机容量最大和装机规模最大的风电项目。[①] 数据显示，2023年，中波公司完成的共建"一带一路"货运量同比增长65%。

（三）项目特点及成效

1. 制定战略发展规划，加强"海上丝绸之路"建设

中波公司紧抓"一带一路"倡议为世界发展带来的新机遇，坚持汇集最大公约数、画出最大同心圆，基于市场发展实际，制定了阶段性战略发展规划。为了实现可持续发展，中波公司不断推进企业改革，以运力提升和航线布局优化，不断加强"海上丝绸之路"建设，促进货物贸易、人文交流发展。

2. 坚持以市场为导向，不断拓展和优化航线布局

为更好承担重大项目物资运输的使命与责任，近年来，中波公司在充分利用自身专业特长和船队优势的基础上，坚持以市场为导向、以客户为中心，顺应世界经贸格局变化和全球制造业转移趋势，不断优化全球航线布局。除传统优势航线外，中波公司还开发了东南亚、中东、波斯湾、西非等热门航线，提供了稳定高效的准班轮服务。

3. 顺应绿色、低碳、智能航运业发展新趋势，经营业绩再上新台阶

围绕打造技术引领的专业化航运企业的目标，在战略发展规划的引领下，中波公司全面增强技术研发力量，加大船舶节能减排改造力度，完成3条3.2万载重吨船舶的主机透平改造工作；为2艘恒星型船舶实施高效螺旋桨、导流罩和消涡鳍改造；完成太阳型5艘船舶的主机EPL改造。一系列改革创新举措，推动形成了基于自身特色的行业高水准技术服务标准。2021~2023年，中波公司创造了历史最好经营业绩，为可持续发展打下坚实基础。

[①] 白波：《北马其顿装机规模最大风电项目设备从江苏太仓发运》，https：//baijiahao.baidu.com/s? id=1781529592596984018&wfr=spider&for=pc，最后访问日期：2024年7月27日。

四　上海国际机场股份有限公司：持续搭建畅通的"空中丝绸之路"

（一）公司基本情况

上海国际机场股份有限公司（以下简称"上海机场"）是中国民航出入境客流量最大的枢纽机场之一，主要由上海浦东国际机场（以下简称"浦东机场"）和上海虹桥国际机场（以下简称"虹桥机场"）组成。作为上海乃至中国的重要门户，上海两大机场不仅是连接国内外的重要交通节点，也是服务共建"一带一路"的重要平台。多年来，上海机场积极融入和主动服务"一带一路"建设，当好"先行军"，通过提升设施保障水平、丰富国际航线网络、提升货运枢纽品质等措施，不断提升服务"一带一路"建设的能力和水平，持续推进打造"空中丝绸之路"。

（二）典型项目介绍

1. 协调航司迅速恢复、新开上海"一带一路"航线

2023年1月初，上海机场根据民航局《关于恢复国际客运航班工作方案的通知》和《关于恢复国际客运航班的若干措施》要求，积极采取各项措施促进国际市场恢复，并重点支持"一带一路"共建国家航司快速恢复航班。在上海机场海关、边防等联检部门的大力支持下，浦东机场和虹桥机场与航空公司、各驻场公司多方协同，2023年3月27日顺利完成了全部入境航班的恢复保障工作。入境航班的全面打通，为"一带一路"航线航班的快速恢复提供了保障。

协调境内外航司制定快速恢复"一带一路"航线航班的方案。一是快速回流疫情防控期间被迫分流到国内其他城市的国际航线航班；二是加密目前通航的航点；三是境外航司因运力已配置完毕，在有限的运力条件下，率先投放在上海，快速恢复和加密上海的航班。经沟通协调，有多家"一带一路"航空公司迅速恢复因新冠疫情而暂停的客运航班,如土耳其航空于2023年1月13日恢复"上海—伊斯坦布尔"航线,卡塔尔航空于2023年1月16日恢复"上海—多哈"航线,阿联酋航空于2023年1月20日恢复"上海—迪拜"航线。

积极支持国内外航司新开"一带一路"航线航班。不断发掘适合上海的"一带一路"航点以及有开航意向的航司,在航司时刻申请和协调、机场资源保障等方面提供全力支持,协助新开"一带一路"航线航班。2023年9月28日东航上海—土耳其伊斯坦布尔开航,11月16日埃及航上海—埃及开罗开航,12月2日喜马拉雅航上海—尼泊尔加德满都开航,12月11日东航上海—埃及开罗开航,上海"一带一路"航线网络进一步丰富。其中,2023年11月16日埃及航空MS951航班从埃及首都开罗飞抵浦东机场,穿过象征民航最高礼遇的"水门",标志着上海往返埃及的首条国际直飞航线正式开通。[1] 此次埃及航线的开通,是上海机场加速推进国际航班复苏、积极践行"一带一路"倡议的又一重要举措,它为中非之间的"空中丝绸之路"增添了一条新的通道,将有力推动中非人员往来及经贸交流。

2. 加强国际合作,提升影响力

上海机场集团与阿布扎比机场集团深入合作是典型项目之一。阿布扎比是阿联酋的首都,众多中阿共建"一带一路"的重点合作项目在此落地。[2] 2023年12月12日,上海机场集团与阿布扎比机场集团签署合作谅解备忘录,共同促进在机场经营、管理、运作和营销等方面的交流合作。

根据备忘录,上海机场集团与阿布扎比机场集团的合作涵盖了多个方面:双方将共同促进航线网络融合,增强枢纽网络通达性,为新航线的开通提供支持和便利;双方将分享管理经验,提升机场运行效率,共同推动机场

---

[1] 《上海浦东机场开通首条往返埃及航线》,https://www.gzw.sh.gov.cn/shgzw_ zxzx_ gqdt/20231120/7810b3faf57844f99ebcf5b209331ed6.html,最后访问日期:2024年7月27日。

[2] 张晓鸣:《搭建"空中桥梁",上海机场集团与阿布扎比机场集团签署合作谅解备忘录》,https://baijiahao.baidu.com/s? id=1785080174831898884&wfr=spider&for=pc,最后访问日期:2024年7月27日。

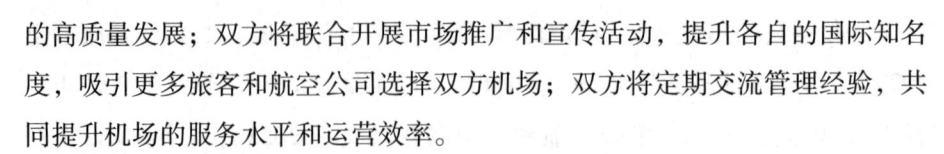

的高质量发展；双方将联合开展市场推广和宣传活动，提升各自的国际知名度，吸引更多旅客和航空公司选择双方机场；双方将定期交流管理经验，共同提升机场的服务水平和运营效率。

通过国际合作，沿线重要交通枢纽之间的互联互通水平有所提高，有助于提升区域航空运输的效率和品质，进一步推动"一带一路"共建国家的贸易联通，助力搭建更高效、便捷的"空中丝绸之路"。

（三）项目特点及成效

1. 上海机场不断建设高效、便捷、安全的交通网络

上海机场不同于直接参与基础设施建设的企业，其直接参与的大型项目相对较少，更多的经验在于做好来往"一带一路"共建国家的基础保障工作，通过建设高效、便捷、安全的交通网络，推动设施联通，助力贸易畅通、民心相通。2023年，上海两大机场定期航班通达全球47个国家和地区104个国际通航点（恢复至2019年的73%），其中"一带一路"共建国家和地区31个，航点51个（恢复至2019年的71%）。全年，上海机场完成国际航班起降112914架次，同比增长79.5%；完成国际旅客吞吐量1318.7万人次，同比增长1488.2%；完成国际货邮吞吐量278.5万吨，同比增长7.8%；三大运量指标分别恢复至2019年的54%、39%、96%。其中，"一带一路"共建国家航线航班完成起降55466架次；完成旅客吞吐量759.3万人次；完成货邮吞吐量92.9万吨；三大运量指标分别恢复至2019年的62%、49%、96%。

2. 上海机场联合航司推进市场快速恢复和发展

在航司恢复、新开"一带一路"航线航班过程中，在市场仍然较弱的情况下，上海机场积极联合航司开展一系列市场营销，推进市场快速恢复和发展，促进民心相通。2023年全年多家"一带一路"共建国家航司客运航班客座率已大幅提升：阿联酋航、卡塔尔航、新西兰航客座率最高时分别达到96%、89%、85%，较1月分别提升27个百分点、24个百分点、11个百分点。

3. 上海机场加强与"一带一路"共建国家机场间的全面合作

通过签署合作谅解备忘录等方式，双方在多个层面展开深度合作，共同提升机场的服务水平和运营效率。这种合作不仅有助于拓展两地之间的航空市场，还为两地人民贸易畅通、民心相通搭建了更高效、便捷的"空中桥梁"。

五 中国东航集团有限公司：打造世界一流的"超级承运人"

（一）公司基本情况

中国东航集团有限公司（以下简称"中国东航"）是国内三大国有骨干航空运输集团之一，也是我国首家实现航空客运和航空物流两项核心主业"双上市"的国有大型航空运输集团，业务范围涵盖航空客运、航空物流、航空金融等。中国东航积极主动服务国家发展，将共建"一带一路"列为核心任务之一，并在航网构建、对外交流、绿色共享等方面开展了诸多有益探索，其中航网构建工作成效最为突出。

2023年，中国东航服务共建"一带一路"的"空中丝绸之路"搭建工作稳步推进。随着全球民航业加快复苏，中国东航积极研究中亚、中东、南太、拉美、印非等新兴市场情况，2023年，新开通了包括上海浦东—伊斯坦布尔、上海浦东—开罗、宁波—布达佩斯、北京大兴—新加坡、温州—曼谷、太原—普吉岛等20余条共建"一带一路"中远程国际航线，通航"一带一路"23个共建国家40个航点，执行96条航线33785个航班，运送旅客452.4万人次。与此同时，中国东航还在"一带一路"共建国家设立了29个境外营业部。

（二）典型项目介绍

1. 中国东航"一带一路"航线首达北非

埃及位于"一带一路"交会点，首都开罗是北非和中东地区的重要经济、文化和交通中心。自 2007 年 1 月 27 日起，中埃两国互免持中国外交和公务护照、埃及外交和特别护照人员签证，目前，普通旅客也能够选择办理落地签入境埃及，极大方便了旅客探访埃及。在贸易方面，截至 2023 年，中国已经连续 11 年成为埃及第一大贸易伙伴国。基于密切的经贸交往和人员交流需要，在"一带一路"倡议提出 10 周年之际，中国东航首次开通了由上海直飞开罗的定期客运航线，为中埃两个文明古国架起了更顺畅的"空中丝绸之路"。

目前，中国东航新开通的上海浦东—开罗航线每周执行 3 班，考虑到旅客出行的便利性，去程航班为周一、周四、周六 0 时 30 分从浦东机场起飞，8 时抵达开罗机场；回程航班为周一、周四、周六 12 时 30 分从开罗机场起飞，次日 5 时 30 分抵达浦东机场（以上时刻均为当地时间）。同时，为让旅客进一步体验到优质的空中服务，该航线使用最新一代宽体客机 A350-900 执飞，该机型装备有国际民航业最新的客舱服务系统，具备空地互联功能，旅客可以在 10 多个小时的航程中体验"全程在线"空中上网服务。

2. 首度开通上海浦东—伊斯坦布尔直飞往返航线

伊斯坦布尔是土耳其最大城市和商业中心，地处亚欧两大洲分界的博斯普鲁斯海峡两岸，也是全世界唯一跨越两个大洲的城市。2023 年 9 月 28 日，中国东航首度开通了上海浦东—伊斯坦布尔直飞往返航线，这一航线为这两座世界名城、两处全球重要的航空枢纽架起了新的空中通衢。

目前，中国东航上海浦东—伊斯坦布尔航线每周执行 3 班，去程航班为周二、周四、周六 1 时 30 分从浦东机场起飞，8 时 30 分抵达伊斯坦布尔机场；回程航班为周二、周四、周六 13 时 55 分从伊斯坦布尔机场起飞，次日 5 时 30 分抵达浦东机场（以上时刻均为当地时间）。航班时刻如此安排，充分考虑了两大国际机场的航空枢纽特点，方便转机旅客到上海或伊斯坦布尔后，乘坐选择更多、效率更高的后段中转航班。在执飞机型方面，该航线采用空客 A330 宽体客机执飞，旅客可以拥有"起飞就在线，全程都上网"的用网体验，并在飞机上获得类似地面手机宽带的网速。

（三）项目特点及成效

1. 使用最优质的出行产品给旅客带来全新的搭乘体验

作为一家老字号航空公司，自"一带一路"倡议提出以来，中国东航陆续引入空客350、波音787等新型客机，目前，中国东航已拥有中国规模最大、商业和技术模式领先的互联网宽体机队。[①] 2023年新开通航线上执飞的空客A350机型，具有油耗低、速度快、功能多的特点。与此同时，为给旅客带来全新的搭乘体验，中国东航在飞机上除了设置4类常规舱位，还在机身多个位置配置了摄像头，能够将外部飞行实景展现在旅客面前的显示屏上。

2. 围绕打造世界一流"超级承运人"的愿景，助力上海国际航空洲际枢纽建设

巩固提升基础设施互联互通水平是"五通"建设的重要内容，也是上海市的重点工作。《上海市参与共建"一带一路"高质量发展2023年工作要点》提出，要积极推进上海国际航空洲际枢纽建设，支持航空公司加密上海与"一带一路"沿线航点的航线航班。[②] 中国东航立足市场需求，围绕打造世界一流"超级承运人"的愿景，不断完善上海与"一带一路"共建国家间的洲际航网结构，助力上海持续提升国际航空洲际枢纽建设能级。

3. 进一步拓宽了中国与"一带一路"共建国家间的空中通道，促进国际经贸合作、旅游、文化交流迈向新高度

"一带一路"共建国家拥有丰富的自然资源和文化资源，北非、中东等地区每年还是中国出境旅客的重要目的地。中国东航通过优化国际航网布局，合理安排航班时刻，一定程度上填补航空市场空白，为商旅人士提供了极大的便利，也为中国与全球间的资金、人才、技术的跨区域流动架起了"空中桥梁"。

[①] 静图：《东航与"一带一路"的不解之缘》，http://www.rmhb.com.cn/zt/ydyl/202403/t20240304_800358684.html，最后访问日期：2024年7月27日。

[②] 陶玉：《【一带一路】共建"一带一路"，2023年上海准备这样干!》，https://mp.weixin.qq.com/s/wEfxs1e8USbzIfLQ1TQHEg，最后访问日期：2024年7月27日。

六 中国移动通信集团上海有限公司：打造全方位、专业化、有温度的"一带一路"服务品牌

（一）公司基本情况

中国移动通信集团上海有限公司（以下简称"上海移动"）成立于1999年8月，是中国移动通信集团有限公司（以下简称"中国移动"）全资控股的子公司。上海移动是国内技术领先的电信运营商，主要为客户提供通信和信息服务，业务覆盖个人、家庭、政企和新兴市场的语音、数据、宽带、专线、IDC、云计算、物联网等服务。

借助上海作为我国改革开放前沿阵地的区位优势，上海移动积极推动共建"一带一路"，致力于搭建中国企业"走出去"、外资企业"引进来"的桥梁，为客户提供全球智能链接、组网、多云融合、海外系统集成、物联网链接、数据安全管理等全方位、端到端的优质服务体验，帮助广大客户提高运营效率，降低运营成本，实现数智化转型，助推上海率先建成具有全球影响力的"国际数字之都"。

（二）典型项目介绍

1. 打造全球算力生态圈，算力供给"一带一路"

为降低人工智能领域算力资源门槛，满足"一带一路"共建国家算力需要，上海移动在上海自由贸易试验区临港新片区高标准建设上海移动临港数据中心。该数据中心总占地面积250亩，总建筑面积25万平方米，共规划20栋单体建筑。该数据中心获批总能耗12.5万吨标准煤，总装机容量大于190MW。机楼内采取网络设备中置布局模式，算力GPU服务器至交换机线缆可控制在50M以内，极大改善设备间通信延迟，提升算力资源利用效率，数据中心之间采用裸光纤直连，距离均在100米内，具备跨楼大范围组网的条件。园区内设有中国移动上海国际海缆登陆局，通过新跨太平洋海缆

系统，实现高可靠、高安全的境内境外高速互联。

2.开设机场营业厅，服务机场外国友人入境第一站

为满足外籍人士在华停留期间的通信需求，提高涉外通信服务的便利度，提升外籍人士对我国优质通信服务的认知水平，上海移动于2024年7月在浦东机场开设了上海通信行业首家机场营业厅。该营业厅位于浦东机场T2航站楼国际到达出口附近，可为外籍人士提供"上网、通话、便捷生活"等入境全方位移动通信业务服务，满足外籍人士落地后的即时通信需求。机场营业厅的开设，提升了入境外籍人士入网的便捷程度。针对该客群的需求特点，上海移动推出了满足其短时入网需求的产品，帮助外籍人士便捷入网，快速适应在沪生活。

3.交付海外物流中心，帮助中资企业出海

2023年，上海移动联动中国移动国际公司，为复星医药海外子公司Tridem Pharma位于法国南部的全新物流中心进行弱电的建设与交付。该物流中心的立体化仓库和冷藏库总建筑面积近万平方米，可容纳14000个托盘，接入Tridem Pharma的仓库管理与供应链系统后，将为欧洲及非洲地区客户提供专业、高效、便捷的药品仓储和物流服务。

（三）项目特点及成效

1.高标准基础设施建设推动实现数据领域设施互通

上海移动临港数据中心是上海首个国际海缆与超大型数据中心联动的一体化、新一代IDC研发与产业化基地，是对标国际一流、辐射全球的跨境数据信息通信枢纽。上海移动临港数据中心落成扩大了上海人工智能算力的整体规模，有效提升了复杂人工智能模型的训练效率，进一步推动上海人工智能产业发展，为国际人工智能领域的科研合作以及协同创新提供了全新的模式。

NCP海缆及2024年即将建成的东南亚—日本2号海缆（Southeast Japan Cable 2，SJC2）投入使用，为推进人工智能领域的国际科研合作及协同创新、构建平等合作机制提供了基础设施条件，也为"一带一路"共建国家，

尤其是"全球南方"国家平等地享受人工智能技术带来的生产力飞跃与技术红利提供了资源保障。

结合临港新片区建设具有全球影响力的算力高地，推动数据跨境流动分类分级试点的政策优势，还将进一步推动"一带一路"共建国家在数据要素跨境流通、跨境金融、数字身份认证等新兴技术领域的交流合作。

2. 高品质移动服务助力"一带一路"共建国家民心相通

据统计，2024年1~6月经上海口岸入境的外籍人士数量达203.5万人次，约是上年同期的2.8倍。上海移动围绕外籍人士推出的一系列服务，为他们在华工作、生活提供了全方位的通信便利，助力他们热爱上海、融入上海、留在上海。

入关便利方面，机场营业厅提供手机号码"入关即办"服务，满足外籍人士落地后的即时通信需求。

入网便利方面，为保障境外旅客入境无忧上网体验，上海移动为用户提供首日3GB的免费流量体验卡，满足入境外籍人士即时性的上网诉求，同时推出7天、15天、30天短期乐游卡，满足外籍人士在华逗留期间通话、上网、出行打车等日常需求。

入境生活便利方面，上海移动为外籍人士提供随心GO、龙腾随心行等多项权益，覆盖乘公交、打车、租车、停车等多种出行场景，降低入境后日常生活的跨文化迁移成本。

针对境外来访旅客语言沟通不便的痛点，上海移动结合最新通信技术，为外籍人士提供5G新通话实时翻译服务，实时翻译通话内容，助力无障碍沟通。

上海移动设立了10086热线英语专席、开通了外国人永久居留身份证办理业务等，并配置专业翻译工具、外语版资费单页。

一系列措施的实施，让入境的外籍旅客感受到上海移动无微不至的关怀，体验到高效、便捷的通信服务。

3. 全方位定制化解决方案助力跨境企业贸易畅通

目前，上海移动已为千家跨境企业提供国际业务服务，聚焦金融、制造、商贸、物流、互联网等重点行业，打造百个标杆案例和相应的解决方案。

聚焦落户上海的外资企业，上海移动根据客户个性化业务需求，持续提供跨境 IEP/IPLC、MPLS VPN、SD-WAN、云连接等产品服务，为客户提供跨地区的点到点组网、系统互联，跨地区 IP 语音及视频应用链接，全球光传输网络组网等解决方案，满足客户多样化、灵活化的境内到境外端到端互联需求。

为更好地服务上海"金融中心"建设，努力提升上海金融科技服务质效，上海移动推出金融短时延专线，满足行业客户境内外高频交易、高频结算、行情分发等需求，为客户提供专网专用、超短时延、超高可靠、超快开通、超强保障的专业服务。

此外，上海移动全面支持中资车企出海，基于中国移动覆盖全球的通信与传输网络，为客户提供海外车联网服务。

七 交通银行股份有限公司：着力打造共建"一带一路"跨境金融功能高地

（一）公司基本情况

交通银行股份有限公司（以下简称"交通银行"）是一家国有大型商业银行，拥有全牌照金融集团优势，致力于为客户提供"境内外、本外币、离在岸"一体化的综合金融服务。交通银行不仅是国内金融市场的重要参与者，也是推动全球经济合作与发展的重要力量。交通银行以资金融通为纽带，助力实现"政策沟通、设施联通、贸易畅通、民心相通"，积极推动金融服务。

近年来，交通银行充分发挥其全牌照金融集团的优势，不断优化"境内外、本外币、离在岸"一体化金融服务产品体系，确保金融服务能够广泛惠及更多"走出去"的企业以及"一带一路"共建国家，为"一带一

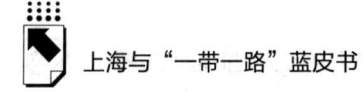

路"倡议的深入实施贡献坚实的金融力量，着力打造共建"一带一路"跨境金融功能高地。

（二）典型项目介绍

1. ZY海运集团秘鲁QK港项目

秘鲁QK港项目是中国在秘鲁建设的第一个大型交通基础设施工程，旨在建成南太平洋重要经贸枢纽和物流中心，成为秘鲁面向世界的重要门户。QK港位于秘鲁中部，距离卡亚俄港约55公里，距离利马市北78公里，可以通过泛美高速公路直达利马。[①]

ZY海运集团下属全资子公司通过认购当地企业股权的方式获得QK港项目公司控股权并进行项目开发建设，交通银行作为ZY海运集团的主要合作银行之一，积极为该项目提供金融配套服务，并在离岸单元通过银团贷款形式促进项目开发融资。QK港一期计划自2020年至2024年，一期工程陆域总面积约118万平方米，建设4个主要泊位，以及后方辅建区和连接隧道。建成后码头年吞吐能力可达150万TEU，可吞吐粮食、化肥等散杂货600万吨/年、滚装汽车16万辆/年。

根据项目资金计划，QK港一期建设项目的总投资额初步估算达10亿美元，其中企业自筹约25%，剩余部分申请融资。最终由交通银行及其他几家中资银行共同组成银团，为该项目提供一笔期限长达15年的项目融资，以保障该项目的顺利建成落地。

2023年，QK港项目如期动工，截至该年末，已初步完成工程项目建设进度的一半以上。该项目按建设计划将于2024年11月APEC会议期间进行试运营，QK港项目是中秘共建"一带一路"的标志性工程，该项目的如期建设进一步加强了拉美和亚洲地区的紧密联系。

2. G集团巴西SXM水电站项目

虽然巴西等拉丁美洲国家并不在最初的名单之内，但"一带一路"倡

[①] 吴杰等：《谱写中拉"一带一路"合作新篇章》，http：//world.people.com.cn/n1/2023/0126/c1002-32612180.html，最后访问日期：2024年7月27日。

议坚持开放合作的发展理念,让共建成果惠及更广泛的区域。2017年5月17日,国家主席习近平在同阿根廷总统马克里举行会谈时强调,"拉美是21世纪海上丝绸之路的自然延伸",① 为中巴进一步合作指明了方向。巴西的基础设施建设与"一带一路"倡议紧密对接,这不仅有利于巴西自身的基础设施建设,也为中国企业与巴西的合作创造了更多机遇。②

具体到该项目的背景而言,某央企G集团巴西控股项目公司S公司联合Z公司及其他两家中国香港公司以联合体U公司的形式共同中标SXM水电站的特许经营权。2017~2018年,U公司与巴西电力监管局(ANEEL)签署特许经营权协议,并正式接管SXM水电站,目前水电站拥有6台水轮机,装机容量为1710MW,核定出力1203MW,年发电量10538GWh,足以为约600万户家庭提供电力,覆盖周边13个市镇,运营稳定,收入充沛。近年来,由于巴西当地融资成本上升,U公司总体债务规模缩小,但是财务费用却逐年升高,故G集团希望通过新一轮融资降低财务成本。

交通银行巴西子行于2023年8月成为人民币跨境支付系统(CIPS)直参行,是首家在巴西开展CIPS业务的中资银行,为人民币在巴西地区的跨境支付提供了便利。考虑到G集团压降融资成本的迫切需求及境内人民币融资成本远低于巴西雷亚尔融资成本的现状,交通银行境内分行为企业定制了10亿元跨境人民币固定资产贷款方案,用于置换项目前期贷款,并联合交通银行巴西子行通过交叉货币互换交易锁定人民币和巴西雷亚尔汇率,同时通过CIPS渠道发放该笔贷款,大幅缩短了资金到账时间。最终,交通银行通过"境内机构跨境人民币贷款+人民币跨境支付系统+货币互换+境内外联动"覆盖融资、结算和汇率避险全流程的创新业务模式在众多融资方案中脱颖而出,携手另一家中资银行共同满足U公司在巴融资需求。

---

① 王慧慧:《习近平同阿根廷总统马克里举行会谈》,https://www.gov.cn/xinwen/2017-05/17/content_5194790.htm,最后访问日期:2024年7月27日。
② 刘明:《特稿:自然延伸 扬帆远航——"一带一路"的拉美故事》,https://www.gov.cn/xinwen/2018-09/12/content_5321296.htm,最后访问日期:2024年7月27日。

（三）项目特点及成效

整体而言，交通银行始终坚守服务实体经济的宗旨，通过促进资金融通支持推动"一带一路"共建国家的基础设施建设、经贸往来和人文交流，不仅有力地促进了当地经济发展和社会进步，也为中国企业"走出去"提供了坚实的支撑，凭借广泛的全球网络，与众多国家和地区的金融机构建立了紧密的"金融纽带"。

1. 交通银行成功助力"一带一路"共建国家多个基础设施项目建设

这些项目的顺利实施，不仅显著改善了当地的交通、能源等基础设施条件，也极大地促进了区域经济的发展和社会进步。例如，案例中QK港项目荣获了Latin Finance颁发的2023年港口融资项目大奖，交通银行通过银团贷款积极支持该项目建设，进一步提升了其在同业和客户中的美誉度。同时也深化了与"一带一路"共建企业的合作关系，进一步推动共建"一带一路"高质量发展。

2. 交通银行非常注重与我国及当地企业、行业等各方的沟通协作

例如，秘鲁的案例作为共建"一带一路"项目融资的典型实践，在前期尽调及额度审批阶段，交通银行会同其他银团成员充分研究海外项目的超支和完工风险、市场风险、当地同类项目竞争风险、汇率风险等的一系列潜在风险，同时也积极与企业沟通，共同论证对于风险点的缓释措施。

3. 交通银行在项目中降低融资成本，规避汇率风险

交通银行在服务"一带一路"建设中，始终将风险管理放在首位。通过加强尽职调查、贷后管理等措施，确保资金安全并有效支持项目进展。在上述巴西案例中，交通银行最终选择为其提供跨境人民币贷款的融资方案，据客户测算，与直接在当地申请巴西雷亚尔贷款相比，预计至少可节省财务成本6000万元。考虑到巴西雷亚尔自身汇率波动较大，还为该笔跨境人民币贷款叠加设计了人民币—雷亚尔交叉货币互换交易，为企业锁定人民币和巴西雷亚尔汇率，满足企业在跨境融资中的保值避险需求。

4. 交通银行创新联动模式，发挥渠道优势

交通银行注重创新金融产品，以满足"一带一路"共建国家多样化的金融需求。通过推出跨境贸易融资、供应链金融、个人跨境金融等特色产品，为企业和个人提供全方位的金融服务。在巴西案例中，交通银行境内分行和巴西子行通力合作，各自发挥自身职能和优势，贷款选择通过CIPS发放，充分利用交通银行巴西子行作为拉美地区首家CIPS直参行的区位优势，真正实现放款秒到账，体现交通银行速度。

附 录
上海服务"一带一路"建设大事记
（2023年1月至2024年3月）

毕海东*

2023年

1月

2日 由上海建工承建的柬埔寨桔井湄公河大桥及接线公路项目举行开工典礼，项目成果连接桔井省湄公河东西两岸，该大桥将成为中国为柬埔寨建设的最长桥梁。

15日 上海市第十六届人民代表大会第一次会议通过《关于上海市2022年国民经济和社会发展计划执行情况与2023年国民经济和社会发展计划草案的报告》，指出2023年上海将高质量推进"一带一路"桥头堡建设，积极争取长三角区域性"一带一路"综合服务平台实体获批落地，做强做实上海市服务中心功能，为"走出去"市场主体提供全方位专业化公共服务。

---

* 毕海东，法学博士，中国社会科学院亚太与全球战略研究院助理研究员，主要研究方向为中国周边外交、全球治理。

附 录 上海服务"一带一路"建设大事记（2023年1月至2024年3月）

2月

6日 2023年杨浦区国际企业家圆桌交流会暨"稳外资、惠外企、促发展"服务月启动仪式在杨浦滨江举行。下一步，杨浦将发布具有杨浦优势特色的优化营商环境6.0版，打造市场化、法治化、国际化营商环境。同时，杨浦将不断扩大投资项目合作，积极融入"一带一路"建设，围绕上海"3+6"和杨浦"5+5+2"产业体系，深入推进与老挝、新加坡等国的经贸合作与项目投资，提升企业服务能级，为外商来华从事贸易投资提供更大程度的便利。

7日《解放日报》刊文称，新年伊始，"中欧班列—上海号"加密开行，重大工程项目申报进口的成套设备加速进境，会展业迎来久违的"现象级"国际大展。目前，"中欧班列—上海号"已联通"一带一路"沿线7国30余个城市和站点，为外贸发展持续积蓄新动能。

7日 上海市召开2023年商务工作会议，回顾总结2022年工作，部署安排2023年重点任务。会议指出，2023年上海要深入落实国家重大战略任务，加快落实浦东高水平改革开放、自由贸易试验区及临港新片区扩大开放政策，精心办好第六届中国国际进口博览会（以下简称"进博会"），支持虹桥国际中央商务区打造贸易新平台，推动"一带一路"桥头堡建设高质量发展，推动长三角商务更高质量一体化发展。

20日 上海市与新疆维吾尔自治区就支持办好中国—亚欧博览会及（中国）亚欧商品贸易博览会，深化两地会展业合作相关事宜开展座谈会。随着"一带一路"建设和丝绸之路经济带核心区建设等的不断深化，中国—亚欧博览会及（中国）亚欧商品贸易博览会已成为助推对外开放、深化省际和区域间合作交流的重要渠道和窗口。

21日 上港集团罗泾分公司码头迎来直航苏里南的出口船"摩羯座"首次靠泊。作为"一带一路"共建国家，苏里南是中国重要战略合作伙伴，其直航试点工作有助于解决两国海运周期长、中转烦琐、综合成本高等难题，进一步提高中资企业和中国工程机械设备在苏里南市场的竞争力。

23日 上海市建设国际消费中心城市领导小组办公室印发《2023年上海建设国际消费中心城市工作要点》，工作要点指出要举办一批消费类展会和活动，办好上海国际汽车工业博览会、"一带一路"名品展等消费类展会。

23日 上海市委外事工作委员会下午举行会议，会议指出，要主动融入国家总体外交大局，服务保障好第六届进博会等重大活动，扎实做好国际友城和民间外交工作，积极发挥"一带一路"桥头堡建设作用，更好地服务企业"走出去"。

3月

13日 上海市商务委印发《2023年市商务委口岸工作要点》和《2023年市商务委口岸工作任务书》，两份文件指出要深化中欧班列"一站式"服务平台建设，新增合同、箱单等随附单据电子化功能，拓展"一带一路"沿线物流跟踪等功能，支持中欧班列高质量发展。同时，推进上海国际贸易"单一窗口"跨境互助通关平台建设，探索推进与"一带一路"有关经济体的"单一窗口"等进行对接。

14日 黄浦区人民政府印发《黄浦区提信心扩需求稳增长促发展行动方案》，方案指出黄浦区支持企业用好《区域全面经济伙伴关系协定》（RCEP）等自由贸易协定，积极参与共建"一带一路"，提升企业运用关税减让、通关程序简化等互惠措施的能力。

16日 《2022年上海市体育赛事发展专项资金项目申报指南》发布，将包括服务"一带一路"建设、长三角一体化发展等国家重点任务和全市重点工作的体育赛事项目，并将其作为促进上海建设"国际体育赛事之都"和打响"上海品牌"有成效或有突出贡献的体育赛事项目。

20日 上海市市长龚正会见了香港瑞安集团董事局主席罗康瑞一行。罗康瑞表示，当前世界局势下，全球各方更加关注中国、关注上海，期待上海在服务共建"一带一路"、为年轻人创新创业提供支持、推进中国式现代化方面树立标杆、积极作为。

附录　上海服务"一带一路"建设大事记（2023年1月至2024年3月）

21日　上海市人民政府网站发文称，2022年中国进出口银行上海分行积极围绕"一带一路"建设及"一带一路"桥头堡建设，帮助企业开拓海外市场，多维度参与国际合作与竞争，为上汽集团、宝钢资源、益海嘉里等行业龙头企业在"一带一路"共建国家和地区开展业务提供信贷资金，帮助企业开拓共建"一带一路"海外市场。

28日　2023"上海之春"第五届国际手风琴文化艺术节启动。作为长宁区的一个文化品牌，该艺术节致力于推动中国手风琴民族化、多元化和国际化发展，在东西方音乐交流中扮演了重要的角色。

29日　上海市推进"一带一路"建设工作领导小组会议召开。上海市委副书记、市长、领导小组组长龚正指出，2023年是"一带一路"倡议提出10周年，上海要坚持高标准、可持续、惠民生，夯实发展根基、拓展合作领域、扎实防控风险，努力实现更高合作水平、更高投入效益、更高供给质量、更高发展韧性，精心绘好共建"一带一路"高质量发展的"工笔画"。

31日　上海市人民政府办公厅印发《上海市促进外贸稳规模提质量的若干政策措施》，政策措施支持中国进出口银行上海分行进一步扩大外贸企业优惠利率贷款规模，利用政策性金融资源加大对跨境电商、"一带一路"共建国家布局海外仓等外贸新业态的支持力度。

4月

11~12日　上海市代表团前往福建省三明市参加座谈交流活动，共商交流合作事宜。上海市委、市政府对福建长期以来给予上海工作的大力支持表示衷心感谢，表示要进一步深化沪闽全方位合作，紧紧抓住共建"一带一路"等重大机遇，共同开创沪闽交流合作新局面，携手在服务全国大局中实现更大发展。

12日　第九届中国（上海）国际技术进出口交易会（以下简称"上交会"）组委会执行办会议在上海市人民政府召开。会议强调，要自觉对标对表高水平开放平台建设要求，主动服务对接"一带一路"倡议等，在更大范围、更宽领域、更深层次挖掘上交会的潜力。

21日 上海市委副书记、市长在第二十届上海国际汽车工业展览会察看最新汽车产品和技术时指出，开放是上海的最大优势，要通过上海车展、"五五购物节"等重大活动，抓住共建"一带一路"等重大机遇，鼓励各类企业在沪首发新品，借助上海开拓国内外市场，激发消费潜力，促进供需匹配，带动产销两旺，在沪打造世界级汽车产业集群。

21日 "中国式现代化与世界"蓝厅论坛在黄浦江畔"世界会客厅"举行。这是蓝厅论坛首次走出北京外交部蓝厅，通过现场与云端相结合的方式，海内外嘉宾在观点分享和思想交流中，共同解码中国式现代化道路。

22日 一趟满载空调、叉车、全涤印花布等出口货品的"中欧班列—上海号"列车从上海闵行站驶出，向境内的二连浩特口岸疾驰而去。这是"中欧班列—上海号"到发的第100趟列车，列车搭载了55个标准集装箱，终点为俄罗斯莫斯科（沃尔西诺站）。目前，"中欧班列—上海号"已成为上海进出口货品的重要运输途径之一，为上海服务国家共建"一带一路"提供了有力支撑。

26~29日 上海市代表团访问印度尼西亚，按照习近平主席和佐科总统共建中印尼命运共同体的重要共识，全面推动上海与印度尼西亚高水平务实合作，推动"一带一路"倡议和印度尼西亚"全球海洋支点"构想深入对接。

28日 上海市发展改革委等印发《支持临港新片区加大先行先试探索 深化产教融合城市建设若干措施》，指出上海支持亚洲海事技术服务中心、"丝路海运"联盟、"一带一路"能源电力高校联盟、联合国粮农组织水产生态养殖中心等合作平台强化"引进来""走出去"产教融合服务功能，开展高层次人才交流和国际化培训项目。

29日 上海市代表团访问泰国。在"绿色技术银行曼谷中心"揭牌仪式之前，上海市市长龚正会见了泰国上议院科学研究与创新委员会主席克拉希。龚正表示，希望以绿色技术为纽带，在泰国以及其他东盟国家加快推广绿色解决方案，赋予"中泰一家亲"新的时代内涵。绿色技术银行是中国为推动绿色技术服务共建"一带一路"高质量发展而设立的国际化平台，

附录　上海服务"一带一路"建设大事记（2023年1月至2024年3月）

总部位于上海。

29日　第四届上海"五五购物节"举办。"丝路电商　云品海购"活动首次亮相，举办了泰国、新西兰、中亚、智利、意大利国别主题日活动，有效促进了电商平台与丝路云品贸易对接，盒马签约10亿美元订单引入6个"一带一路"共建国家优质商品，携程组织4场线上主题直播旅游服务活动，涵盖新西兰、阿联酋等"一带一路"共建国家，订单量环比增长16.4%。

5月

3日　商务部与上海市人民政府在沪签署共同推动商务高质量发展部市合作协议。根据协议，双方将巩固前期合作成果，围绕加快自由贸易试验区建设推进高水平对外开放、浦东新区加快打造社会主义现代化建设引领区、虹桥国际中央商务区打造贸易新平台、办好进博会、服务国家高质量共建"一带一路"、建设"丝路电商"合作先行区、服务贸易和数字贸易创新发展、提升上海国际贸易中心能级、积极开展消费促进等方面工作，加强互动、资源共享、优势互补，形成改革合力，共同推动商务高质量发展。

10日　"丝路电商　云品海购"活动启动仪式在虹桥品汇举办。商务部电商司副司长在致辞中指出，2023上海"丝路电商　云品海购"活动的举办，将有力促进上海与"一带一路"共建国家的电子商务交流，推动更多海外优质产品对接中国消费市场，为上海参与"丝路电商"合作增添新的亮点。

15日　第九届上交会组委会会议在北京召开。商务部服贸司司长指出上海要自觉对标对表高水平开放平台建设要求，主动服务对接"一带一路"倡议、《区域全面经济伙伴关系协定》等，在更大范围、更宽领域、更深层次挖掘上交会的潜力，助力中国从"贸易大国"向"贸易强国"转变。

16~20日，第三届中国—中东欧国家博览会暨国际消费品博览会在浙江省宁波市举办。为服务长三角一体化发展国家战略和"一带一路"倡议，加强与浙江城市的交流合作，强化上海与中东欧国家的经贸人文交流，上海

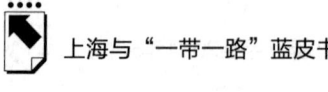

市副市长率上海代表团赴宁波，并出席了中国—中东欧国家博览会开幕式（中国—中东欧国家合作论坛）和中国—中东欧国家博览会采购意向签约仪式（上海专场）。

18日 上海市委书记陈吉宁与越共中央政治局委员、胡志明市委书记阮文年举行视频会议，共话两市友谊、共商合作大计。陈吉宁表示，我们要传承发扬好"同志加兄弟"的传统友谊，以推动共建"一带一路"高质量发展和参与推进"两廊一圈"建设为契机，发挥各自优势，加强合作对接，持续深化友好往来和人文交流，为中越关系发展做出地方的更大贡献。

18日 《2023年上海市商务委员会政务公开工作要点》发布，指出要推进国家重点任务落实情况信息公开，及时公开有关浦东高水平改革开放、自由贸易试验区及临港新片区扩大开放、虹桥国际中央商务区打造贸易新平台、推动"一带一路"桥头堡建设高质量发展、推动长三角商务更高质量一体化发展等的政策文件、工作方案、典型案例、创新成果。

19日 第九届上交会招商和宣传工作动员会议在上海展览中心友谊会堂举行。

23日 《解放日报》发文指出，2023年前4个月，上海对RCEP成员国进出口增长10.6%，占全市进出口总值的33.2%；对"一带一路"共建国家进出口增长8.3%，占全市进出口总值的22.3%。同期，上海对欧盟、东盟、美国、日本等主要贸易伙伴进出口均实现增长。

26日 上海市商务委等10部门印发《上海市推动内外贸一体化试点实施方案》，实施方案大力支持虹桥国际中央商务区建设"一带一路"商品展销平台、国别商品交易中心、专业贸易平台和跨境电商平台，集聚、培育、壮大一批贸易集成商。同时，深化共建"一带一路"质量认证合作机制，拓展服务范围和对象，推动检验检测结果采信与认证机构互认。

31日 由上海市商务委员会、中国国际进口博览局与杨浦区人民政府共同主办的2023上海"进口嗨购节"·国别商品文化缤纷月启动仪式成功举办。百联股份推出"一带一路"物产节，以优惠的价格为消费者带来俄罗斯、意大利与泰国等国家食品；跨境电商综合服务平台马珂博逻与上海的夜经济地标 FOUND158 分别举办以拉美国家为主的"一带一路"好物市集与"一带一路"十周年美食集市。

6月

4日 沪港企业家圆桌会暨上海市总商会与香港中华总商会全面加强战略合作备忘录签约仪式在沪举行。根据协议，未来双方将建立协作交流机制并成立协作交流机制委员会，组织经贸团组互访、搭建交流平台、服务企业参展参会、联合开展青年企业家培训，同时鼓励两地企业联合"走出去"，把握共建"一带一路"机遇。

7日 上海市人民政府办公厅印发《上海市关于提升综合服务能力助力企业高水平"走出去"的若干措施》，若干措施指出要加大海外知识产权保护力度，办好"一带一路"知识产权保护论坛，推动国际经贸知识产权交流合作。同时，发挥上海共建"一带一路"综合服务中心和市企业"走出去"综合服务中心功能，设立包括法律仲裁、知识产权、财务会计等领域专业委员会，集聚一批优质服务机构。加快推进上海共建"一带一路"综合服务中心海外联络点建设。此外，还要举办"一带一路"企业家论坛、"走出去"企业战略合作联盟例会、"走出去"沙龙等专项活动，为"走出去"企业搭建沟通交流、信息共享、国际合作的平台。

9日 上海市人民政府新闻办举行新闻发布会，市商务委主任朱民介绍第九届上交会的筹备情况。第九届上交会于2023年6月15日至17日在上海世博展览馆举办，充分发挥上交会开放平台作用，主动服务对接"一带一路"倡议，特设"一带一路"技术合作专区，集中展示地质勘探、空间技术、新一代信息技术、中医药技术等领域的20多个区域合作示范案例，还举办"一带一路"技术合作、"一带一路"海外知识产权保护等论坛。

9日 上海市商务委发布《2023年上海市商务工作要点》，鼓励引导本市企业赴"一带一路"沿线开展贸易投资，加强绿色低碳产业链合作，支持打造一批基础设施建设标志性项目和"小而美"民生工程。

9日 "一带一路"电影节联盟新闻发布会召开。2023年，上海国际电影节与华夏电影发行有限责任公司强强联手后，将有效推动参与共建"一带一路"电影巡展的中国影片，以及"一带一路"电影节联盟成员所在国家和地区出品的影片，在国际院线或流媒体平台发行上映，推动"一带一路"共建国家和地区电影项目合拍或协拍；双方还将合力促进共建"一带一路"电影人才培养，共同孵化"一带一路"共建国家和地区电影原创内容，致力于共建"一带一路"电影产业的全面发展。

13日 上海市闵行区与云南省保山市举行2023年东西部协作联席会议。闵行区是虹桥国际开放枢纽建设、长三角一体化发展等多重国家战略叠加核心区，保山市是我国"一带一路"的国际重要陆港、面向南亚东南亚辐射中心和中缅经济走廊的关键节点。双方将紧密互动，在互利合作中育先机，在相互成就中开新局，携手推动两地高质量发展。

15日 上海市市长龚正会见了泰国国会上议院外事委员会主席披坤凯一行。龚正表示，我们将以更加积极的态度，进一步扩大开放，加强国际合作，希望以共建"一带一路"高质量发展为契机，进一步加强两地经贸、双向投资、教育科创、文化旅游合作，热忱欢迎更多泰国企业亮相进博会。

15日 2023"一带一路"国际技术合作论坛在上海世博展览馆成功举办。上海市商务委员会副主任出席论坛并致辞，其指出，过去一年，上海推动共建"一带一路"高质量发展成效明显，与"一带一路"共建国家务实合作水平不断提升。未来，上海市将继续支持共建"一带一路"高质量发展，积极服务"一带一路"创新之路建设及上海科技创新中心建设，实现高水平双向国际技术转移及跨境孵化。

17日 第九届上交会圆满闭幕。该届上交会知识产权主题日举办了上海知识产权工作情况通报会、"一带一路"知识产权保护论坛，发布了《海外"一带一路"专利及商标申请实务指引》，公开审理了专利无效案件等。相关配套活动聚焦技术贸易热点，分享行业观点，凝聚发展共识。

19日 在第28届上海电视节的开幕式上，国家广播电视总局启动"'一带一路'节目互播"活动。活动精选百部视听节目精品，将于2023年下半年在"一带一路"共建国家重点开展节目展播和推广。

20日 上海市商务委员会印发《上海市推动会展经济高质量发展 打造国际会展之都三年行动方案（2023—2025年）》，行动方案提出强化虹桥进口贸易促进创新示范区建设，高水平建设一批面向"一带一路"共建国家和地区的专业贸易平台和国别（地区）商品交易中心，加快建设联动长三角、服务全国、辐射亚太的进出口商品集散地。

21日 上海市人民政府网站发布消息称，为助力上海创建"丝路电商"合作先行区，推进"丝路电商"伙伴国家电子商务国际交流合作，推动相关企业快速掌握直播电商运营关键知识和基本技能，由上海市电子商务和消费促进中心与上海市直播电商联盟联合主办的"新零售分享沙龙"培训活动近日在大宁德必易园G206 Z播共享直播基地举办。

24日 作为上海博物馆"百物看中国"全球巡回展首展，由上海博物馆与徐州博物馆、成都文物考古研究院联合举办的"不朽的玉甲——中国汉代文物精品展"，在匈牙利莫拉·弗朗茨博物馆拉开帷幕。此次展览作为"百物看中国"文物艺术出境大展系列首展，希望进一步推动"一带一路"共建国家之间的文化相通和民心相通，让中国看到世界，更让世界看到中国。

26日 上海市委书记陈吉宁，市委副书记、市长龚正与青海省党政代表团举行沪青两地交流座谈会。陈吉宁表示，希望深化两地交流合作，共同服务共建"一带一路"，共同推进"双碳"目标实现，共同推动长江经济带发展，加强基础设施互联互通，积极探索"东数西算"合作新模式，走出生态优先、绿色发展新路子，为推动国家发展做出更大贡献。

7月

10日 上海市商务委员会、上海海关、上海市税务局、中国人民银行上海分行、国家外汇管理局上海市分局印发《上海市推进跨境电商高质量发展行动方案（2023—2025年）》，行动方案鼓励企业在"一带一路"共建国家和地区、RCEP成员国布局建设海外仓，扩大欧美市场海外仓建设规模。支持企业探索在中欧班列沿线建设货物枢纽、物流配送等专用海外仓，提升境外货物集散能力。

10日 上海市委书记陈吉宁下午围绕贯彻落实十二届市委三次全会精神，在浦东新区开展专题调研。作为浦东率先探索更高水平的改革开放的创新成果，上海自由贸易试验区"一带一路"技术交流国际合作中心设立以来，积极搭建技术交流平台，推动检测认证结果国际互认、服务国际贸易和企业"走出去"。

14日 上海市商务委和上海市财政局印发《2023年国家外经贸发展专项资金（吸引外资）申报指南》，申报指南要求申报的项目应符合国家"一带一路"建设等的要求，围绕国内外产业有序转移和有效承接，开展相关投资环境展览展示、宣传推介、投资促进和项目对接等服务。

15日 为期四天的第31届华东进出口商品交易会（以下简称"华交会"）闭幕。2023年华交会上各交易团都高度重视"一带一路"倡议和《中国—东盟自由贸易协定》相关企业的贸易增长机遇，推出了不少有针对性的商品和贸易发展举措。华交会加重对以上企业的贸易"砝码"，显示了华交会拓展多元市场的特性。

31日 上海自由贸易试验区"一带一路"技术交流国际合作中心中亚分中心在哈萨克斯坦阿拉木图揭牌。随后，中国检验认证集团、浦东新区代表与吉尔吉斯共和国经济和商业部标准化和计量中心代表展开了深入交流，就加快对接中亚国家技术标准与规则，增进政府部门之间互信，推动技术性贸易措施开放，促进企业进出口贸易往来进行了交流探讨。

8月

3日 上海市商务委员会和中国信保上海分公司印发《促进本市外贸稳规模提质量服务举措》，服务举措指出要为企业"走出去"提供全周期信用风险管理服务，继续推动大型成套设备项目出口和共建"一带一路"高质量发展。同时，要加强限额供给和政策引导，支持企业巩固欧美传统市场和扩大对"一带一路"共建国家和地区的出口与投资。

附录 上海服务"一带一路"建设大事记（2023年1月至2024年3月）

7日 上海市商务委员会印发《2023年上海口岸数字化转型重点工作安排》，工作安排指出要拓展"一带一路"沿线物流跟踪、统计分析等功能，支持中欧班列高质量发展，同时，推进上海国际贸易"单一窗口"跨境互助通关平台建设。

14日 国家金融监督管理总局批复7家保险公司设立上海再保险运营中心，这是首批获批的再保险运营中心，标志着上海再保险"国际板"再次迈出实质性步伐。安盛天平财产保险有限公司首席商业险业务官表示，上海国际再保险中心有望引导全国再保险资源聚集，有效承接国际再保险分入业务，为包括共建"一带一路"等在内的跨境项目提供风险保障支持。

15日 由松江区经济委员会主办的"上海对外经贸实务培训（松江站）"活动在G60生物医药产业基地展示中心举行，70余家企业代表参会。活动现场，相关领域专家通过政策及理论实践分析探寻共建"一带一路"背景下对外经贸发展的良机，帮助松江企业更好地开拓海外市场。

17~21日 2023（中国）亚欧商品贸易博览会（以下简称"亚欧商博会"）在新疆乌鲁木齐成功举办。自2011年起，上海对口支援新疆工作，前方指挥部会同上海市商务委员会已连续组织参加了7届亚欧博览会和4届亚欧商博会。

22日 上海市商务委员会印发《上海市电子商务示范企业创建管理办法》，管理办法鼓励电子商务企业积极参与"一带一路"共建国家"丝路电商"交流合作，促进与"一带一路"共建国家"丝路云品"对接，举办"丝路云品"主题促消费活动。

30日 上海市人民政府新闻办公室举行的第22届中国上海国际艺术节新闻发布会宣布，由中华人民共和国文化和旅游部主办、上海市人民政府承办的第22届中国上海国际艺术节10月15日至11月15日举行。10月20日上午，在"一江一河"交汇处的世界会客厅，会举办丝绸之路国际艺术节联盟圆桌论坛，50多家演艺机构将共同探讨共建"一带一路"演艺行业的新思路、新变革、新合作，并联合签署开放包容、互联互通、共筑文化艺术新丝路的《上海共识》。

9月

2~6日 2023年中国国际服务贸易交易会在以"数字无限 贸易无界"为主题的上海城市形象展区亮相，重点展示上海实施全面深化服务贸易创新发展试点、大力发展数字贸易新模式新业态的成果和亮点。其中，北斗西虹桥基地企业产品远销全世界100多个国家和地区，并在"一带一路"共建国家占据市场优势。

8日 上海市文化和旅游局局长方世忠在上海博物馆会见了来沪访问的摩尔多瓦文化部部长塞尔久·普罗丹一行。方世忠表示，2023年适逢"一带一路"倡议提出10周年，作为"一带一路"共建国家之一的摩尔多瓦自然风光秀美、人民热情好客，建交30多年来在彼此共同的努力下，双边文化和旅游互动频繁、合作顺利，为下一阶段的文旅领域交流奠定了坚实基础。

15日 以"深化交流合作，共享发展机遇"为主题的2023外交官与民营企业家交流活动举行。近百位民营企业家和来自35个国家的70余位驻沪领馆官员以及在沪外国商会代表齐聚虹口北外滩，聚焦国际交流合作，共话共建"一带一路"新愿景。

16~19日 第20届中国—东盟博览会（以下简称"东博会"）、中国—东盟商务与投资峰会在广西南宁举办。上海代表团赴南宁，出席了第20届中国—东盟博览会、中国—东盟商务与投资峰会开幕式和东博会上海代表团经贸投资签约仪式，视察了东博会上海城市形象展区。华源指出，上海高度重视加强与东盟国家的经贸合作，用好东博会等各类平台，不断提升与东盟国家的贸易、投资、人文交流水平，更好地服务共建"一带一路"。

19日 由上海市发展改革委、上海市贸促会和虹桥国际中央商务区管委会联合主办的虹桥企业"走出去"政策宣讲会在虹桥品汇顺利举办。

19~26日 上海市政协主席胡文容应西班牙巴塞罗那市政府、塞尔维亚国民议会、贝尔格莱德市议会邀请，率上海市代表团对西班牙、塞尔维亚进行友好访问。访问期间，代表团积极推动上海与有关国家围绕"高质量

附 录 上海服务"一带一路"建设大事记（2023年1月至2024年3月）

共建'一带一路'"开展经济合作，持续推动友城关系向纵深推进。

25 日 由上海市商务委员会指导、上海现代服务业联合会与上海市海外救援服务中心共同主办的上海企业"走出去"政策宣贯会在中国金融信息中心举行。市商务委将会同相关部门做好服务和引导工作，充分发挥上海优势，支持本市乃至长三角的优质企业"走出去"拓展海外布局，在国际舞台上快速成长、更好发展，为提升本市开放型经济水平和能级做出积极贡献。

27 日 第二届"一带一路"经济信息共享网络大会暨 2023 上海市"一带一路"高质量发展企业家大会在沪召开。此次大会邀请权威专家、"一带一路"经济信息共享网络成员、参与共建典型企业等相聚上海，共同规划政策沟通、设施联通、贸易畅通、资金融通、民心相通的合作蓝图。

10月

8 日 上海市商务委和虹桥国际中央商务区管委会印发《加快提升虹桥国际中央商务区服务企业"走出去"能级的若干措施》，指出要举办"一带一路"知识产权保护论坛，提升上海市知识产权保护中心维权援助工作站能级，推进海外知识产权服务工作站建设，拓展海外纠纷应对服务网络；积极推动创建"丝路电商"合作先行区，发挥虹桥国际中央商务区"一带一路"跨境电商产品集散地的功能优势和辐射带动作用，用好虹桥进口商品保税展示交易中心、绿地全球商品贸易港等"6+365"平台资源，为境外企业打通展品变商品的链接。

11 日 搭载着第六届进博会展品的 2023 年第一列"中欧班列—进博号"抵达上海。截至 2023 年 11 月，上海中欧班列年内已开行 72 列（含中亚方向），联通欧亚 9 个国家的 60 余个城市和站点，并通过这些城市和站点辐射欧亚其他国家，对推进"一带一路"建设和巩固上海作为"一带一路"桥头堡的地位起到了积极作用。

16 日 上海市市长龚正在世界会客厅会见了阿根廷总统阿尔韦托·费尔南德斯一行。龚正表示，展望未来，希望以高质量共建"一带一路"为契机，进一步加强上海与阿根廷的交流合作。

16日 上海市人民政府新闻办公室举行第五届上海国际艺术品交易周新闻发布会，发布会介绍，该届交易周期间，二十国集团成员、金砖国家、上合组织国家均有画廊参展，希腊、拉脱维亚等19个"一带一路"共建国家的画廊也将参展。

19日 第22届中国上海国际艺术节开幕活动在上海交响乐团音乐厅举行。交响诗篇《丝路颂》在开幕活动后上演，该场演出由上海交响乐团与上海博物馆联袂推出，分为"求索""梦寻""和合"等三个篇章，通过艺术化的表现手法展现共建"一带一路"和丝路精神内涵。

20日 虹口区委书记李谦会见美国安博公司联合创始人、全球董事长兼首席执行官何慕德一行。李谦指出，安博公司战略发展布局与国家重大战略高度契合，坚定不移深耕中国市场，助力推进共建"一带一路"与构建"双循环"新发展格局。

24日 上海市人民政府办公厅发布《上海市促进商业航天发展打造空间信息产业高地行动计划（2023—2025年）》，行动计划要求立足上海开放枢纽门户地位，结合服务"一带一路"倡议等，在运营服务、技术攻关、应用示范、人才培养等方面开展国际合作，打造商业航天国际化窗口。

27日 上海市商务委等三家单位印发《中国（上海）国际贸易单一窗口智慧化创新行动方案》，行动方案要求拓展"一带一路"沿线物流可视化跟踪服务，支持上海中欧班列、沪滇·澜湄线等跨境班列高质量发展，并以亚太示范电子口岸网络为基础，积极探索与APEC成员经济体、RCEP成员国、"一带一路"共建国家口岸城市开展贸易便利化合作，推动海、空运端到物流端可视化等项目试点，进一步提升上海国际贸易数字化服务水平。

30日 上海市委常委会举行会议，传达学习习近平主席在第二届"一带一路"国际合作高峰论坛开幕式上的主旨演讲。会议指出，要深刻学习领会习近平主席重要论述，把服务共建"一带一路"与深化"五个中心"建设、强化"四大功能"紧密结合起来，更好发挥上海优势，强化基础设施互联互通，深化高水平制度型开放，推动贸易稳规模优结构，推动"一

附 录 上海服务"一带一路"建设大事记（2023年1月至2024年3月）

带一路"桥头堡建设高质量发展。

31日 由新世界集团与绿地全球商品贸易港集团携手打造的"进博集市城市会客厅（快闪店）"开门迎客，为市民游客打造"沉浸式国别馆"，共享进博红利。来自阿富汗、阿根廷、比利时、捷克、法国、北欧中心等18个进口馆的特色文化和商品，共同打造"生活品质区""网红打卡必买区""'一带一路'共建国家文化特色产品区"三大主题集市展区。

11月

3日 上海市委副书记、市长龚正主持召开市政府常务会议，要求按照市委部署，高标准高水平推进"丝路电商"合作先行区创建工作。会议指出，要发挥多重国家任务叠加优势，加强统筹协调和分工协作，高标准、高水平完成先行区创建各项工作任务，全力打造数字经济国际合作新高地，服务共建"一带一路"高质量发展。

4日 国务院总理李强在上海会见来华出席第六届进博会的古巴总理马雷罗、塞尔维亚总理布尔纳比奇、哈萨克斯坦总理斯迈洛夫，就高质量共建"一带一路"等议题与外方领导人进行了会谈。

4日 国务院副总理何立峰在上海会见联合国贸发会议秘书长格林斯潘，何立峰欢迎格林斯潘来华出席第六届进博会，双方就当前国际经济贸易形势、深化高质量共建"一带一路"、加强中国与联合国贸发会议合作等议题交换了意见。

5日 国务院总理李强在上海出席第六届进博会暨虹桥国际经济论坛开幕式，并发表主旨演讲。

5日 上海市市长龚正会见了古巴共和国总理马雷罗一行。龚正表示希望在两国元首战略引领下，以共建"一带一路"高质量发展为契机，进一步加强交流合作。

5日 第六届进博会上海人文交流馆围绕进博会四大平台溢出效应，以"进博首发彰显溢出效应"为主题正式亮相。

5日 2023华裔青年企业家上海论坛在中华艺术宫举行。论坛以"'一带一路'新十年、新动力"为主题,旨在发挥优秀华裔青年企业家融通中外、创新发展的独特优势,为中外青年企业家共商合作、共谋发展、融入中国式现代化建设搭建全新平台。

6日 "数据共生智能未来"——2023全球数字大会在上海国家会展中心举办,来自全球800余位专家学者、行业翘楚、企业精英及机构代表会聚一堂,围绕第六届进博会"新时代,共享未来"主题,共话数字中国发展前景。

6日 在第六届进博会期间,进出口银行解读"一带一路"时代新内涵银政企座谈会在上海成功举办。与会各方围绕共建"一带一路"10年来的丰硕成果、宝贵经验、深远影响,以及第三届"一带一路"国际合作高峰论坛所释放的政策信号和明确导向,进行了热烈的交流与讨论,为更好践行共建"一带一路"时代新使命凝聚思想共识。

6日 进博会平台企业绿地集团超1100平方米主题馆开馆,共组织了来自30个国家的205个海外品牌参展,近八成品牌来自"一带一路"共建国家,首发20余款国别特色新品。

7日 第四届"11直播月"进博电商消费日暨丝路云品电商节活动启动仪式在虹桥品汇举办。此次活动以上海创建全国首个"丝路电商"合作先行区为契机,着力放大进博会溢出效应,助推进博展品变商品,丰富"丝路云品"供给,创新消费场景,促进商贸对接,畅通"丝路电商"伙伴国电子商务交流合作。

7日 2023"侨连五洲·沪上进博"主题活动之长三角与东南亚华商合作交流会在临空园区举行。

9日 上海市市长龚正会见了蒙古国外长巴特策策格一行。龚正表示,我们将以中蒙两国元首达成的共识为指引,以共建"一带一路"高质量发展为契机,加强上海与蒙古国的交流合作,实现互利共赢。

10日 在上海市交通委员会、漳州市文化和旅游局指导下,中国航海博物馆联合漳州市博物馆主办的"域外遗珍:漳州窑瓷器特展"在中国航海博物馆内开幕。此次展览从历史源流、瓷器精品和外销盛况等三方面展示

附录　上海服务"一带一路"建设大事记（2023年1月至2024年3月）

漳州窑的发展和影响，致敬海上丝绸之路的丰厚积淀，是中国航海博物馆以文化力量助力共建"一带一路"的又一生动实践。

13日　上海市委副书记、市长龚正主持召开市政府常务会议，要求按照市委部署，在浦东新区高标准推进上海国际法律服务中心核心承载区建设。会议要求内外并举，坚持"引进来"和"走出去"并重，在吸引国际法律服务机构向浦东集聚的同时，支持本地法律服务机构融入共建"一带一路"等，加快实现本土法律服务国际化。

13日　上海市市长龚正会见了马来西亚副总理法迪拉·尤索夫一行。龚正指出，马来西亚经济发展强劲，与上海产业互补性强，希望以高质量共建"一带一路"为契机，加强两地经贸合作，支持鼓励优秀企业到对方投资兴业。

22日　上海市人民政府办公厅印发《关于推进张江高新区改革创新发展建设世界领先科技园区的若干意见》，鼓励搭建国际交流合作平台，推动科研数据、人才和资金等创新要素跨境流通便利化。同时，促进"一带一路"国际合作，支持企业"走出去"，为企业提供政策咨询、投资促进、风险防范、争议解决等高标准国际化"一站式"服务。

22日　上海市市长龚正会见了乌兹别克斯坦外长巴赫季约尔·赛义多夫一行。龚正表示，希望以共建"一带一路"高质量发展为契机，进一步加强互利合作，助力中乌"丝路情缘"焕发新的生机。

24日　第七届"一带一路"与全球治理国际论坛在沪开幕。该届论坛以"'一带一路'的十年经验与新挑战"为主题，回望过去十年的历史性成就，把握时代脉搏，共同探讨新形势下全球治理所面临的机遇和挑战，携手为奏响丝路乐章的下一个"金色十年"贡献力量。

27日　杨浦区人民政府与老挝工贸部贸促司2023年经贸合作工作推进会暨老挝经贸合作展示馆揭幕开馆仪式在上海国际时尚中心隆重举行。杨浦区委书记对相关合作项目的签约表示衷心祝贺，希望各方以签约为契机，同频共振、同向发力，加快推动合作项目落地，为共建"一带一路"和中老命运共同体贡献更多智慧和力量。

30日 中共中央总书记、国家主席、中央军委主席习近平在上海主持召开深入推进长三角一体化发展座谈会并发表重要讲话。他强调,要加快上海"五个中心"建设,加快推进浦东新区综合改革试点,进一步提升虹桥国际开放枢纽辐射能级,大力实施自由贸易试验区提升战略,推进上海自由贸易试验区临港新片区更高水平对外开放。要促进长三角一体化发展和共建"一带一路"高质量发展深度融合,推动长三角优势产能、优质装备、适用技术和标准"走出去"。

12月

1日 习近平总书记在上海考察期间听取了上海市委和市政府工作汇报,对上海各项工作取得的成绩给予肯定。他指出,加快建设"五个中心",是党中央赋予上海的重要使命。上海要以此为主攻方向,统筹牵引经济社会发展各方面工作。要加强现代金融机构和金融基础设施建设,实施高水平金融对外开放,更好地服务实体经济发展、科技创新和共建"一带一路"。

11日 上海市人民政府办公厅印发《服务浦东社会主义现代化建设引领区 打造上海国际法律服务中心核心承载区实施方案》,指出要围绕服务"一带一路"建设、"五个中心"建设等提供优质法律服务,支持律师事务所通过在境外设立分支机构、海外并购、联营合作等方式,在世界主要经济体所在国、"一带一路"共建国家和地区设立执业机构,参与国际市场竞争。

14日 《浦东新区推进"丝路电商"合作先行区建设行动方案》正式发布,根据方案,到2025年,浦东将基本建成"丝路电商"综合服务体系,高质量打造"丝路电商"合作先行区中心功能区,以此促进"一带一路"共建国家通过电子商务的形式进一步推动贸易合作。

19日 上海临港集团携手云南省委省政府、昆明市委市政府、昆明市经开区举办"中老铁路通车两周年主题日活动暨沪滇临港昆明科技城开园"系列活动。在"一带一路"倡议提出10周年之际,临港集团深度挖掘中老

附 录　上海服务"一带一路"建设大事记（2023年1月至2024年3月）

贸易形态，积极组织对接货源，推动沪滇·澜湄线国际货运班列上海始发班列开行，为沪滇协作提供了新样板。

19 日　上海市市长会见埃塞俄比亚市长团一行。龚正指出，希望双方以共建"一带一路"高质量发展为契机，深化经贸与投资合作，继续支持上海企业到埃塞俄比亚投资兴业，也希望埃塞俄比亚为中国企业提供良好营商环境。

20 日　上海市浦东新区商务委员会印发《浦东新区推动全球营运商计划（GOP）高质量发展行动方案》，指出要深入推进"丝路电商"合作先行区中心功能区建设，提升法律、金融等专业服务支撑，支持全球营运商用好用足 RCEP 政策红利，参与并拓展共建"一带一路"海外新兴市场。

21 日　上海市浦东新区商务委员会印发《浦东新区全球消费品牌集聚计划（GCC）行动方案》，指出要聚焦"一带一路"倡议，承接进博会溢出效应，借助全球汇等一批"6+365"进口商品展示交易平台和外高桥红酒、汽车、化妆品等百亿级、千亿级贸易服务平台，新建一批进口商品分拨中心，助力引进国际新品牌和新商品。

22 日　上海市商务委员会印发《上海市关于提升能力　完善体系　创优环境　引进培育贸易商的工作方案》，支持贸易商用好 RCEP，积极拓展共建"一带一路"市场，提升企业运用关税减让、通关程序简化等互惠措施的能力。

29 日　上海市人民政府办公厅印发《发挥城市功能优势　做强律师事务所品牌　加快推动上海国际法律服务中心建设的若干措施》，指出支持律师事务所、律师参与"一带一路"共建国家知识产权法律保护的交流合作，参与世界知识产权组织（WIPO）仲裁与调解上海中心的活动。同时，在"一带一路"沿线和东南亚国家和地区设立法律服务中心，为律师事务所了解和开拓当地法律服务市场提供便利。

30 日　上海车站海关 2023 年已监管"中欧班列—上海号"装载进出口货物超 1 万个标箱，总重约 9.14 万吨，货值达 33.8 亿元。目前，"中欧班列—上海号"已实现中欧线、中俄线、中亚线全覆盖，联通境外城市与站点超 80 个，成为上海连接欧亚大陆的重要物流通道，为服务上海与共建"一带一路"国际贸易注入新动能。

2024年

1月

9日 绿地贸易港"丝路电商"合作伙伴签约暨"一带一路"国别直播平台启动仪式举行。在仪式上，绿地发布绿地贸易港"丝路电商"发展实施计划，启动绿地贸易港"一带一路"国别直播平台、首批客商入驻签约及首批"丝路电商"伙伴国客商合作签约。

9日 第七届进博会筹办工作全面启动，已有 300 余家企业签约参加企业商业展，展览面积超过 13 万平方米。

9日 《解放日报》刊文指出，为服务共建"一带一路"提升能级，助力企业"走出去"，上海公安机关会同相关部门建立重点企业出入境办证"服务包"机制，开通办证绿色通道，加快证件审核和办理速度。

13日 上海市人民政府办公厅《关于印发支持浦东新区等五个重点区域打造生产性互联网服务平台集聚区若干措施的通知》指出，上海支持重点平台企业"走出去"，发挥产业背景、海量用户及交易数据优势，加强共建"一带一路"国际合作和业务布局，优化国际资源配置；支持服务平台对接共建"一带一路"，拓展国际市场，提升国际竞争力；建成以数字化转型示范和专业服务为特色的服务平台集聚区，成为链接长三角城市群、"一带一路"沿线重要城市的上海国际贸易中心建设新高地；依托虹桥海外发展服务中心、上海"一带一路"综合服务中心（虹桥）、RCEP 虹桥企业服务咨询站等功能平台，支持产业链上下游企业联合出海。

16日 在位于崇明区长兴镇的上海中远海运重工有限公司 2 号码头，中国石油管道局"一带一路"能源项目"格里亚"轮改装 FSRU（浮式储存和再气化装置）完成交付，标志着上海中远海运重工已经具备 LNGC 改装

FSRU 全链工作能力。

18 日 "2024 上海网上年货节"启动仪式在虹桥品汇举办，上海市丝路云品联盟在启动仪式上正式成立。联盟以推动电子商务国际交流合作为宗旨，将组织开展"丝路云品"商贸对接，举办"丝路云品"主题促销、特色产品推介会和投资说明会等活动，并定期组织开展行业交流，促进"一带一路"共建国家优质产品引入国内市场。

22 日 中共中央办公厅、国务院办公厅印发了《浦东新区综合改革试点实施方案（2023—2027 年）》，支持科技企业在海外建立研发实验室，与"一带一路"共建国家联合建设研发中心和实验室，支持浦东新区与"一带一路"共建国家高校、科研机构、企业合作建立青年科创人才联合培养机制，鼓励企业建立国际人才培养基地和协同创新中心，吸引优秀青年人才来华学习交流和创新创业。

23 日 《解放日报》推出 2024 年上海两会特刊，整版刊发虹口区 2023 年奋斗足迹、2024 年奋斗目标。在 2024 年奋斗目标中，虹口将主动"走出去"，服务共建"一带一路"，深化全球投资合作伙伴计划，集聚全球资本、人才、技术等关键要素。

26 日 上海市市长龚正会见了安提瓜和巴布达总理布朗一行。龚正指出，上海愿以共建"一带一路"高质量发展为契机，进一步加强与安巴在多领域的交流合作，密切人员交往，实现互利共赢。欢迎安巴企业用好进博会大平台，把特色商品和服务引入上海、带到中国。

27 日 上海市第十六届人民代表大会第二次会议通过《关于上海市 2023 年国民经济和社会发展计划执行情况与 2024 年国民经济和社会发展计划草案的报告》。报告指出，2024 年上海将配合修订《上海市推进国际金融中心建设条例》，推动金融更好地服务实体经济、科技创新和共建"一带一路"，同时，积极打造服务共建"一带一路"高地，推动长三角区域性"一带一路"综合服务平台落地，在互联互通、贸易投资、金融服务、绿色发展、科技创新等领域深化务实合作。

29 日 上海市委书记陈吉宁来到浦东新区调研，主持召开座谈会并开

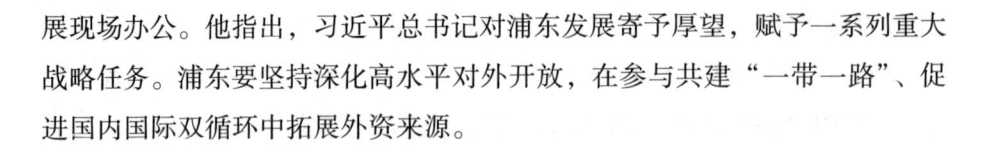

展现场办公。他指出,习近平总书记对浦东发展寄予厚望,赋予一系列重大战略任务。浦东要坚持深化高水平对外开放,在参与共建"一带一路"、促进国内国际双循环中拓展外资来源。

2月

8日 上海市推进"一带一路"建设工作领导小组会议召开。上海市委副书记、市长、领导小组组长龚正指出,要深入贯彻落实习近平总书记考察上海和在第三届"一带一路"国际合作高峰论坛上的重要讲话精神,充分发挥上海深度链接全球的核心枢纽优势,夯实合作基础、提高合作质量,以"五个中心"建设新成效提升辐射带动能力,推动共建"一带一路"持续走深走实,加快把习近平总书记擘画的宏伟蓝图细化为施工图、转化为实景画。

8日 上海市创建"丝路电商"合作先行区工作推进会举行。会议指出,2024年,上海将聚焦制度开放先行、主体培育先行和机制合作先行"三个先行",在制度开放、锻造优势、服务企业上下功夫,高水平建设"丝路电商"合作先行区。

14日 上海军工路码头,国产品牌"三一"挖掘机共计86台,在吴淞海关监管下顺利装船,运往"一带一路"共建国家土耳其。另据统计,2024年以来,在上海港张华浜、军工路两大码头,仅1月就有23.74万吨货物出口至"一带一路"共建国家,同比增长30%。

15日 上海市商务委和市发展改革委印发《上海市关于进一步加大力度支持本市海关高级认证企业高质量发展的若干措施》,指出要继续推动海关高级认证企业大型成套设备项目出口和共建"一带一路"高质量发展,优先支持绿色、"小而美"项目的投保需求。

18日 上海市经济和信息化委员会印发《上海市促进中小企业特色产业集群发展管理办法》,管理办法支持集群积极参与共建"一带一路",深化人才、技术、资本等合作,以集群为单位参与展会、国际合作机制和交流活动。

附 录 上海服务"一带一路"建设大事记（2023年1月至2024年3月）

19日 绿地集团与迈瑞医疗、哈萨克斯坦IP集团、韩国大有集团等全球知名企业签约，推进共建"一带一路"，让优质中国商品走向海外。

20日 上海市松江区委书记程向民带队走访慰问松江枢纽建设指挥部，他指出，松江作为上海国际科创中心建设、长三角一体化发展和共建"一带一路"的交会点，在新时代新征程上肩负着重大使命任务，建设复式松江枢纽在落实国家重大使命任务中具有重要意义。

20日 上海市卫生健康委员会印发《2024年上海市卫生健康工作要点》，指出要落实本市共建"一带一路"工作部署，推动传统中医药、卫生援外、疾病预防控制、卫生应急等领域的交流合作。

21日 上海市委外事工作委员会举行会议，指出要更好发挥外事工作对经济社会发展的促进作用，对照深化高水平改革开放、推动高质量发展、服务共建"一带一路"相关部署要求加强研究、做好服务，提高谋划的整体性，找准工作的切入点，拿出绣花的细功夫。

26日 2024上海生物医药产业国际化发展大会举行，主题为"面向国际，出海同行"。国际生物医药龙头企业阿斯利康在会上发布了"上海医药创新企业2024合作出海计划"，将助力30家上海优秀企业出海，把中国创新药推向"一带一路"共建国家新兴市场和欧美日发达国家。

27日 上海市市长龚正会见了美国华平投资集团主席蒂莫西·盖特纳一行。龚正指出，上海着力完善金融市场体系、产品体系、机构体系和基础设施体系，更好地服务实体经济发展、科技创新和共建"一带一路"。欢迎华平投资集团以在华投资30周年为契机，深度参与上海国际金融中心建设，持续加强在沪投资布局，为优化上海营商环境建言献策。

28日 上海市商务委印发《加快提升本市涉外企业环境、社会和治理（ESG）能力三年行动方案（2024—2026年）》，提出要支持与"一带一路"共建国家相关机构和企业在ESG领域加强合作，提高我国ESG建设服务引领能力，推动本市ESG实践案例在"一带一路"建设中发挥示范作用。

3月

1日 上海市经济信息化委等印发《上海核电产业高质量发展行动方案（2024—2027年）》，指出要对接"一带一路"倡议，服务国家核电"走出去"战略，打造海外服务产业联盟，积极推动上海核电产业国际市场开发。

1日 上海市人民政府办公厅印发《本市促进服务消费提质扩容的实施方案》，指出要积极发展国际教育服务，吸引更多国际中小学生来沪开展各类交流，支持上海高校和职业学校举办"上海暑期学校"和"一带一路"高级研修班等品牌项目，支持高校和科研机构开展国际教育交流项目。

2日 上海市人民政府新闻办举行新闻发布会，市委常委、副市长华源介绍《虹桥国际开放枢纽建设总体方案》批复三周年虹桥国际中央商务区建设成果有关情况。其中涉及共建"一带一路"的主要成果体现在设立虹桥海外发展服务中心，进一步提升上海市"一带一路"综合服务中心（虹桥）、RCEP企业服务咨询站（虹桥）等平台能级。

4日 第32届华交会闭幕。该届华交会共吸引境内外采购商超4万人，来自超过110个国家和地区，较上届增长明显。其中，"一带一路"共建国家采购商较上届增长43.9%。此外，为促进展客商精准对接、有效成交，该届华交会共定向邀请了15个采购团近千名采购商与会，包括来自日韩、欧美和"一带一路"共建国家等重点市场、服装纺织和轻工产品等重点行业和重点企业代表。

6日 上海市疾病预防控制局印发《2024年上海市疾病预防控制工作要点》，提出要落实本市共建"一带一路"工作部署，推动疾控领域的交流合作，拓展与新加坡、新西兰、澳大利亚昆士兰州等国家和友好城市在疾控领域的交流合作。加强沪港、沪澳在疾控领域的交流合作。

12日 中央广播电视总台上海总站"龙腾沪跃开新局"系列报道聚焦松江，区委书记程向民接受专访并表示，松江还将同步推进国际多式联运物流枢纽规划建设，常态化运行"中老班列—G60号"，为长三角一体化高质量发展、上海国际科创中心建设和共建"一带一路"提供有力支撑。

附　录　上海服务"一带一路"建设大事记（2023年1月至2024年3月）

14 日　上海市委副书记、市长龚正走访调研中国银行上海市分行、中国农业银行上海市分行，就上海国际金融中心建设听取意见。龚正指出，希望国有大型商业银行发挥国家队、主力军作用，有力支撑高水平金融对外开放实现新发展，更好地服务实体经济发展、科技创新和共建"一带一路"，为上海加快建成具有世界影响力的社会主义现代化国际大都市提供关键支撑。

15 日　上海市市场监督管理局印发《2024 年上海市认证认可检验检测监督管理工作要点》，指出要围绕重点出口产品类别开展"一带一路"检验检测国际能力验证，加强检验检测资质、标准和数据结果互认。要推动上海自由贸易试验区"一带一路"技术交流国际合作中心拓展辐射范围，并加强长三角"一带一路"国际认证联盟建设，主动对接长三角共建"一带一路"高质量发展社会团体。

21 日　上海市市长龚正会见了土耳其 TFI 食品投资集团首席执行官、汉堡王（中国）投资有限公司董事会主席科尔汉·库尔多鲁一行。科尔汉·库尔多鲁表示，TFI 食品投资集团在中国不仅经营餐厅，也是土中两国友好联系的桥梁，希望在"一带一路"倡议下，促进两国在各领域的合作。

26 日　巴基斯坦中心、匈牙利中心、蒙古中心、亚美尼亚中心联合开馆仪式暨第二届外高桥全球商品选品会在外高桥"全球汇"举办。此次四馆联合开馆是上海自由贸易试验区保税区域贯彻落实国家"一带一路"倡议，深化与"丝路电商"项目伙伴国经贸合作的重要举措，中国将携手"一带一路"共建国家展示特色产品和服务，共享贸易发展机遇。

26~30 日　上海旅游产业博览会将在浦东浦西双馆同开，此次博览会吸引了 30 多个国家和地区 5000 余家展商，覆盖 12 个产业大类 38 个展览板块，展出规模达 60 万平方米。随着中国"免签朋友圈"扩大，来自"一带一路"共建国家的观众数量增长尤其明显。

29 日　上海市市长龚正会见了斯里兰卡总理古纳瓦德纳一行。龚正表示，我们将积极落实习近平主席和总理先生会面达成的共识，以高质量共建"一带一路"为契机，进一步加强与斯里兰卡的交流合作，为两国关系友好发展做出积极贡献。

Abstract

In September 2023, General Secretary Xi Jinping emphasized the need to actively cultivate strategic emerging and future industries, accelerate the formation of new quality productive forces, and enhance new driving forces for development during the symposium on promoting the comprehensive revitalization of Northeast China in the new era. New quality productive forces, based on original and disruptive technological innovation, is becoming the engine driving economic development. Focusing on the primary task of promoting high-quality development and the strategic task of building the new development paradigm, Shanghai continues to promote the construction of the "five centers". It needs to cultivate new advantages and new drivers of participation in the high-quality BRI development driven by new quality productive forces, and contribute "Shanghai power" to the high-quality BRI development.

The new quality productive forces is crucial to the transformation of the mode of economic development. With the new quality productive forces, Shanghai has made remarkable achievements in serving the high-quality BRI development. The development of new quality productive forces has provided dynamic support for the construction of the International Center for Science and Technology Innovation of Shanghai and the BRI cooperation on Science, Technology and Innovation (STI). As one of the regions with the highest degree of scientific and technological innovation in China, the construction of the International Center for Science and Technology Innovation of Shanghai is highly consistent with the goals of the BRI cooperation on STI, and has played a positive role in promoting the BRI cooperation on STI. Focusing on strengthening the capacity in breeding innovation, Shanghai insists on promoting industrial

Abstract

innovation through scientific and technological innovation, applies more scientific and technological achievements to specific industries and industrial chains, accelerates development of new quality productive forces, and helps promote the industrial upgrading and economic structure optimization of Shanghai and the country who join in cooperation under the BRI. By accelerating the research on core technologies in key fields, we promote the transformation and upgrading of traditional industries, and turn them into important areas for developing new quality productive forces. Shanghai is developing new quality productive forces by seizing the "high ground" of strategic emerging industries, accelerating the cultivation of world-class high-end industrial clusters, and building a modern industrial system. Shanghai actively grasps the two types of new quality productive forces, namely digital and green, and empowers, reshapes, and rebuilds traditional productive forces through digital means. It integrates the digital economy with the real economy to develop new quality productive forces and promote the digital transformation and upgrading of traditional industries. New quality productive forces also promotes the green and low-carbon transformation of production mode, further strengthens green and low-carbon industries, promotes industrial upgrading, and serves the achievement of Shanghai's 'dual carbon' goals.

BRI cooperation differ significantly in politics, economy, science and technology, culture and other aspects, and Shanghai still faces many difficulties in developing new quality productive forces to serve the BRI cooperation. A large number of BRI countries are limited by their economic development level and innovation ability, and their own innovation activities are not active Because of the different levels in scientific and technological development, scientific and technological cooperation among BRI countries has not been widely and effectively carried out, and the precise docking of scientific and technological cooperation needs to be strengthened. Digital gap and digital governance rules between BRI countries has become a prominent problem in the sustainable development of the BRI cooperation There are gaps in digital technology among the BRI countries, which makes it difficult to form a unified digital standard, and to coordinate the digital governance rules and mechanisms between Shanghai and BRI countries

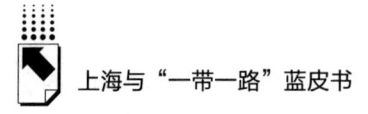

Green technology is an important area for Shanghai and the BRI countries to deepen scientific and technological cooperation. The demand for green technology cooperation has yet to be promoted, and there are certain difficulties in docking with the national green standards. At present, the top-level design of green economy development of the BRI is absent, and the policy support for green industry development of various countries is insufficient. There is a lack of a complete policy and regulatory support system.

To develop new quality productive forces in the future and serve the high-quality BRI development, we need to speed up the exploration of new paths. In accordance with the CPC Central Committee's decision and deployment to further strengthen the construction of the International Center for Science and Technology in the new era, Shanghai should take the lead in scientific and technological progress, expand international scientific and technological exchanges and cooperation, improve the supply and demand coordination and docking mechanism for the transformation of technological achievements among BRI countries, promote the transformation of scientific and technological achievements among them, and lay the foundation for the development of new quality productive forces. In the process of serving high-quality BRI development, Shanghai should focus on strengthening cooperation with BRI countries on STI platforms, technology transfer, joint research and development. Shanghai should establish joint R&D mechanism with BRI countries, and form a demand oriented international technology transfer mechanism. Shanghai should strengthen the leading role of new quality productive forces in the industrial development of Shanghai and BRI countries, lead industrial innovation, accelerate the development of cutting-edge technology and future industries, and promote the development of new quality productive forces. Shanghai should boost the overall digital and green transformation of itself and BRI countries by new quality productive forces, continue to strengthen cooperation with the BRI countries in the construction of information infrastructure, narrow the "digital gap" among BRI countries. Shanghaishould enhance the green development capability of Shanghai's "going global" enterprises, promote the research and application of core green technologies, cultivate new industrial competitive advantages, and drive the green transformation of productive forces.

Keywords: New Quality Productive Forces; Technological Innovation; Digital Economy; Green Development

Contents

I General Report

B.1 New Quality Oroductive Forces: New Driving Force and New Path for Shanghai to Serve the "the Belt and Road Initiative"   *Zhang Zhongyuan* / 001

Abstract: Driven by new quality productive forces, Shanghai continues to promote the construction of the "five centers", accelerate the cultivation of new advantages and new drivers for participating in the high-quality BRI development, and improve the level of comprehensive services for the BRI in the global competition. In recent years, Shanghai has made remarkable achievements in serving the BRI with new quality productive forces. Shanghai takes scientific and technological innovation as the main driving force to develop new quality productive forces, actively transform and upgrade traditional industries, cultivate and expand emerging industries, layout and build future industries, and promote the industrial upgrading and economic structure optimization of Shanghai and the BRI countries; Shanghai gives full play to its comprehensive advantages in technology, industry, talent and other resources, focuses on digital and green new productivity, and serves the high-quality BRI development with two wheel drive. However, Shanghai still face some difficulties in developing new quality productive forces to serve the BRI. There are huge differences in the levels of scientific and technological development of BRI countries, scientific and technological cooperation has not been widely and effectively launched; There are digital gaps and differences in digital governance rules among BRI countries, which restrict the effectiveness of cooperation in the digital economy. The demand for green technology cooperation still needs to be promoted, and there are certain difficulties for Shanghai and BRI countries in aligning on green standards. Therefore, developing new quality productive forces to serve the BRI cooperation needs to accelerate the exploration of new paths, promote the transformation of scientific and technological achievements in BRI countries, lay the foundation for the development of new quality productive forces, strengthen the leading function of new quality productive forces for the industrial development of Shanghai and BRI countries, and develop new quality productive forces to boost the comprehensive digital and green transformation of Shanghai and BRI countries.

Keywords: New Quality Productive Forces; Technological Innovation; Digital Economy; Green Development

Ⅱ Sub Reports

B.2 Shanghai Serves the High-quality BRI Development of Modern Industrial System

Ni Hongfu, Zhong Daocheng / 026

Abstract: "The Belt and Road Initiatives" are not only a platform for economic co-operation and development, but also an important way to build a community with a shared future for mankind. As the Initiatives is deeply implemented, China's cooperation with other developing countries involved in the initiatives has been continuously strengthened in areas such as promoting trade and investment liberalization, enhancing infrastructure construction, and deepening scientific, technological, and cultural exchanges. This not only advances the modernization of industrial systems in the countries involved in "the Belt and Road Initiatives" but also helps to optimize China's capacity structure and diversify industrial chain risks, thereby promoting the modernization of China's industrial systems. Shanghai, as a bridgehead in "the Belt and Road Initiatives", has formulated a series of action plans to serve the Initiatives, actively integrating into the construction and strengthening cooperation with other developing countries involved in "the Belt and Road Initiatives". Significant achievements have been made in unimpeded trade, financial integration, strengthened people-to-people ties, infrastructure connectivity, and policy coordination. This is not only conducive to further enhancing Shanghai's comprehensive service functions and developing a higher level of open economy but also helps to promote the modernization of China's industrial systems, enabling better participation in global competition and cooperation.

Keywords: "the Belt and Road Initiatives"; Modernization of Industrial Systems; Connectivity; Trade Cooperation

B.3 Shanghai's Digital Economy Promotes High-quality Development of the "the Belt and Road Initiative"

Shen Chen / 053

Abstract: With the advancement of science and technology and the acceleration of digital transformation, the digital economy has become a key force driving global economic growth and innovation. The digital economy has reshaped the pattern of globalization by promoting international trade, optimizing resource allocation, and promoting technological innovation. In this process, digital technologies such as the Internet, big data and artificial intelligence have played an important role in breaking geographical boundaries, accelerating the spread of information and knowledge, reducing transaction costs and improving production efficiency. As China's economic center and an international metropolis, Shanghai has unique advantages in developing the digital economy and participating in the new globalization. In recent years, Shanghai has vigorously developed the digital economy, promoted the digital transformation of traditional industries, and cultivated a number of digital economy enterprises with international competitiveness. At the same time, Shanghai has actively participated in the reform and construction of the global governance system, promoted the building of an open world economy, and made positive contributions to the new type of globalization. Facing the challenges and opportunities of digital economy and new globalization, Shanghai should adopt the following strategies and paths to achieve a higher level of opening up: First, strengthen the original innovation research and transformation, which is the cornerstone of Shanghai's digital economy development; Second, promote the digitalization in the whole field of the city to accelerate the construction of urban digital base; Third, establish an international data port from both soft and hard aspects and improve the international data trade service platform; Fourth, promote technology-driven cultural exchanges and innovation to strengthen industrial chain integration.

Keywords: Digital Economy; New Globalization; High-standard Opening Up

B.4 Shanghai's Green Industry Promotes the Sustainable Development of the "the Belt and Road Initiative"

Zhou Yamin / 066

Abstract: New quality productive forces itself is green productivity, meanwhile, the development level of green industry represents the development stage of green productivity. Shanghai's process of accelerating the development of new quality productive forces is also the process of accelerating the formation of competitive green productivity. Aiming at new tracks to promote the development of green and low-carbon industries, Shanghai has formed local enterprises with competitiveness and overseas layout capabilities in green emerging industries such as hydrogen energy, energy storage, drones and new energy. Shanghai has taken multiple measures to create an institutional environment to realize the efficient transformation of green technology innovation into large-scale production capacity, give full play to Shanghai's strengths in the financial sector to provide financial support for green emerging industries, and promote multi-sectoral coordination in support of the development of green industries with a systemic concept. In the future, Shanghai also needs to strengthen the upstream and downstream infrastructure support and design programs for the development of green industries, continue to strengthen the cultivation, attraction and reserve of green and low-carbon talents, and take the green supply chain as a hand to seek an international leading position, and promote the extension of Shanghai's green industry chain to the green market of the BRI countries to form an industry chain network with a wide coverage. This will help Shanghai's green industrial chain extend to "the Belt and Road Initiative" green market and form a wide-coverage industrial chain network, making lasting contributions to the sustainable development and climate change actions of the countries who join in "the Belt and Road Initiative".

Keywords: New Productive Forces; Green Productivity; "the Belt and Road Initiative"; Sustainable Development

B.5 Shanghai's Technological Innovation and Upgrade of "the Belt and Road Initiative" Value Chain

Yang Chao / 082

Abstract: "The Belt and Road Initiative" (BRI) aims to promote joint development among participating countries through infrastructure optimization and economic and trade cooperation. Elevating BRI countries to the high end of global value chains is a critical task for achieving high-quality development. This requires strengthening infrastructure connectivity, production capacity cooperation, financial cooperation, and cultural exchanges. Shanghai enterprises, with their strengths in production technology, information technology, cross-border payment technology, and logistics, have played a significant role in upgrading the BRI value chains. Shanghai's technological innovations have been widely applied in economic corridor construction and industrial cooperation, providing new opportunities for BRI countries to engage in international capacity cooperation and accelerate industrial upgrading. By focusing on strategic emerging industries such as integrated circuits, biomedicine, and artificial intelligence, Shanghai is cultivating new productive forces, further solidifying its technological advantages, and adding new momentum to the city's efforts to upgrade the BRI value chains.

Keywords: "The Belt and Road Initiative"; Technological Innovation; Value Chain; Shanghai

Ⅲ Special Reports

B.6 Data Empowering Shanghai to Serve the High-quality BRI Development *Hui Wei / 094*

Abstract: In the era of digital economy, data have become the core element in promoting the cultivation of new quality productive forces by empowering laborer, the subjects of labor and the means of labor. By systematically sorting out Shanghai's advantages on institution, capital, technology and talent, and influence in the field of digital economy, this paper summarizes the mechanism of data empowering Shanghai to serve the high-quality BRI development. Based on the empirical analysis of panel data of 148 BRI countries from 2015 to 2022, it is found that the income, capital accumulation and total exports to China of BRI countries have significantly increased after signing of the memorandum of understanding on e-commerce cooperation. At present, data empowering Shanghai to serve the "the Belt and Road Initiative" is facing problems such as lack of a unified service platform, blocked talent exchange, and lack of unified data flow and management policies. To give full play to the role of data empowering Shanghai to serve the high-quality BRI development, we should improve the construction of digital infrastructure, build a unified platform service system, improve the talent interaction and exchange system, and sign data element cooperation agreements.

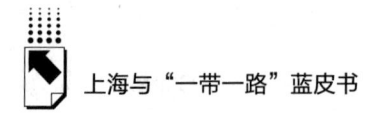

Keywords: BRI Development; Data Empowering; Shanghai; Silk Road E-Commerce

B.7 Shanghai Serving "the Belt and Road Initiative" by Building a Modern Socialist International Cultural Metropolis: Progress and Prospect

Zhang Qianyu / 114

Abstract: Shanghai has a long history and rich cultural heritage, and has been China's cultural center since the modern era. Since the proposal of "the Belt and Road Initiative" in 2013, Shanghai has actively promoted the strategic alignment of building a modern socialist international cultural metropolis with the initiative, using people-to-people exchanges to deepen mutual understanding and trust among civilizations, and thus contribute to the high-quality BRI development. The proposal of the Global Civilization Initiative in 2023 provides a new opportunity for Shanghai to build the modern socialist international cultural metropolis.

Keywords: Modern Socialist International Cultural Metropolis; People-to-People Ties; Soft Power of Chinese Culture; Shanghai

B.8 Shanghai's Initiatives to Support RMB Internationalization

Geng Yaying / 130

Abstract: Shanghai has always been playing a leading role in the process of RMB internationalization due to its position as an international financial center featuring RMB financial asset trading and pricing. After years of development,

Shanghai has relatively complete financial elements and financial infrastructure, and has had huge market scale, transaction scale, institutional scale, and talent scale. Shanghai's breadth and depth of the financial market are constantly improving, and the richness of financial products and the degree of financial openness are among the best in the country. Shanghai has achieved fruitful results in capital market interconnection, the construction of an international oil and gas trading and pricing center, and the promotion of digital RMB application scenarios. Therefore, Shanghai has provided an important capital distribution hub for the cross-border circulation of RMB and a solid market support for the RMB internationalization.

Keywords: Renminbi Internationalization; International Financial Center; Shanghai

Ⅳ Regional and National Reports

B.9 Advancing Digital Transformation Through High-Level Openness: A Perspective on Cooperation Between Shanghai and Southeast Asian Countries

Zhang Lin, Dong Yan / 146

Abstract: China's economy has entered into a phase of high-quality development. In the context of building an open economic system, accelerating digital transformation holds significant strategic and practical importance. This report proposes a unified analytical framework for promoting the digital transformation of manufacturing through high-level openness from an international perspective, integrating macro-level factors such as national governance, industrial policy, and international regulations with micro-level factors. Building on their strong foundations in the digital industry and alignment with high international trade standards, Shanghai and Southeast Asian countries have successfully collaborated in areas such as digital port construction, data infrastructure, modern agriculture, and digital platform integration, driven by both policy guidance and enterprise practices. In the future, Shanghai and Southeast Asian countries should enhance the inclusiveness, openness, and coordination of their digital policies. They should further promote two-way investment and accelerate cooperation in the digital transformation of various sectors such as manufacturing and services. Additionally, both sides should strengthen collaboration in talent development within the digital economy. In areas like smart cities and government governance, new collaborative opportunities should be created to foster deeper integration between Shanghai and Southeast Asian countries in the digital economy. The analysis highlights the critical role of digital transformation in fostering new productive forces and achieving Chinese modernization. It aims to offer valuable insights for research on deepening cooperation between Shanghai and Southeast Asian countries, the upgrading of China's industrial structure, and corporate digital transformation, along with providing relevant policy recommendations.

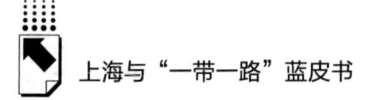

Keywords: Digital Transformation; High-standard Trade and Economic Rules; Shanghai; Southeast Asian Countries

B.10　Shanghai's Innovation in Serving the BRI Rules and Standards and the Coordinated Development of Southeast Asian Countries

Li Tianguo, Xu Kangqi / 171

Abstract: The formulation and promotion of standards and rules applicable to the BRI countries will not only improve the efficiency of economic cooperation and promote foreign economic relations, but also help vigorously develop new quality productive forces, expand China's high-level opening up, and promote the transformation and upgrading of economic structure. In the process of serving the "the Belt and Road Initiative" development, Shanghai promotes coordinated development with Southeast Asian countries through rules and standards innovation. Based on its geographical and technological advantages, Shanghai has made many achievements in infrastructure construction, economic and trade, and innovation of financial rules and standards in Southeast Asian countries in 2023. In the future, it is necessary for Shanghai to continue supporting enterprises in carrying out international rule and standard innovation, transforming existing scientific research advantages into rule and standard innovation advantages, and benchmarking international advanced rule and standard, and improving the mechanism for tracking and transforming international standards. In addition, it is necessary for Shanghai to promote rule and standard innovation based on the characteristics of Southeast Asian market demand, industry development trends, and standard requirements. Shanghai aims to promote a more open, inclusive, and mutually beneficial international science and technology cooperation strategy through the exchange and cooperation mechanism of high-tech talents.

Keywords: Shanghai; "the Belt and Road Initiative"; Southeast Asia

V　Field Work Reports

B.11　Data Report on Shanghai Serving to "the Belt and Road Initiative" (2023)

Li Xiaojing, Chen Wenyan / 186

Abstract: This report first reviews the recent progress in Shanghai's deepening of BRI trade and investment cooperation in 2023. It then utilizes the comprehensive index method to construct Shanghai's trade and investment index for serving the BRI. The report systematically examines the relationship between Shanghai and 63 BRI countries since 2013, focusing on summarizing the new changes in 2023. The results indicate that in 2023, Shanghai's trade and investment index dropped significantly. The trade connectivity index and investment cooperation index showed opposite trends. Specifically, in 2023, only the trade and investment index of the Commonwealth of Independent States (CIS) and Mongolia increased significantly. The trade connectivity index of CIS and Mongolia, West Asia and North Africa, and Central Asia increased, while the investment cooperation index of the six regions all decreased. Additionally, the report selects 8 provinces of China to conduct a comparative analysis of Shanghai's effectiveness in serving the BRI. The comparison reveals that Shanghai ranks fourth in total import and export with the BRI countries. There is a noticeable gap between Shanghai's export and import proportions and those of Beijing and Guangxi. In 2023, Shanghai and the eight other provinces experienced a significant decrease in the number of enterprises and projects invested to BRI countries, with Shanghai showing a larger decline. Looking ahead, Shanghai should promote two-way empowerment of new productive forces and high-quality BRI development speed up the "soft connection" of rules and "hard connection" of infrastructure with relevant countries, and actively encourage enterprises to "go global".

Keywords: "The Belt and Road Initiative"; Unimpeded Trade; Investment Cooperation

B.12 Case Report on Shanghai Serving the "the Belt and Road Initiative" (2023)

Zhang Peng, Hou Sijie, and Chen Wenyan / 207

Abstract: As the economic center of China, Shanghai has always led the country's economic development with its openness and innovation. Based on the development advantages of Shanghai as an important node city for the high-quality BRI development, many enterprises have been accelerating their deployment in overseas markets in recent years, becoming an important force to promote the high-quality BRI development. According to the requirements of the "the Belt and Road Initiative" and the actual situation of Shanghai, this report carefully selected the latest practice cases of seven enterprises in the fields of construction, shipping, aviation, communication, finance, etc. in 2023. From the dimensions of the company's basic situation, typical project introduction, project characteristics and effectiveness, it tries to show the progress of Shanghai enterprises in the high-quality BRI development in terms of youth talent training, infrastructure construction, overseas transportation of large equipment, international airline connectivity, high-quality communication services, cross-border financial construction, etc.

Keywords: "The Belt and Road Initiative"; Enterprise; Shanghai

社会科学文献出版社

皮书
智库成果出版与传播平台

❖ 皮书定义 ❖

皮书是对中国与世界发展状况和热点问题进行年度监测，以专业的角度、专家的视野和实证研究方法，针对某一领域或区域现状与发展态势展开分析和预测，具备前沿性、原创性、实证性、连续性、时效性等特点的公开出版物，由一系列权威研究报告组成。

❖ 皮书作者 ❖

皮书系列报告作者以国内外一流研究机构、知名高校等重点智库的研究人员为主，多为相关领域一流专家学者，他们的观点代表了当下学界对中国与世界的现实和未来最高水平的解读与分析。

❖ 皮书荣誉 ❖

皮书作为中国社会科学院基础理论研究与应用对策研究融合发展的代表性成果，不仅是哲学社会科学工作者服务中国特色社会主义现代化建设的重要成果，更是助力中国特色新型智库建设、构建中国特色哲学社会科学"三大体系"的重要平台。皮书系列先后被列入"十二五""十三五""十四五"时期国家重点出版物出版专项规划项目；自2013年起，重点皮书被列入中国社会科学院国家哲学社会科学创新工程项目。

权威报告·连续出版·独家资源

皮书数据库
ANNUAL REPORT(YEARBOOK) DATABASE

分析解读当下中国发展变迁的高端智库平台

所获荣誉

- 2022年，入选技术赋能"新闻+"推荐案例
- 2020年，入选全国新闻出版深度融合发展创新案例
- 2019年，入选国家新闻出版署数字出版精品遴选推荐计划
- 2016年，入选"十三五"国家重点电子出版物出版规划骨干工程
- 2013年，荣获"中国出版政府奖·网络出版物奖"提名奖

皮书数据库　　"社科数托邦"微信公众号

成为用户

登录网址www.pishu.com.cn访问皮书数据库网站或下载皮书数据库APP，通过手机号码验证或邮箱验证即可成为皮书数据库用户。

用户福利

- 已注册用户购书后可免费获赠100元皮书数据库充值卡。刮开充值卡涂层获取充值密码，登录并进入"会员中心"—"在线充值"—"充值卡充值"，充值成功即可购买和查看数据库内容。
- 用户福利最终解释权归社会科学文献出版社所有。

数据库服务热线：010-59367265
数据库服务QQ：2475522410
数据库服务邮箱：database@ssap.cn
图书销售热线：010-59367070/7028
图书服务QQ：1265056568
图书服务邮箱：duzhe@ssap.cn

卡号：624968898263
密码：

S 基本子库
SUB DATABASE

中国社会发展数据库（下设 12 个专题子库）

紧扣人口、政治、外交、法律、教育、医疗卫生、资源环境等 12 个社会发展领域的前沿和热点，全面整合专业著作、智库报告、学术资讯、调研数据等类型资源，帮助用户追踪中国社会发展动态、研究社会发展战略与政策、了解社会热点问题、分析社会发展趋势。

中国经济发展数据库（下设 12 专题子库）

内容涵盖宏观经济、产业经济、工业经济、农业经济、财政金融、房地产经济、城市经济、商业贸易等 12 个重点经济领域，为把握经济运行态势、洞察经济发展规律、研判经济发展趋势、进行经济调控决策提供参考和依据。

中国行业发展数据库（下设 17 个专题子库）

以中国国民经济行业分类为依据，覆盖金融业、旅游业、交通运输业、能源矿产业、制造业等 100 多个行业，跟踪分析国民经济相关行业市场运行状况和政策导向，汇集行业发展前沿资讯，为投资、从业及各种经济决策提供理论支撑和实践指导。

中国区域发展数据库（下设 4 个专题子库）

对中国特定区域内的经济、社会、文化等领域现状与发展情况进行深度分析和预测，涉及省级行政区、城市群、城市、农村等不同维度，研究层级至县及县以下行政区，为学者研究地方经济社会宏观态势、经验模式、发展案例提供支撑，为地方政府决策提供参考。

中国文化传媒数据库（下设 18 个专题子库）

内容覆盖文化产业、新闻传播、电影娱乐、文学艺术、群众文化、图书情报等 18 个重点研究领域，聚焦文化传媒领域发展前沿、热点话题、行业实践，服务用户的教学科研、文化投资、企业规划等需要。

世界经济与国际关系数据库（下设 6 个专题子库）

整合世界经济、国际政治、世界文化与科技、全球性问题、国际组织与国际法、区域研究 6 大领域研究成果，对世界经济形势、国际形势进行连续性深度分析，对年度热点问题进行专题解读，为研判全球发展趋势提供事实和数据支持。

法律声明

"皮书系列"(含蓝皮书、绿皮书、黄皮书)之品牌由社会科学文献出版社最早使用并持续至今,现已被中国图书行业所熟知。"皮书系列"的相关商标已在国家商标管理部门商标局注册,包括但不限于LOGO( )、皮书、Pishu、经济蓝皮书、社会蓝皮书等。"皮书系列"图书的注册商标专用权及封面设计、版式设计的著作权均为社会科学文献出版社所有。未经社会科学文献出版社书面授权许可,任何使用与"皮书系列"图书注册商标、封面设计、版式设计相同或者近似的文字、图形或其组合的行为均系侵权行为。

经作者授权,本书的专有出版权及信息网络传播权等为社会科学文献出版社享有。未经社会科学文献出版社书面授权许可,任何就本书内容的复制、发行或以数字形式进行网络传播的行为均系侵权行为。

社会科学文献出版社将通过法律途径追究上述侵权行为的法律责任,维护自身合法权益。

欢迎社会各界人士对侵犯社会科学文献出版社上述权利的侵权行为进行举报。电话:010-59367121,电子邮箱:fawubu@ssap.cn。

社会科学文献出版社